Le monde des Ā

J'AI LU

A.E. VAN VOGT | *ŒUVRES*

LE MONDE DES À	*J'ai lu* 362***
LES JOUEURS DU À	*J'ai lu* 397***
LES ARMURERIES D'ISHER	*J'ai lu* 439***
LES FABRICANTS D'ARMES	*J'ai lu* 440***
À LA POURSUITE DES SLANS	*J'ai lu* 381**
LE LIVRE DE PTATH	*J'ai lu* 463***
LA FAUNE DE L'ESPACE	*J'ai lu* 392***
L'EMPIRE DE L'ATOME	*J'ai lu* 418***
LE SORCIER DE LINN	*J'ai lu* 419***
DESTINATION UNIVERS	*J'ai lu* 496***
LA CITÉ DU GRAND JUGE	
LA GUERRE CONTRE LE RULL	*J'ai lu* 475***
AU DELÀ DU NÉANT	
CRÉATEUR D'UNIVERS	*J'ai lu* 529***
POUR UNE AUTRE TERRE	
L'ASSAUT DE L'INVISIBLE	
LA MAISON ÉTERNELLE	
UNE BELLE BRUTE	
LES MONSTRES	*J'ai lu* 1082**
APRÈS L'ÉTERNITÉ	
MISSION STELLAIRE	
LA QUÊTE SANS FIN	
TÉNÈBRES SUR DIAMONDIA	*J'ai lu* 515***
DES LENDEMAINS QUI SCINTILLENT	*J'ai lu* 588**
L'HOMME MULTIPLIÉ	*J'ai lu* 659**
INVASION GALACTIQUE	*J'ai lu* 813***
LE SILKIE	*J'ai lu* 855**
L'HORLOGE TEMPORELLE	*J'ai lu* 934**
LE COLOSSE ANARCHIQUE	*J'ai lu* 1172***
RENCONTRE COSMIQUE	*J'ai lu* 975***
L'ÉTÉ INDIEN D'UNE PAIRE DE LUNETTES	*J'ai lu* 1057**
LA BÊTE	
LES OPÉRATEURS HUMAINS	*J'ai lu* 1447***
LA MACHINE ULTIME	*J'ai lu* 1548***
LA FIN DU À	*J'ai lu* 1601***
A LA CONQUÊTE DE KIBER	*J'ai lu* 1813**
AU-DELÀ DU VILLAGE ENCHANTÉ (avec la collab. de Renato Pestriniero)	*J'ai lu* 2150****

A.E. VAN VOGT

Le monde des Ā

Édition définitive de 1970
Postface de l'auteur

TRADUIT DE L'AMÉRICAIN PAR BORIS VIAN
TRADUCTION DES PASSAGES RÉVISÉS ET DE LA POSTFACE
PAR JACQUES SADOUL

ÉDITIONS J'AI LU

A John W. Campbell Jr.

Ce roman a paru sous le titre original :

THE WORLD OF $\bar{A}$

1

Le bon sens, quoi qu'il fasse, ne peut manquer de se laisser surprendre à l'occasion. Le but de la science est de lui épargner cette surprise et de créer des processus mentaux qui devront être en étroit accord avec le processus du monde extérieur, de façon à éviter, en tout cas, l'imprévu.

B. R. (1)

Les occupants de chaque étage de l'hôtel devront comme d'habitude constituer leurs propres groupes de protection pendant la durée des jeux...

Sombre, Gosseyn regardait à travers la vitre bombée de la fenêtre à l'angle de sa chambre d'hôtel. De son observatoire de trente étages, il voyait la ville de la Machine s'étendre au-dessous de lui. Le jour était lumineux et clair, et l'étendue du champ de vision, prodigieuse. A gauche, le fleuve bleu foncé pétillait en petites vagues sous le fouet de la brise tardive. Au nord, les collines mordaient durement l'azur infini du ciel.

C'était là l'horizon visible. Entre les collines et

(1) Bertrand Russell.

le fleuve, des bâtiments s'éparpillaient le long des vastes artères. Pour la plupart, des maisons dont les toits clairs brillaient parmi les palmiers et les plantes semi-tropicales. Mais çà et là, il y avait d'autres hôtels et des constructions plus vastes non identifiables à vue.

La Machine elle-même s'élevait sur la crête aplanie d'une colline.

C'était une tour brillante, argentée, qui se dressait dans le ciel à près de dix kilomètres de là. Les jardins, et le palais présidentiel voisin, disparaissaient en partie derrière les arbres. Mais Gosseyn ne se souciait pas du reste. La Machine elle-même éclipsait tout autre objet dans son champ de vision.

C'était extrêmement tonifiant de la voir. Malgré lui, en dépit de son humeur morose, Gosseyn ressentait une sorte d'émerveillement. Il était là, enfin, prêt à prendre part aux jeux de la Machine, jeux qui signifiaient la richesse et une situation assurée pour ceux qui ne réussissaient que partiellement, et *le* voyage à Vénus pour le groupe particulier de gagnants.

Des années il avait désiré venir, mais il avait fallu qu'*elle* meure pour que ce soit possible. Chaque chose, pensa Gosseyn morne, se paie. Lorsqu'il rêvait à ce jour, il n'imaginait jamais qu'elle pût ne pas être à ses côtés, en train de subir elle-même l'épreuve pour gagner. En ce temps-là, lorsqu'ils se préparaient et qu'ils étudiaient ensemble, c'est la puissance et le pouvoir qui modelaient leur espérance. Partir pour Vénus, ni Patricia ni lui n'avaient pu le concevoir ; ils ne l'envisageaient pas même ; mais maintenant, pour lui seul, même la puissance et la richesse ne signifiaient rien. C'étaient la distance, l'impossibilité d'imaginer Vénus et son mystère et cette promesse de dépaysement qui l'attiraient. Il se sentait à l'écart du matérialisme de la Terre. En un sens absolument étranger à la religion, il désirait un changement spirituel.

Un coup à la porte interrompit ses réflexions. Il ouvrit et vit un garcon. Le garçon dit :

— Monsieur, on m'a envoyé vous prévenir que les autres clients de cet étage sont au salon.

Gosseyn se sentait neutre.

— Et alors ? demanda-t-il.

— On est en train de discuter les mesures de protection des gens de l'étage pendant la durée des jeux, monsieur.

— Ah ! dit Gosseyn.

Il était surpris d'avoir oublié. La communication transmise par les émetteurs de l'hôtel l'avait intrigué. Mais il était difficile de concevoir que la plus grande ville du monde pût être entièrement dépourvue de police ou de garde pendant la période des jeux. Dans les villes du dehors, dans toutes les autres villes, dans les villages et les communautés, la loi continuait d'être maintenue. Ici, dans la ville de la Machine, pendant un mois il n'y aurait d'autre règle que l'attitude de défense, négative, des groupes.

— Je viens, dit Gosseyn en souriant. Dis-leur que je suis nouvellement arrivé et que j'ai oublié. Et merci.

Il tendit au garçon un pourboire et le congédia. Il poussa la porte, assujettit les trois fenêtres de plasto et mit un repéreur sur son vidéophone. Puis, fermant avec soin la porte derrière lui, il traversa le hall.

En pénétrant dans le salon, il remarqua un habitant de son propre village, un commerçant nommé Nordegg, debout près de l'entrée. Gosseyn lui fit un signe de tête et un sourire. L'homme le regarda, étonné, et ne rendit ni l'un ni l'autre. Un instant, Gosseyn trouva cela bizarre. Mais cette bizarrerie s'effaça de son esprit lorsqu'il constata que le reste de la nombreuse assemblée présente le regardait.

Des yeux clairs, amicaux, des visages curieux, aimables avec une trace de calcul — telle fut l'impression de Gosseyn. Il réprima un sourire. Chacun prenait la mesure de son voisin, tentant d'évaluer quelles chances avait celui-ci de gagner. Il vit un vieil homme, derrière un bureau à côté de la porte, lui faire signe. Gosseyn y alla. L'homme dit :

— Il me faut votre nom et tout ça pour le registre.

— Gosseyn, dit Gosseyn. Gilbert Gosseyn, Cress-Village, Floride, âge trente-quatre ans, taille un mètre quatre-vingt-cinq, poids quatre-vingt-quatre kilos, signes particuliers néant.

Le vieil homme lui sourit en clignant de l'œil.

— C'est votre opinion, dit-il. Si votre esprit ressemble à votre aspect, vous irez loin aux jeux.

Il conclut :

— Je constate que vous n'avez pas précisé si vous étiez marié.

Gosseyn hésita ; il pensait à une morte.

— Non, dit-il enfin doucement ; pas marié.

— Eh bien, en tout cas vous avez beaucoup d'allure. Puissent les jeux vous révéler digne de Vénus, monsieur Gosseyn.

— Merci, dit Gosseyn.

Comme il faisait demi-tour pour s'éloigner, Nordegg, l'autre habitant de Cress-Village, le dépassa et se pencha sur le registre. Lorsque Gosseyn regarda une minute après, Nordegg parlait avec animation au vieux monsieur qui semblait protester. Gosseyn, étonné, le regarda, puis il n'y pensa plus, parce qu'un petit homme jovial venait de gagner un coin libre de la salle surpeuplée et levait la main.

— Mesdames et messieurs, commença-t-il. Je me permettrai de vous dire que nous devrions commencer notre discussion maintenant. Tous ceux qui se soucient de la protection du groupe ont eu amplement le temps d'arriver. Et par conséquent, sitôt que la période de récusation sera terminée, je suggère que nous fermions les portes et que nous commencions.

« Pour les nouveaux candidats aux jeux qui ne savent pas ce que j'entends par période de récusation, poursuivit-il, je précise le processus. Comme vous le savez, chaque personne ici présente sera priée de répéter dans le détecteur de mensonge les renseignements qu'il ou elle aura fournis à l'entrée. Mais avant que nous ne commencions, si quelqu'un a un doute quelconque sur la légitimité de la présence ici de qui que ce soit, qu'il veuille bien l'exprimer maintenant. Vous avez le droit de récuser toute personne présente. Formulez, je vous prie, tous vos soupçons, même si vous n'avez pas une preuve spécifique. Rappelez-vous, cependant, que le groupe se réunira chaque semaine et que cette récusation pourra se faire à chaque réunion. Y en a-t-il pour l'instant ?

— Oui, dit une voix derrière Gosseyn. Je récuse la présence ici d'un individu qui prétend se nommer Gilbert Gosseyn.

— Hein ? dit Gosseyn.

Il pivota et regarda, incrédule, Nordegg.

L'homme le dévisagea sans sourciller puis ses yeux se posèrent sur les visages des gens placés derrière Gosseyn. Il dit :

— Quand Gosseyn est entré ici, il m'a fait signe comme s'il me connaissait, aussi j'ai été regarder son nom sur le registre en pensant que cela me rafraîchirait la mémoire. A mon grand étonnement, je l'ai entendu dire qu'il habitait Cress-Village en Floride, d'où moi-même je suis. Cress-Village, mesdames et messieurs, est un petit village plutôt connu, mais il n'a que trois cents habitants. Je suis propriétaire d'un des magasins et je connais tout le monde, absolument tout le monde, dans le village et la campagne avoisinante. Il n'existe pas d'individu à Cress-Village ou aux environs qui s'appelle Gilbert Gosseyn.

Les paroles de Nordegg avaient provoqué en Gosseyn un choc considérable qui se dissipa, le temps que fût fini ce discours. L'impression ultérieure de Gosseyn fut qu'on se moquait de lui de quelque mystérieuse façon. Sinon, le développement de l'accusation paraissait dénué de sens.

Il dit :

— Tout cela me semble un peu idiot, monsieur Nordegg.

Il s'arrêta.

— C'est bien votre nom, n'est-ce pas ?

— Exact, approuva Nordegg, quoique je me demande comment vous l'avez su.

— Votre magasin à Cress-Village, insista Gosseyn, est au bout d'une rangée de neuf maisons, à un carrefour ?

— Sans aucun doute, dit Nordegg, vous êtes passé par Cress-Village, ou en chair et en os, ou sur une photographie.

La prétention de l'homme irrita Gosseyn. Il lutta contre sa colère et dit :

— A environ deux kilomètres à l'ouest de votre magasin, il y a une maison dont la forme est plutôt bizarre.

— Il appelle ça une maison ! dit Nordegg. La demeure célèbre dans le monde entier de la famille Hardie.

— Hardie, dit Gosseyn, était le nom de jeune fille de ma femme. Elle est morte il y a environ un mois. Patricia Hardie. Est-ce que cela vous rappelle quelque chose ?

Il vit Nordegg adresser un sourire ravi aux visages attentifs qui les entouraient.

— Eh bien, mesdames et messieurs, vous pouvez juger vous-mêmes. Il dit que Patricia Hardie était sa femme. Je suppose que nous aurions tous entendu parler de ce mariage s'il avait eu lieu. Et qu'elle soit actuellement feu Patricia Hardie, ou Patricia Gosseyn, eh bien — il sourit —, tout ce que je peux dire, c'est que je l'ai vue hier matin, elle était tout ce qu'il y a de plus vivant, très belle et très en forme sur son cheval favori, un arabe blanc.

Cela cessait d'être ridicule. Rien ne collait plus. Patricia n'avait jamais eu de cheval, blanc ou autre. Ils étaient pauvres, ils travaillaient dans leur petit verger pendant le jour, étudiaient la nuit. Et Cress-Village n'avait jamais été mondialement célèbre en tant que demeure des Hardie. Les Hardie, ce n'était personne. Qui diable étaient-ils censés être ?

La question le frappa. Avec netteté, il vit le moyen de sortir de l'impasse.

— Je ne puis que suggérer, dit-il, une vérification de mes assertions par le détecteur.

Mais le détecteur répondit :

— Non, vous n'êtes pas Gilbert Gosseyn, et vous n'avez jamais vécu à Cress-Village. Vous êtes...

La machine s'interrompit. Les dizaines de petits tubes électroniques clignotèrent, incertains.

— Oui, oui ? insista le petit homme trapu, qui est-il ?

Il y eut une longue pause, puis :

— Son esprit n'en contient aucune trace, dit le détecteur. Il y a autour de lui une aura de force d'un genre unique. Mais lui-même ne paraît pas au courant de sa vraie identité. Dans les circonstances actuelles, aucune identification n'est possible.

— Et dans les circonstances actuelles, dit le petit trapu d'un ton définitif, je ne puis que vous suggérer une proche visite au psychiatre, monsieur

Gosseyn. Sans aucun doute, vous ne pouvez rester ici.

Une minute plus tard, Gosseyn était dans le corridor. Une pensée, un but reposaient dans son cerveau comme un bloc de glace. Il parvint à sa chambre et demanda un numéro au vidéophone. Il fallut deux minutes pour être en liaison avec Cress-Village. La figure d'une inconnue apparut sur la plaque. C'était un visage plutôt sévère, mais jeune et intelligent.

— Ici, miss Treechers, la secrétaire en Floride de miss Patricia Hardie. De quoi désirez-vous entretenir miss Hardie ?

L'espace d'un instant, l'existence d'une personne telle que miss Treechers le troubla, puis Gosseyn se ressaisit et dit :

— C'est personnel. Et il est important que je lui parle à elle-même. Passez-la-moi immédiatement, je vous prie.

Sa voix, son visage ou ses gestes devaient être empreints d'autorité. La jeune femme dit, hésitante :

— Je ne dois pas le dire, mais vous pourrez joindre miss Hardie au palais de la Machine.

Gosseyn explosa.

— Elle est *ici*, dans la capitale !

Il ne s'aperçut pas qu'il raccrochait. Mais soudain la figure de la femme ne fut plus là. Le vidéo était noir. Il restait seul avec la révélation : Patricia vivait !

Il l'avait su naturellement. Son cerveau, entraîné à accepter les choses telles qu'elles étaient, s'était incliné devant ce fait qu'un détecteur de mensonge ne ment pas. Assis là, il se sentait bizarrement satisfait de la nouvelle. Il n'avait aucune envie d'appeler le palais de la Machine, de parler à Patricia, de la voir. Demain, naturellement, il lui faudrait y aller, mais cela paraissait très loin dans l'espace-temps. Il se rendit compte que l'on frappait violemment à la porte. Il l'ouvrit à quatre hommes dont le premier, un grand type jeune, dit :

— Je suis le sous-gérant. Désolé, mais il vous faut partir. Nous vous consignerons vos bagages en bas. Pendant le mois sans police, nous ne pouvons pas courir de risques du fait d'individus suspects.

Il lui fallut environ vingt minutes pour se faire vider de l'hôtel. La nuit tombait lorsqu'il se mit à marcher lentement dans la rue presque déserte.

2

Aristote... très doué... influença sans doute le plus grand nombre de gens qui aient jamais subi l'emprise d'un seul homme... Nos drames commencèrent lorsque le biologiste « intensif » Aristote prit le pas sur le mathématicien philosophe « extensif » Platon, et combina toutes les identités primaires, tous les postulats subjectifs... en un système impressionnant que nous ne pûmes, pendant plus de deux mille ans, reviser sans risquer la persécution... Pour cette raison, on a donné son nom aux doctrines bispéculatives dites aristotéliciennes et, inversement, les réalités polyspéculatives de la science moderne ont reçu le nom de non aristotéliciennes...

A. K. (1).

Il était trop tôt pour que ce fût bien dangereux. La nuit, bien que déjà tombée, commençait à peine. Les bandes et les meutes, les meurtriers et les voleurs qui allaient bientôt apparaître attendaient qu'il fît plus sombre. Gosseyn passa devant une pancarte qui s'illuminait par éclairs, répétant ces mots tentateurs :

(1) Alfred Korzybski.

CHAMBRE POUR LES ISOLES
20 DOLLARS LA NUIT

Gosseyn hésita. Il ne pouvait s'offrir ce luxe pendant les trente jours des jeux, mais ça irait pour quelques soirs. Puis, réticent, il rejeta cette possibilité. Il y avait de vilaines histoires sur ce genre d'endroits. Il préféra risquer la nuit dehors.

Il marchait. A mesure que l'obscurité du ciel se faisait plus profonde, des lumières et encore des lumières s'allumaient automatiquement. La ville de la Machine brillait, scintillait sur des kilomètres et des kilomètres. Le long d'une rue qu'il traversait, il vit deux rangées de réverbères en progression géométrique vers un foyer lointain de rencontre illusoire. Tout d'un coup, ce fut déprimant.

Apparemment, il souffrait d'amnésie partielle, et il devait tâcher d'accepter cette idée dans son sens le plus étendu. De cette façon seulement serait-il en mesure de se libérer des effets affectifs de son état. Gosseyn tenta de constituer l'image de cette libération comme un *fait* au sens non aristotélicien. Un fait qui fût lui-même tel quel, son corps et son esprit comme un tout, avec l'amnésie et le reste, lui-même en ce moment-ci de cette journée-ci dans les rues de cette ville-ci.

Derrière cette intégration consciente, il y avait des milliers d'heures d'entraînement personnel. Derrière cet entraînement, il y avait la technique non aristotélicienne de pensée extensive automatique, l'unique progrès du XXe siècle qui, quatre cents ans plus tard, était devenu la philosophie dynamique de la race humaine. « La carte n'est pas le pays... Le mot n'est pas la chose elle-même... » L'idée qu'il avait été marié n'en faisait pas un fait. Les hallucinations imposées à son système nerveux par son subconscient devaient être combattues.

Comme d'habitude, cela marcha. Comme l'eau ruisselle d'un vase renversé, les doutes et les craintes s'écoulèrent. Le poids des fausses tristesses, fausses parce qu'elles avaient été visiblement imposées à son esprit dans l'intérêt de quelqu'un d'autre, s'annula. Il était libéré.

Il repartit. Comme il marchait, son regard allait de droite et de gauche, tentant de percer les ombres sous les porches. Il abordait les tournants des rues l'esprit en alerte, la main sur le revolver. Malgré sa prudence, il ne vit la jeune fille qui sortit en courant d'une rue latérale que juste avant qu'elle ne le heurtât avec une violence qui les déséquilibra tous les deux.

La rapidité de l'événement ne lui fit pas oublier la prudence. Du bras gauche, Gosseyn agrafa la jeune femme. Il saisit son corps juste en dessous des épaules, emprisonnant ses deux bras dans une prise d'étau. De la main droite, il tira son revolver. Le tout en un clin d'œil. Puis suivit un laps de temps plus long pendant lequel il lutta pour recouvrer l'équilibre que la vitesse et le poids de la jeune fille leur avaient fait perdre à tous deux. Il y réussit. Il se redressa. Il l'entraîna, moitié la portant, moitié la tirant, dans l'arcade sombre d'une porte. Lorsqu'il parvint à cet abri, la jeune fille commença à se débattre et à gémir doucement. Gosseyn leva la main qui tenait le revolver et lui colla le tout, arme comprise, sur la bouche.

— Chhh... ! murmura-t-il. Je ne vous ferai rien...

Elle cessa de se débattre et de protester. Il libéra sa bouche. Elle dit, à bout de souffle :

— Ils étaient juste derrière moi. Deux hommes. Ils ont dû vous voir et filer.

Gosseyn considéra l'incident. Comme tout ce qui survenait dans l'espace-temps, il était bourré de facteurs non perçus et non perceptibles. Une jeune femme, différente de toutes les autres jeunes femmes de l'univers, sortait affolée d'une rue latérale. Sa terreur était vraie ou jouée. L'esprit de Gosseyn élimina la possibilité inoffensive et décida que cette apparence de terreur était simulée. Il imagina un groupe attendant à l'angle de la rue, avide de partager le produit du pillage d'une ville sans police, mais ne désirant pas courir le risque d'une attaque directe. Il se sentait froidement soupçonneux, sans sympathie. Parce que, si elle était inoffensive, que faisait-elle seule par une nuit comme celle-là ?

Brutalement, il grogna cette question.

— Je suis sans protection, chuchota-t-elle, j'ai perdu mon travail la semaine dernière parce que je ne voulais pas sortir avec mon patron. Et je n'avais pas d'économies. Ma propriétaire m'a fichue dehors ce matin, quand je lui ai dit que je ne pouvais pas la payer.

Gosseyn ne répondit rien. C'était une explication si faible qu'il lui aurait fallu faire un effort pour la commenter. Puis, un instant plus tard, il n'en fut plus si sûr. Sa propre histoire n'aurait pas davantage paru très plausible, s'il avait jamais commis l'erreur de la traduire en mots. Avant de se résoudre à croire qu'elle disait la vérité, il risqua une question.

— Vous n'avez absolument aucun endroit où aller ?

— Aucun, dit-elle.

Et tout fut dit : elle serait à sa charge pendant la durée des jeux. Sans qu'elle résistât, il la pilota vers le trottoir, puis, en évitant soigneusement le coin de la rue, sur la chaussée.

— Marchons sur la ligne blanche du milieu, dit-il. Ainsi, nous pourrons surveiller les carrefours.

La rue avait ses dangers propres, mais il décida d'en faire abstraction.

— Maintenant, écoutez, continua Gosseyn, sérieux, n'ayez pas peur de moi. Je suis dans le pétrin moi aussi, mais je suis honnête. Si je comprends bien, nous nous trouvons dans une situation analogue, et la seule chose que nous devons essayer de faire maintenant, c'est de trouver un endroit où passer la nuit.

Elle fit l'impression à Gosseyn de réprimer un sourire mais, lorsqu'il la regarda, elle détournait la tête de la lumière du réverbère proche, et il ne put en être sûr. Une seconde après elle le regarda à son tour et, pour la première fois, il put l'examiner. Elle était jeune, avec une figure mince, mais très bronzée. Ses yeux étaient deux lacs noirs, elle avait la bouche entrouverte. Elle était maquillée, mais mal, et cela n'ajoutait rien à sa beauté. Elle paraissait n'avoir guère eu l'occasion de rire depuis fort longtemps. Les soupçons de Gosseyn se dissipèrent. Mais il se rendait compte qu'il en était au même point qu'au début, amené à prendre soin d'une fille dont la personnalité ne s'était encore manifestée d'aucune façon tangible.

Lorsqu'ils furent en face du terrain vague, ce dernier obligea Gosseyn à s'arrêter pour réfléchir. Tout était noir et des taillis poussaient çà et là. Un repaire idéal pour les rôdeurs nocturnes. Mais d'un autre côté, c'était également un abri possible pour un honnête homme et sa protégée, pourvu qu'ils pussent s'y introduire sans être vus. Après une brève inspection, il remarqua un chemin qui conduisait à l'autre bout du terrain vague, et un interstice entre deux boutiques par lequel ils pourraient atteindre le chemin.

Il leur fallut alors dix minutes pour repérer un coin d'herbe satisfaisant sous l'auvent d'un buisson bas.

— Nous dormirons là, chuchota Gosseyn.

Elle se laissa glisser sur le sol. Et ce fut le mutisme de cet acquiescement qui lui fit comprendre tout d'un coup qu'elle l'avait suivi trop facilement. Il s'étendit, pensif, les sourcils froncés, évaluant les risques possibles.

La nuit était sans lune, et l'obscurité, sous le buisson en surplomb, intense. Au bout d'un long moment, Gosseyn commença à distinguer sa silhouette d'ombre dans une vague lumière qui émanait d'un réverbère très éloigné. Elle était à près de deux mètres de lui, et pendant les quelques minutes qu'il l'observa, elle ne fit aucun mouvement apparent. En étudiant cette forme noire, Gosseyn, de plus en plus, prenait conscience de l'inconnue qu'elle représentait. Elle était au moins aussi mystérieuse que lui-même. Ses considérations prirent fin lorsque la jeune femme dit doucement :

— Je m'appelle Teresa Clark. Et vous ?

Oui, au fait ? Gosseyn se le demandait. Avant qu'il eût le temps de répondre, la jeune fille ajouta :

— Vous êtes venu pour les jeux ?

— C'est exact, dit Gosseyn.

Il hésitait. C'est lui qui aurait dû poser des questions.

— Et vous ? demanda-t-il. Vous êtes ici pour les jeux, vous aussi ?

Il lui fallut un moment pour se rendre compte qu'il avait posé une question révélatrice. Elle répondit d'une voix amère :

— Ne faites pas le malin. Je ne sais même pas ce que veut dire cet $\bar{A}$ avec une barre au-dessus.

Gosseyn se tut. Il y avait là une humilité gênante. Soudain, la personnalité de la fille s'éclairait : un ego déformé qui, bientôt, allait révéler une complète satisfaction de soi-même. Une voiture passa très vite dans la rue, lui épargnant tout commentaire. Elle fut rapidement suivie de quatre autres. La nuit s'emplit soudain du vrombissement des pneus sur la chaussée. Le son s'affaiblit, mais de vagues échos persistèrent, des pulsations distantes qui devaient n'avoir jamais cessé, mais ne se laissaient percevoir que maintenant, une fois son attention éveillée.

La voix de la jeune fille rompit le fil de ses pensées. Elle avait une jolie voix, mais il y perçait une note plaintive de pitié pour soi-même qui n'était pas agréable.

— Et qu'est-ce que c'est que tous ces trucs de jeux, d'ailleurs ? D'un côté, c'est facile de voir ce qui arrive aux gagnants qui restent sur Terre ; ils ont tous les fromages ; ils sont juges, gouverneurs et tout ça. Mais les milliers qui gagnent tous les ans le droit d'aller sur Vénus ? Qu'est-ce qu'ils font là-bas ?

Gosseyn ne se compromit pas.

— Pour ma part, dit-il, je me contenterais de la présidence...

La fille rit.

— Il vous en faudra, dit-elle, pour battre la bande à Hardie.

Gosseyn s'assit.

— Pour battre qui ? demanda-t-il.

— Eh bien, Michael Hardie, le président de la Terre.

Lentement Gosseyn s'allongea de nouveau sur le sol. C'était donc là ce que Nordegg et les autres, à l'hôtel, voulaient dire. Son récit avait dû leur paraître le délire d'un cinglé. Le président Hardie, Patricia Hardie, un palais d'été à Cress-Village — et tout ce qu'il y avait là-dessus dans son cerveau, complètement inexact.

Qui avait pu lui fourrer ça sous le crâne ? Les Hardie ?

— Est-ce que vous pourriez m'apprendre la façon d'obtenir un petit emploi dans les jeux ? demanda Teresa Clark.

— Quoi ?

Dans l'ombre, Gosseyn braqua sur elle un œil fixe, puis son étonnement fit place à une réaction plus amicale.

— Je ne vois pas comment cela pourrait se faire, dit-il. Les jeux exigent des connaissances et une habileté qu'il faut beaucoup de temps pour acquérir. Pendant les quinze derniers jours, ils nécessitent une souplesse et une compréhension telles que seuls les cerveaux les plus développés et les plus pénétrants du monde peuvent espérer concourir.

— Les quinze derniers jours ne m'intéressent pas. Si on atteint le septième jour, on a un emploi ; c'est exact, non ?

— Le moindre emploi obtenu par les jeux, expliqua doucement Gosseyn, rapporte dix mille dollars par an. La concurrence, dois-je vous le dire, est un petit peu terrible.

— Je suis assez rapide, dit Teresa Clark. Et je suis au bout de mon rouleau. Ça devrait m'aider.

Gosseyn ne le croyait pas, mais il se sentait ennuyé pour elle.

— Si vous voulez, dit-il, je vous ferai un résumé très bref.

Il s'arrêta. Elle dit très vite :

— Je vous en prie, allez-y.

Gosseyn hésita. Il sentit de nouveau la stupidité de lui parler de tout ça à elle. Il commença à regret :

— Le cerveau humain, en gros, comporte deux

parties, le cortex et le thalamus — le cortex est le centre de la différenciation, le thalamus, le centre des réactions émotionnelles du système nerveux.

Il s'interrompit.

— Jamais été à l'Institut de sémantique ?

— C'était formidable, dit Teresa. Tous ces bijoux et tous ces métaux précieux...

Gosseyn se mordit les lèvres.

— Je ne parle pas de cela. Je parle de ce que racontait la fresque sur les murs. Vous l'avez vue ?

— Je ne me rappelle pas.

Elle parut ne pas se rendre compte que ça ne lui plaisait pas.

— Mais j'ai vu le monsieur à barbe... comment s'appelle-t-il ? Le directeur ?...

— Lavoisseur ?

Gosseyn, dans l'ombre, fronça les sourcils.

— Je croyais qu'il était mort dans un accident il y a quelques années. Quand l'avez-vous vu ?

— L'an dernier. Il était dans un fauteuil roulant.

Gosseyn s'assombrit. Un bref instant, il avait cru que sa mémoire allait le trahir de nouveau. Bizarre, pourtant, que celui, quel qu'il fût, qui avait tripoté son esprit, l'eût désiré ignorant du fait que le presque légendaire Lavoisseur vivait encore. Il hésita, puis revint à ce qu'il disait auparavant.

— Et le cortex et le thalamus ont de merveilleuses possibilités. Tous deux doivent être entraînés au degré maximum mais, tout particulièrement, organisés de façon à agir en coordination. Chaque fois que cette coordination, ou « intégration », n'est pas réalisée, vous vous trouvez en présence d'une personnalité embrouillée : surémotivité et, au fait, toutes les variétés de névroses. Lorsque l'intégration corticothalamique a été réalisée, le système nerveux peut résister à presque n'importe quel choc.

Gosseyn s'arrêta, se souvenant du choc subi par son propre cerveau il n'y avait pas longtemps. La jeune fille dit rapidement :

— Qu'y a-t-il ?

— Rien.

Il ajouta, bourru :

— On reparlera de tout ça demain matin.

Soudain il se sentait fatigué. Il s'allongea. Sa dernière pensée, avant de s'endormir, fut pour se demander ce que le détecteur de mensonge avait voulu exprimer en disant : « Il y a autour de lui une aura de force d'un genre unique. »

Lorsqu'il se réveilla, le soleil brillait. Aucune trace de Teresa Clark.

Gosseyn vérifia sa disparition en battant rapidement les buissons. Puis il gagna le trottoir à trente mètres de là ; il inspecta la rue, au nord puis au sud.

Les trottoirs et la rue grouillaient de monde. Des hommes et des femmes, vêtus avec élégance, passaient rapidement devant lui. Le bruit de mille voix et de mille machines faisait un brouhaha, un ronron, un fond sonore. Tout à coup, cela se fit excitant. Gosseyn, en proie à un sentiment exhilarant, sentit avec plus de force encore qu'il était libre. Même le départ de la jeune fille prouvait qu'elle n'exécutait pas la seconde manœuvre d'un plan fantastique débutant par l'attaque contre sa mémoire. C'était un soulagement que de ne plus l'avoir sur les bras.

Une figure familière se détacha d'entre les faces humaines qui passaient devant lui. Teresa Clark, portant deux sacs de papier brun, le hélait.

— J'ai acheté à déjeuner, dit-elle. J'ai pensé que vous préféreriez pique-niquer ici parmi les fourmis que d'essayer d'entrer dans un restaurant bondé.

Ils mangèrent en silence. Gosseyn remarqua que les aliments qu'elle avait apportés se trouvaient soigneusement emballés dans des boîtes et récipients de voyage en plasto. Il y avait du jus d'orange concentré, de flocons de blé, de la crème dans un pot séparé, des rognons chauds sur canapé, du café avec sa crème également séparée. Cinq dollars, estima-t-il. Ce qui était du luxe pur et simple, pour un couple qui devait tenir trente jours avec très peu d'argent. En outre, une jeune fille qui possédait cinq dollars les aurait sûrement donnés à sa propriétaire pour se loger une nuit de plus. Par surcroît, elle devait avoir un bon emploi si c'était là sa conception du petit déjeuner. Ceci fit jaillir une nouvelle pensée à Gosseyn, qui la médita un instant, et dit :

— Votre chef, celui qui vous a fait des propositions, comment s'appelle-t-il ?

— Hein ? dit Teresa Clark.

Elle avait fini ses rognons et cherchait son sac. Elle parut troublée puis sa figure s'éclaira :

— Ah ! lui, dit-elle.

Il y eut un silence.

— Oui, insista Gosseyn. Quel est son nom ?

Elle s'était tout à fait ressaisie.

— J'aime mieux ne plus y penser, dit-elle. C'est désagréable.

Elle changea de sujet.

— Est-ce qu'il faut que j'en sache beaucoup pour le premier jour ?

Gosseyn hésita, inclinant presque à ramener la conversation sur le chef. Il finit par se décider ; il répondit :

— Non, heureusement, le premier jour n'a jamais été autre chose qu'une affaire de formalités. Cela consiste essentiellement en une inscription, et on vous dirige vers la cellule où vous subissez vos premiers tests. J'ai étudié les comptes rendus des jeux des vingt dernières années, les plus anciens que la Machine ait accepté de publier et j'ai remarqué qu'il n'y a jamais aucun changement le premier jour. On vous demande de définir la signification du A, du N et du E avec une barre dessous.

« Que vous vous en rendiez compte ou non, vous n'avez pu vivre sur Terre sans attraper une vague teinture de non-A. C'est un élément de plus en plus important de notre atmosphère mentale commune depuis plusieurs centaines d'années.

Il conclut.

— Les gens, naturellement, ont une tendance à oublier les définitions — mais si réellement vous êtes sérieuse...

— Je comprends que je le suis, dit la jeune fille.

Elle tira de son sac un étui à cigarettes.

— Vous en voulez une ?

L'étui étincelait au soleil. Des diamants, des émeraudes et des rubis brillaient sur l'or finement ciselé de la surface. Une cigarette, déjà allumée automatiquement dans l'étui, sortit du distributeur. Certes, les pierres pouvaient être du plastique, l'or une imitation ; mais l'objet paraissait fait à la main et son apparente authenticité était troublante. Gosseyn l'évalua à 25 000 dollars.

Il retrouva sa voix.

— Merci, dit-il, je ne fume pas.

— C'est un mélange spécial, insista la jeune femme. Délicieusement doux.

Gosseyn secoua la tête. Cette fois elle accepta son refus. Elle prit la cigarette, la mit entre ses lèvres et aspira avec une satisfaction profonde, puis remit l'étui dans son sac. Elle paraissait ne pas se rendre compte de l'effet qu'il avait produit.

Elle dit :

— Revenons à nos études. Et puis nous pourrons nous séparer et nous retrouver ce soir. Ça va ?

C'était une femme très autoritaire et Gosseyn ne se sentit pas certain de jamais arriver à l'apprécier. L'idée qu'elle était entrée dans sa vie avec un but défini se fit plus précise. Peut-être constituait-elle un lien entre lui-même et la cause inconnue du trouble de son esprit. Il ne pouvait la laisser s'éloigner.

— Parfait, dit-il. Mais il n'y a pas de temps à perdre.

3

Etre, c'est être relatif.

C. J. K.

Gosseyn aida la jeune fille à descendre de l'autobus de surface. Ils firent rapidement, à pied, le tour d'un écran d'arbres, franchirent des portes massives et furent en vue de la Machine. La jeune fille continua sans se troubler, mais Gosseyn s'arrêta.

La Machine s'élevait à l'extrémité d'une large avenue. On avait nivelé les collines de façon qu'elle fût entourée d'espace et de verdure. Elle était à près d'un kilomètre des portes ombragées d'arbres. Elle montait, dans une splendeur de métal luisant. C'était un cône dressé vers le ciel, surmonté d'une étoile de lumière atomique, plus brillante que le soleil de midi qui luisait au-dessus d'elle.

Gosseyn fut frappé de la voir si proche. Il n'y avait pas encore pensé, mais il se rendit compte soudain que la Machine n'accepterait jamais sa fausse identité. Il se sentit contracté et resta immobile, abattu et déprimé. Il vit que Teresa Clark s'était arrêtée et le regardait.

— C'est la première fois que vous la voyez de près, dit-elle, compréhensive. Ça vous secoue, n'est-ce pas ?

Il y avait une touche de supériorité dans son accent qui fit naître un sourire pâle sur les lèvres de Gosseyn. « Ces gens de la ville », pensa-t-il, mécontent. Il se sentait mieux. Il prit le bras de Teresa et repartit. Sa confiance grandissait peu à peu. Sans aucun doute, la Machine ne le jugerait pas d'après une abstraction aussi totale qu'un état civil puisque même le détecteur de mensonges de l'hôtel avait reconnu qu'il ne déguisait pas intentionnellement son identité.

La foule se faisait plus abondante à mesure qu'ils approchaient de la Machine, et l'énormité de celle-ci devenait de plus en plus apparente. Sa forme circulaire et sa dimension lui donnaient une allure élancée et aérodynamique que n'altéraient pas les rangs de cellules individuelles qui garnissaient la base gigantesque et en rompaient la ligne. Tout autour de cette base s'étendaient les cellules. Le premier étage comportait d'autres salles de concours et les couloirs qui les desservaient. De larges escaliers extérieurs menaient aux second, troisième et quatrième étages, et plus bas, vers trois sous-sols successifs ; un total de sept étages entièrement constitués de cellules d'examen pour les candidats isolés.

— Maintenant que je suis ici, dit Teresa Clark, je suis beaucoup moins sûre de moi. Ces gens ont l'air bougrement intelligents.

Gosseyn rit en voyant l'expression de son visage, mais il ne dit rien. Il se sentait absolument certain de pouvoir concourir jusqu'au trentième jour. Son problème n'était pas de savoir s'il pouvait gagner, mais si on le laisserait essayer.

Unique et impénétrable, la Machine dominait les êtres humains qu'elle allait classer selon leur culture sémantique. Pas un individu vivant ne savait exactement à quel endroit de sa structure se trouvait un cerveau électromagnétique. Comme tant d'hommes avant lui, Gosseyn se posa la question : « Où l'aurais-je mis, se demanda-t-il, si j'avais été l'un de ces architectes hommes de science ? » Cela, naturellement, n'importait guère. La Machine était déjà plus âgée que tout vivant actuellement existant. Se rénovant elle-même, consciente de son existence et de son objet, elle restait mystérieuse à tout individu, insensible à la corruption et capable en théorie de s'opposer à sa propre destruction.

— Djuggernaut ! criaient des gens émotifs lorsqu'on la construisait.

— Non, dirent les constructeurs ; pas un engin destructeur mais un cerveau mécanique immobile, doué de fonctions créatrices, et d'une faculté de s'accroître de soi-même dans certaines limites saines.

En l'espace de trois ans, les gens avaient fini par accepter ses décisions en matière de gouvernement.

Gosseyn prit conscience d'une conversation entre un homme et une femme qui marchaient auprès d'eux.

— C'est le côté sans police, disait la femme, qui me terrorise.

L'homme dit :

— Ne comprends-tu pas que cela donne une idée de ce que ça doit être sur Vénus, où la police est inutile ? Si nous nous montrons dignes de Vénus, nous partons pour une planète où tout le monde est sain. La période sans police nous donne une chance de contrôler nos progrès ici. Il fut un temps où c'était un cauchemar, mais rien que pendant ma vie à moi, j'ai constaté un changement. C'est nécessaire, en fait.

— Je pense qu'il faut nous séparer ici, dit Teresa Clark. Les C sont en bas au second sous-sol et les G juste au-dessus. On se retrouve ce soir sur le terrain vague. Pas d'objections ?

— Aucune.

Gosseyn attendit qu'elle se fût engagée sur un escalier qui menait au second sous-sol. Puis il la suivit. Il l'entrevit comme il atteignait le bas des marches. Elle se dirigeait vers une sortie au bout d'un corridor éloigné. Il avait parcouru la moitié de ce corridor lorsqu'elle monta une volée de marches qui conduisaient à l'extérieur. Le temps que Gosseyn parvienne en haut de ces marches, elle avait disparu. Il revint en arrière, pensif. La possibilité qu'elle n'ose pas se risquer à subir les tests l'avait induit à la suivre, mais il était troublant de voir ses soupçons confirmés. Le problème de Teresa Clark devenait de plus en plus complexe.

Plus troublé qu'il ne s'y attendait, Gosseyn pénétra dans une des cellules d'examen vacantes de la section G. La porte avait à peine claqué derrière lui qu'une voix sortant d'un haut-parleur lui demanda avec précision :

— Votre nom ?

Gosseyn oublia Teresa Clark. Maintenant cela commençait. La cellule contenait un confortable fauteuil à pivot, un bureau avec des tiroirs et un panneau transparent au-dessus du bureau derrière lequel des tubes électroniques luisants, formaient des motifs allant du rouge cerise au jaune flamine. Au centre du panneau, fait également de plastique transparent, se trouvait un haut-parleur ordinaire, profilé. De là était venue la voix de la Machine. Il répétait :

— Votre nom ? Et saisissez les électrodes, je vous prie.

— Gilbert Gosseyn, dit doucement Gosseyn.

Le silence se fit. Quelques-uns des tubes rouge cerise clignotèrent, puis :

— Pour le moment, dit la Machine d'un ton neutre, j'accepte ce nom.

Gosseyn s'enfonça plus profondément dans le fauteuil. Sa peau s'échauffait d'excitation. Il se sentit au bord de la découverte. Il dit :

— Vous connaissez mon vrai nom ?

Il y eut un second silence. Gosseyn eut le temps de penser à cette machine qui en cette seconde même poursuivait des *dizaines de milliers* de conversations pleines d'aisance avec chacun des individus installés dans chacune des cellules de la base. Puis elle dit :

— Aucune trace d'un autre nom dans votre esprit. Mais laissons cela pour l'instant. Vous êtes prêt à subir votre test ?

— M... mais...

— Plus de questions pour l'instant, dit la Machine d'un ton plus strict.

Celui-ci s'adoucit lorsqu'elle reprit la parole.

— Vous trouverez de quoi écrire dans un des tiroirs. Les questions sont imprimées sur chaque feuille. Prenez votre temps. Vous avez une demi-heure et vous ne pourrez quitter cette pièce avant qu'elle ne soit écoulée. Bonne chance.

Comme Gosseyn s'y attendait, les questions étaient celles-ci : Qu'est-ce que le non-aristotélicisme ? Le non-newtonianisme ? Le non-euclidianisme ?

Ce n'étaient pas des questions vraiment simples. La meilleure méthode ne consistait pas à tenter une réponse détaillée, mais à montrer que l'on avait conscience du nombre d'ordres de signification des mots et que l'on comprenait que chacune de ces réponses ne pouvait être qu'une abstraction. Gosseyn commença par noter les abréviations légales de chaque terme, parlées ou écrites : non-A ou $\overline{\text{A}}$, non-N ou $\overline{\text{N}}$, non-E ou $\overline{\text{E}}$.

Il eut terminé en vingt minutes environ, puis se rassit, vibrant d'attente. La Machine avait dit : « Plus de questions pour l'instant. » Ceci semblait impliquer qu'elle lui parlerait de nouveau. Au bout de vingt-cinq minutes, la voix retentit encore une fois.

— Ne soyez pas surpris de la simplicité du test de ce jour. Souvenez-vous que le but des jeux n'est pas de recaler la grande majorité des concurrents. Leur objet est d'enseigner à chaque individu le meilleur usage possible du système nerveux complexe qu'il possède par héritage. Ceci ne sera accompli que lorsque chacun pourra passer le cap des trente jours des jeux. Et maintenant, ceux qui ont échoué à ce premier jour en sont déjà informés. Ils ne seront pas admis à concourir pour le reste des jeux de la session. Aux autres — plus de 99 %, je suis heureux de le dire — bonne chance pour demain.

C'était du travail rapide. Il avait simplement mis sa copie dans la fente à cet effet. Un tube de télévision l'avait scrutée, la comparant aux réponses correctes de façon éminemment souple, enregistrant une note favorable. Les réponses des vingt-cinq mille autres concurrents étaient contrôlées de la même façon. Dans quelques minutes un nouveau groupe de candidats renouvellerait l'expérience.

— Vous désirez poser d'autres questions, Gilbert Gosseyn ? demanda la Machine.

Gosseyn se tendit.

— Oui. On a introduit certaines notions erronées dans mon esprit. Y ont-elles été mises dans un but donné ?   ?

— Elles l'ont été.

— Qui les a introduites ?

— Il n'y a aucune trace de cela dans votre cerveau.

— Alors comment savez-vous qu'on les y a mises ?

— Raisonnement logique, dit la Machine, basé sur les données. Le fait que votre illusion soit en rapport avec Patricia Hardie me paraît très suggestif.

Gosseyn hésita, puis formula ce qu'il avait en tête.

— Bien des névrosés ont également des croyances très arrêtées. Ces gens-là s'identifient en général ouvertement aux grands hommes : « Je suis Napoléon, je suis Hitler, je suis Tharg, je suis l'époux de Patricia Hardie. » Mon idée était-elle de cette nature ?

— Absolument pas. On peut implanter des convictions extrêmement fortes par la voie hypnotique. La vôtre est de ce genre. C'est pourquoi vous avez été capable de vous débarrasser de l'émotion chagrin lorsque vous avez appris qu'elle n'était pas morte. Cependant, votre guérison n'est pas encore totale.

Il y eut un arrêt. Puis la Machine reprit avec une curieuse tristesse dans la voix :

— Je ne suis qu'un cerveau immobile et vaguement informé de ce qui se trame en des lieux lointains de la Terre. Les plans que l'on forme, je ne puis que les supposer. Vous serez surpris et déçu de savoir que je ne peux pas vous en dire plus.

— Que pouvez-vous me dire ? demanda Gosseyn.

— Que cela vous concerne très étroitement, mais que je ne puis résoudre votre problème. Je désire que vous vous rendiez chez un psychiatre pour faire prendre une photo de votre cortex. J'ai l'impression de quelque chose, à propos de votre cerveau, mais je ne peux le définir. Et maintenant, c'est tout ce que je vous dirai. Au revoir, à demain.

La porte fit un déclic en se rouvrant automatiquement. Gosseyn se trouva dans le corridor, hésita un moment, puis se fraya un chemin vers le nord à travers la foule pressée.

Il parvint à un boulevard pavé. Vers le nord-ouest à environ cinq cents mètres de la Machine, d'autres bâtiments s'élevaient. Ils étaient géométriquement disposés autour du boulevard à l'extrémité duquel, parmi des massifs de fleurs et d'arbustes, se dressait le palais de la Machine.

Le palais n'était pas grand ; ses contours élégants se nichaient parmi le vert vif et l'éclat de la végétation environnante. Mais ce n'était pas ce qui retenait Gosseyn. Son esprit tâtonnait, se représentait, essayait de comprendre. Le président Hardie et sa fille Patricia vivaient là. S'il était étroitement mêlé à tout cela, eux aussi devaient l'être. Pour quel motif avait-on imposé à son esprit l'idée qu'il était marié à une Patricia Hardie *morte ?* Cela semblait trop idiot. N'importe quel détecteur de mensonge l'aurait dénoncé quand bien même Nordegg ne se fût pas trouvé là pour l'accuser.

Gosseyn fit demi-tour et longea la base de la Machine pour revenir en ville. Il déjeuna dans un petit restaurant près du fleuve, puis feuilleta les pages jaunes d'un annuaire téléphonique. Il savait le nom qu'il cherchait et le trouva presque aussitôt.

ENRIGHT, DAVID LESTER, PSYCHOLOGUE
709 MAISON DES ARTS MEDICAUX

Enright avait écrit plusieurs livres que tous

ceux qui espéraient aller au-delà du dixième jour des jeux devaient lire. C'était un plaisir que de se rappeler la clarté cristalline du style de l'homme, la profonde attention sémantique accordée à chacun des ordres de signification des mots utilisés, l'envergure de son esprit et le côté compréhensif de l'homme entier, conscience et corps.

Gosseyn referma l'annuaire et sortit dans la rue. Il se sentait bien, les nerfs calmés. L'espoir naissait en lui. Le fait même qu'il se rappelât Enright et ses livres avec une telle précision montrait à quel point cette amnésie parasite pesait sur ses souvenirs. Ce ne serait pas long une fois que le célèbre savant commencerait à s'occuper de lui. A la réception du bureau du docteur, on lui dit :

— Le Dr Enright ne reçoit que sur rendez-vous; je peux vous en fixer un d'ici trois jours ; jeudi à 2 heures. Je vais vous demander cependant un cautionnement de vingt-cinq dollars.

Gosseyn paya, prit le reçu et sortit, déçu mais pas trop. Les bons docteurs devaient être très occupés dans un monde encore loin d'avoir atteint la perfection non-A théorique.

De retour dans la rue, il aperçut une des voitures les plus longues et les plus puissantes qui l'aient jamais dépassé ; elle s'arrêta le long du trottoir à trente mètres de lui. La voiture scintillait au soleil de l'après-midi. Un domestique sauta du siège à côté du chauffeur et ouvrit la porte.

Teresa Clark en descendit. Elle portait une robe d'après-midi de somptueux tissu noir. L'ensemble ne la grossissait pas, mais la couleur sombre de la robe faisait paraître son visage un peu plus rond et par contraste pas si bronzé. Teresa Clark ! Un nom qui ne signifiait plus rien devant cette splendeur.

— Qui est-ce ? demanda Gosseyn à un homme arrêté à côté de lui.

Surpris, l'inconnu le regarda, puis prononça le nom auquel Gosseyn s'attendait déjà.

— Mais, c'est Patricia Hardie, la fille du président Hardie. Un peu névrosée, je pense. Regardez cette voiture, comme un bijou hors taille, un signe certain de...

Gosseyn se détournait, détournait son visage de la voiture et de son occupante. Idiot de se faire reconnaître avant d'avoir pensé à tout ça. Il semblait ridicule qu'elle dût réellement retourner cette nuit au terrain vague pour se trouver seule avec un étranger.

Mais elle y vint.

Debout dans l'ombre, Gosseyn regardait pensivement la silhouette sombre de la jeune fille. Il était venu au rendez-vous en se dissimulant. Elle lui tournait le dos et ne paraissait pas savoir qu'il fût là. Possible, en dépit de sa soigneuse reconnaissance du terrain, qu'il fût déjà pris au piège. Mais c'était un risque qu'il courait sans hésitation. Cette fille était la seule piste qui pût le guider dans la découverte de son propre mystère. Il la regarda aussi attentivement que le permettait l'ombre grandissante.

Au début, elle resta assise, le pied gauche glissé sous la jambe droite. En l'espace de dix minutes elle changea de position cinq fois. Deux fois, pendant ses déplacements, elle se leva à moitié. Dans l'intervalle elle passa apparemment un certain temps à faire des dessins sur l'herbe avec son doigt. Elle tira son étui à cigarettes et le rangea sans en prendre. Elle agita la tête une demi-douzaine de fois comme pour lutter contre une idée. Elle haussa les épaules deux fois, croisa ses bras et frissonna comme si elle avait froid, soupira de façon audible trois fois, claqua sa langue avec impatience et pendant presque une minute entière, elle resta parfaitement tranquille.

Elle était moins nerveuse la nuit précédente. Elle n'avait pas paru agitée du tout, sauf pendant le bref délai où elle prétendait avoir peur des hommes soi-disant à sa poursuite. « C'est l'attente », décida Gosseyn. Elle avait l'habitude de voir des gens, et de les diriger. Seule elle ne pouvait montrer aucune patience.

Que disait l'homme cet après-midi ?

Névrosée. Sans aucun doute. Privée sans doute dans sa première enfance de l'entraînement initial non-A si nécessaire au développement de certaines intelligences. Comment cet entraînement avait-il pu être négligé dans la demeure d'un homme aussi superbement intégré que le président Hardie, tel était le problème. Quelle qu'en soit la raison, voilà un être dont les actes étaient toujours soumis au plein contrôle de son thalamus. Il se la représentait très bien en proie à une commotion nerveuse.

Il continua à la surveiller dans la pénombre. Au bout de dix minutes, elle se leva et s'étira puis se rassit. Elle retira ses chaussures et, roulant vers Gosseyn, s'étendit sur l'herbe. Elle le vit enfin.

— Ça va très bien, dit Gosseyn doucement. Ce n'est que moi. Vous avez dû m'entendre arriver.

Il n'en croyait rien, mais elle s'était assise en sursaut et cela semblait le meilleur moyen de la calmer.

— Vous m'avez fait peur, dit-elle.

Mais sa voix était calme et neutre, parfaitement contrôlée. Elle avait des réactions thalamiques bien suaves, cette petite.

Il s'assit sur l'herbe à côté d'elle et se laissa gagner par l'atmosphère de la nuit. La seconde nuit sans police ! Cela paraissait difficile à croire. Il entendait les bruits de la ville, faibles, sans relief, pas suggestifs du tout. Où étaient les gangs et les voleurs ? Ils paraissaient irréels, vus de cette tranquille et obscure retraite.

Peut-être les années et le système d'éducation grignotaient-ils leur nombre, ne laissant que la légende terrifiante et quelques dévoyés qui vaquaient dans la nuit à la recherche des sans-défense. Non, impossible. Les hommes étaient plus courageux, au contraire, à mesure que leurs consciences s'intégraient progressivement à la structure de l'univers qui les entourait. Quelque part, on préparait, on employait la violence. Quelque part ? Ici peut-être.

Gosseyn regarda la jeune fille. Puis, très doucement, il se mit à parler. Il décrivit son odyssée — la façon dont il avait été vidé de l'hôtel, l'amnésie qui voilait ses souvenirs, la curieuse illusion d'avoir été marié à Patricia Hardie.

— Et à la fin, conclut-il, j'ai fini par trouver que c'est la fille du président, tout ce qu'il y a de plus vivante.

Patricia Hardie répondit :

— Ces psychologues, comme celui que vous allez voir, est-il vrai que ce soient des hommes qui ont gagné le voyage à Vénus et sont revenus sur la Terre pour exercer leur profession ? Et que personne d'autre n'a réellement le droit de se destiner à la psychiatrie et aux sciences connexes ?

Gosseyn n'y avait pas pensé.

— Mais, sans doute, dit-il. Les autres peuvent suivre des cours pour cela, naturellement, mais...

Il fut conscient d'une envie, d'un désir soudain de se trouver au moment de l'entrevue avec le Dr Enringht. Que ne pourrait-il apprendre d'un tel homme ! Puis la prudence lui revint et il se demanda pourquoi elle posait *cette* question au lieu de faire des remarques sur l'ensemble de son histoire. Dans l'ombre il la scruta attentivement. Mais sa figure, son expression étaient masquées par la nuit. Elle parla de nouveau :

— Vous voulez dire que vous n'avez aucune idée de votre identité ? Comment vous êtes-vous trouvé à l'hôtel d'abord ?

Gosseyn dit brièvement :

— Je me rappelle avoir pris un car de Cress-Village à l'aéroport de Nolendia. Je me rappelle nettement avoir pris l'avion.

— Vous avez déjeuné à bord ?

Gosseyn prit son temps pour se le rappeler. C'était un monde intensif dans lequel il s'efforçait de pénétrer et aussi inexistant que tous les mondes de ce genre. Le souvenir n'est jamais la chose dont on se souvient, mais, au moins pour la majorité des gens, lorsqu'il y a un souvenir, il a normalement *existé* un fait de structure analogue. Son esprit ne recelait rien qui pût se rattacher à une structure physique. Sans l'ombre d'un doute et sans équivoque, il n'avait pas déjeuné.

La jeune fille parlait :

— Vous n'avez vraiment pas la moindre idée de ce que tout cela signifie ? Vous n'avez ni but ni plan pour vous en sortir ? Vous vous contentez de vous mouvoir dans une obscurité totale.

— C'est ça.

Et il attendit.

Il y eut un long silence. Trop long. Et la réponse, lorsqu'elle vint, ne vint pas de la jeune fille. Quelqu'un sauta sur lui et le terrassa. D'autres silhouettes jaillirent des taillis et l'empoignèrent. Il était debout, luttant contre le premier agresseur. Une horreur profonde le fit combattre bien après que plusieurs mains puissantes l'eurent immobilisé audelà de sa capacité de résistance.

Un homme dit :

— O.K., mettez-le dans la voiture et filons d'ici.

Comme on le tassait sur le siège arrière d'une vaste conduite intérieure, Gosseyn se demanda : « Sont-ils venus à la suite d'un signal de la fille ? Ou est-ce une bande ? » Le bond violent de la voiture mit pour un temps fin à sa spéculation inquiète.

4

La science n'est rien que le bon sens et un
un raisonnement sain.

Stanislas Leczinski, roi de Pologne,1763.

Tandis que les voitures filaient vers le nord le long des rues désertes, Gosseyn constata qu'il y en avait deux devant et trois derrière. Il apercevait leurs formes noires et mobiles à travers le pare-brise et dans le rétroviseur. Patricia Hardie était dans l'une d'elles ; mais malgré ses efforts il ne put la distinguer. Cela n'importait guère. Il avait examiné ses ravisseurs et ses soupçons se précisaient : ce n'étaient pas des gangsters.

Il s'adressa à l'homme à sa droite. Pas de réponse. Il se tourna vers celui de gauche. Avant qu'il ait ouvert la bouche, l'homme dit :

— Nous n'avons pas l'autorisation de vous parler.

— L'autorisation ?

Les gangsters ne parlent pas ainsi. Gosseyn se renfonça dans son siège, considérablement soulagé. Finalement, les voitures décrivirent une vaste courbe et s'engouffrèrent dans un tunnel. Elles filaient sur une pente montante à travers une faible lumière. Au bout de cinq minutes environ, le tunnel s'éclaira à l'horizon. Brusquement les voitures émergèrent sur un espace arrondi et un peu oblong. Elles ralentirent et s'arrêtèrent devant une porte.

Des hommes sortirent des voitures. Gosseyn entrevit la fille tandis qu'elle sortait de celle qui avait précédé la sienne. Elle revint sur ses pas et le regarda.

— A toutes fins utiles, dit-elle, je suis Patricia Hardie.

— Oui, dit Gosseyn. Je le sais depuis tantôt. Quelqu'un m'a dit qui vous étiez.

Les yeux de la fille s'agrandirent.

— Vous êtes complètement piqué, dit-elle. Pourquoi n'avez-vous pas fichu le camp ?

— Parce que je dois savoir. Il faut que je sache qui je suis.

Il devait y avoir quelque chose dans sa voix, un peu du sentiment de vide de l'homme qui a perdu son nom.

— Pauvre crétin, dit Patricia Hardie d'une voix plus douce. Précisément au moment où ils se donnent du courage pour oser sauter le saut, et où ils ont des espions dans tous les hôtels. Ce que le détecteur a dit de vous a été rapporté aussitôt. Et ils ne voudront courir aucun risque.

Elle hésita.

— Votre seul espoir, dit-elle d'un ton neutre, est que Thorson ne s'intéresse pas à vous. Mon père essaie de le persuader de vous examiner, mais jusqu'ici il vous juge sans importance.

Elle s'arrêta encore et dit :

— Je regrette.

Puis elle s'éloigna sans se retourner. Elle alla vers une porte qui s'ouvrit avant qu'elle ne la touchât. Un instant, on aperçut un vestibule clair, puis la porte se referma. Du temps passa, entre cinq et dix minutes. Enfin, un homme au nez en bec d'aigle parut à une autre porte et regarda Gosseyn. Il dit, visiblement railleur :

— Ainsi, voilà l'individu dangereux.

Insulte sans importance. Gosseyn passa en revue les caractéristiques physiques de l'homme, puis le sens des paroles lui apparut. Il s'était attendu à ce qu'on lui demandât de sortir de la voiture. Il se rejeta en arrière. L'idée qu'on le considérait comme un homme dangereux était entièrement nouvelle. Elle semblait sans aucun rapport de structure avec les faits. Gilbert Gosseyn, un non-A confirmé dont l'esprit avait été abîmé par un accident amnésique, pouvait se montrer digne de Vénus dans les jeux ; mais il ne serait qu'un des milliers de triomphateurs analogues. Il lui restait encore à présenter une qualité unique de structure qui le différenciât des autres hommes.

— Ah ! Il est muet, dit le grand type. La pause non-A, je suppose. A tout moment, maintenant, votre hypothèse va être soumise au contrôle de votre cortex et des mots sémantiquement adéquats vont résonner.

Gosseyn étudia l'homme avec curiosité. Le ricanement s'était adouci, l'expression était moins cruelle, le comportement moins animal et moins impressionnant. Gosseyn dit, compatissant :

— Je ne puis que supposer que vous avez échoué aux jeux et que c'est la raison de votre mépris. Pauvre abruti.

Le grand type ricana :

— Venez, dit-il. Vous allez recevoir quelques chocs. Au fait, je m'appelle Thorson, Jim Thorson. Je vous le dis sans craindre aucunement que ça aille plus loin.

— Thorson ! répéta Gosseyn.

Puis il se tut. Sans un mot, il suivit l'homme au nez d'aigle par une porte somptueuse, dans le palais de la Machine, où vivaient le président et Patricia Hardie.

Il commença à penser à la nécessité de faire un réel effort pour s'enfuir. Mais pas maintenant. Curieux de ressentir cette impression si vivement. De savoir que se renseigner sur soi-même comptait plus que toute autre chose.

Un long couloir de marbre aboutissait à une porte de chêne, ouverte. Thorson la tint devant Gosseyn, un sourire plissant sa longue figure. Puis il entra et ferma la porte derrière lui, laissant dehors les gardiens de Gosseyn.

Trois personnes attendaient dans la pièce : Patricia Hardie et deux hommes. De ceux-ci l'un était un beau type de quarante-cinq ans assis à un bureau. Mais c'est le second qui retint l'attention de Gosseyn.

Il avait eu un accident. C'était une monstruosité raccommodée. Il avait un bras en plastique, une jambe en plastique et son dos était dans une cage de plastique. Sa tête paraissait faite de verre opaque ; elle n'avait pas d'oreilles, deux yeux humains vous regardaient sous un dôme, lisse comme le verre, de plastique chirurgical. Dans certaines limites, un veinard : depuis les yeux, la partie inférieure de son visage était intacte. Il avait un visage. Son nez, sa bouche, son menton et son cou étaient humains. En dehors de cela, sa ressemblance avec quelque chose de normal dépendait en partie des concessions implicites de l'observateur. A ce moment Gosseyn n'était préparé à en faire aucune. Il avait choisi un type d'action, sur le plan de l'abstraction : le culot. Il dit :

— Qu'est-ce que c'est que cette horreur ?

La créature pouffa d'un rire grave. Sa voix, lorsqu'elle parla, était profonde comme le *sol* d'un violon.

— Admettons, dit-il, que je sois l'élément X.

Gosseyn porta ses regards de X à la jeune fille. Elle soutint les siens froidement, bien qu'un soupçon de couleur se glissât sur ses joues. Elle avait rapidement changé de toilette pour une robe du soir. Cela lui donnait une allure que Teresa Clark n'avait jamais eue.

Il était étrangement difficile de prêter attention à l'autre homme. Même pour l'esprit entraîné de Gosseyn le changement d'état d'âme nécessaire pour envisager que le président de la Terre, Hardie, pût comploter, représentait quelque chose de dur à avaler. Mais en fin de compte, impossible de ne pas l'admettre.

Une action illégale était en cours. Des gens n'auraient pas fait ce qu'on lui avait fait, n'auraient pas dit ce que Patricia et Thorson lui avaient dit, sans que cela signifiât quelque chose. Même la Machine l'avait averti de désagréments proches. Et elle indiquait pratiquement que la famille Hardie s'y trouvait mêlée.

Vu de près, le président avait l'œil dur de l'homme discipliné et le sourire de celui qui doit se montrer aimable et plein de tact avec des tas de gens. Des lèvres minces. Capable, sans doute d'interrompre sèchement un entretien ou de le ramener avec fermeté à son objet. Il ressemblait à un directeur, vif, habitué à commander. Il dit :

— Gosseyn, nous aurions été maintenus dans des situations secondaires si nous avions accepté le gouvernement de la Machine et la philosophie non-A. Nous sommes très intelligents et parfaitement capables à tous égards, mais notre tempérament présente certains aspects incontrôlés qui nous interdiraient normalement une réussite complète. 99 % de l'histoire du monde a été faite par des gens comme nous et vous pouvez être sûr que cela continuera.

Gosseyn le regarda et quelque chose lui étreignit le cœur. On lui en disait trop. Ou bien le complot était très proche de son aboutissement, ou bien les vagues menaces qu'on lui avaient déjà adressées avaient la signification la plus définitive. Mais Hardie continuait :

— Je vous ai dit tout ceci pour souligner les consignes que voici : Gosseyn, plusieurs armes vous couvrent. En conséquence, vous allez sans protester vous diriger vers ce fauteuil — il l'indiqua de la main droite — et vous soumettre aux menottes et à d'autres vexations secondaires.

Son regard dépassant Gosseyn, il dit :

— Thorson, amenez les instruments nécessaires.

Gosseyn était trop conscient pour espérer s'échapper de cette pièce. Il se mit en marche et laissa Thorson lui attacher les poignets aux bras du fauteuil. Il regarda avec une curiosité intense le grand type rouler jusqu'à lui une table chargée d'un certain nombre de petites machines d'allure complexe. Sans mot dire, Thorson fixa, avec des bandes adhérentes, sur la peau de Gosseyn, une douzaine des prolongements en forme de coupe de l'une des machines ; six d'entre eux sur la tête et le visage, les six autres à sa gorge, à ses épaules et au haut de son dos.

Gosseyn se rendit compte qu'il n'était pas le seul dans la pièce à être profondément intrigué. Les deux hommes, Hardie et le monstre, se penchaient en avant sur leurs fauteuils. Des yeux bleus et des yeux jaune-brun luisaient d'un éclat avide. La jeune fille était recroquevillée sur son fauteuil, les jambes levées, une de ses mains tenait une cigarette entre ses lèvres. Elle aspirait comme un automate, mais n'avalait pas. Elle prenait la fumée dans sa bouche et la rejetait. Et ainsi de suite sans interruption.

Des quatre, Thorson était le plus calme. D'une main ferme, il fit quelques réglages sur une partie de la machine que Gosseyn ne pouvait pas voir, puis il regarda Michael Hardie d'un air interrogateur. Mais c'est Gosseyn qui rompit le silence et dit d'une voix épaisse :

— Je pense que vous devriez m'écouter un moment.

Il s'interrompit ; non qu'il eût terminé, mais soudain il perçut son propre désespoir. Il pensait : « Au nom de la raison que se passe-t-il ici ? Est-il possible que cela arrive à un être humain respectueux des lois en 2560 A. D. sur une terre en paix ? »

— J'ai l'impression, dit-il — et sa voix sonnait rauque à ses propres oreilles —, d'être un gosse dans une maison de fous. Vous attendez quelque chose de moi. Pour l'amour du Ciel, dites-moi quoi, et je ferai de mon mieux.

« Naturellement, continua-t-il, ma vie a pour moi une valeur supérieure à tout ce que vous pouvez exiger de moi. Je vous le dis en toute certitude parce que dans le monde non-A, aucun individu ne compte au point que ses idées, ses inventions ou sa personnalité puissent être utilisées au détriment de l'espèce humaine. Des machines individuelles ne peuvent faire pencher la balance dans le sens opposé à la quantité totale de science accumulée par des hommes courageux et déterminés pour la défense de la civilisation. Ceci a été prouvé, la science seule ne peut gagner une guerre.

Il regarda, interrogateur, Michael Hardie.

— Est-ce quelque chose de ce genre ? Une invention d'avant mon amnésie ?

— Non.

C'est X qui parlait. Le mutilé paraissait amusé et ajouta :

— Vous savez, c'est vraiment intéressant. Voici un homme qui ignore son but et ses antécédents et pourtant, son apparition à ce moment ne peut être entièrement accidentelle. L'incapacité du détecteur de l'hôtel à découvrir son identité réelle est un phénomène jamais encore rencontré.

— Mais il dit la vérité.

Patricia Hardie reposa ses pieds sur le plancher, et laissa retomber la main qui tenait la cigarette. Elle avait l'air très positive.

— Le détecteur de l'hôtel a dit qu'il n'avait pas conscience de son identité.

Un bras de plastique fit un geste protecteur à son adresse. Il y avait une note de tolérance dans la voix grave :

— Ma chère enfant, je ne mets pas en doute qu'il l'ait dit. Mais je ne perds pas de vue le fait que les machines sont corruptibles. Le brillant M. Crang et moi — sa voix se fit significative — l'avons démontré à la satisfaction de bien des gens, votre père inclus.

Il s'interrompit.

— Je ne crois pas que nous puissions accepter une seule des affirmations émises par Gosseyn, ou le concernant, formulées par les appareils ordinaires de contrôle du cerveau.

Le président Hardie approuva.

— Il a raison, Pat. Normalement, un homme qui s'est cru par erreur marié à ma fille, ne serait qu'un névrosé ordinaire. Malgré quoi, l'apparition même d'un tel homme *en ce moment* doit être étudiée. Mais, en outre, l'incapacité du détecteur de l'hôtel à l'identifier est si anormale que, comme vous le voyez — il fit un geste —, Thorson lui-même a été intéressé. Selon moi, ce sont les agents de la Ligue galactique qui l'ont envoyé pour qu'on le regarde, eh bien, on va le regarder. Quels sont vos plans, Jim ?

Thorson haussa les épaules.

— Je vais sonder les îlots mémoriels et trouver qui il est.

X dit :

— Je pense que les résultats de cet examen ne doivent pas connaître une trop grande diffusion. Miss Hardie, quittez cette pièce.

Les lèvres de la jeune fille se serrèrent.

— Je préfère rester, dit-elle.

Elle releva la tête avec défi :

— Après tout, j'ai pris des risques.

Personne ne dit rien. Le demi-humain la regarda avec des yeux que Gosseyn trouva implacables. Patricia Hardie remua, mal à l'aise, puis regarda son père comme pour quêter son aide. Le grand homme évita son regard, se tortillant, gêné, dans son fauteuil.

Elle se leva, la lèvre méprisante.

— Alors il vous tient aussi, dit-elle, sarcastique. Eh bien, ne vous imaginez pas qu'il me fasse peur. Un de ces jours je vais lui coller un pruneau et il n'y aura pas de chirurgien qui puisse boucher le trou avec du plasto.

Elle sortit et claqua la porte. Hardie observa :

— Je crois que nous n'avons pas de temps à perdre.

Il n'y eut pas d'objections. Gosseyn vit les doigts de Thorson tripoter le contacteur de la machine sur la table. Les doigts tournèrent quelque chose et avec force. Il y eut un déclic et un bourdonnement.

D'abord rien ne se produisit. Gosseyn était tendu pour résister au flux d'énergie. Mais il n'y en avait point. Le regard vide, il examina la machine. Elle ronflait et palpitait. Comme beaucoup d'autres, elle avait ses tubes électroniques spéciaux. Etaient-ils employés à contrôler la vitesse de moteurs invisibles, à amplifier quelque résonance profonde de son corps, à convertir une énergie ou à chronométrer les modifications d'un processus indécelable ou à l'une quelconque d'une centaine d'autres activités, impossible à Gosseyn de le dire.

Certains des tubes brillaient d'un éclat vif au fond de trous pratiqués dans le boîtier de plastique arrondi. D'autres, il le savait, trop sensibles pour qu'on les expose à des facteurs aussi violents que la température normale et la clarté d'une pièce, devaient être cachés tout au fond de leurs petites enveloppes et seule une fraction infinitésimale de leurs corps à la douceur de verre était reliée à l'extérieur.

Ça lui faisait mal aux yeux de les fixer. Il continuait à clignoter et les larmes lui brouillaient la vue. Avec un effort, Gosseyn réussit à regarder autre chose que la table et les machines. Le mouvement devait avoir été trop vif pour ses nerfs crispés. Quelque chose résonna dans son crâne et un violent mal de tête surgit. Il se rendit compte avec un sursaut que c'était là l'effet de la machine.

Ce fut comme s'il plongeait au fond d'un bassin. On eût dit qu'une violente pression s'exerçait sur lui de tous les côtés, *de l'intérieur compris.* Comme de très loin, il entendit la voix calme de Thorson faire un cours à ses auditeurs.

— Ceci est une machine fort intéressante. Elle fabrique un genre d'énergie nerveuse. Cette énergie est absorbée par la douzaine d'électrodes que j'ai placées sur la tête et les épaules de Gosseyn, et se répand également le long des circuits nerveux préexistants dans son corps. En elle-même, elle ne crée pas de nouveaux circuits. Il faut se la représenter comme une poussée qui s'écarte instantanément des plus petits obstacles. Elle évite les difficultés qui diffèrent d'environ un pour cent de leurs valeurs normales. C'est au plus haut point une de ces sortes d'énergies qui suivent les chemins de moindre résistance.

C'était dur de penser avec le son de cette voix. La conscience de Gosseyn ne pouvait formuler une pensée complète. Il se raidit contre le pouvoir de brouillage de la voix et contre l'énergie qui le pénétrait. Rien ne lui venait que des lambeaux d'idées et la voix de Thorson.

— La caractéristique médicalement intéressante de ce flot artificiel d'énergie nerveuse est qu'on peut le photographier. Dans quelques instants, dès que l'action de l'énergie artificielle se sera fait sentir sur les circuits nerveux les plus éloignés, je prendrai plusieurs négatifs et j'obtiendrai des épreuves positives.

« En les agrandissant par fragments avec un

projecteur, l'épreuve nous indiquera en quelles parties de son cerveau la mémoire est localisée. Etant donné que la science connaît depuis longtemps la nature des souvenirs emmagasinés dans chaque groupe de cellules, nous pourrons alors choisir à quel endroit nous concentrerons les pressions qui contraindront le souvenir particulier qui nous intéresse à se formuler verbalement.

« Une utilisation ultérieure de cette machine, avec une puissance supérieure et combinée avec une formule systématique complexe d'associations verbales, réalisera effectivement l'opération.

Il ferma la machine et extirpa un film de la chambre noire. Il dit : « Surveillez-le » et disparut par la porte la plus proche.

Toute surveillance était superflue. Gosseyn n'aurait pas pu se tenir debout. Il avait l'impression que son cerveau virait comme une toupie. Comme un enfant qui a tourné trop longtemps sur lui-même, il aurait fallu pivoter dans l'autre sens.

Thorson était de retour avant qu'il n'ait recouvré une vision normale.

Il entra lentement et, ignorant X et Hardie, alla jusqu'à Gosseyn. Il tenait deux épreuves à la main, s'arrêta devant le prisonnier et le regarda intensément.

— Qu'avez-vous découvert ? demanda Hardie, à la gauche de Gosseyn.

Thorson fit un geste à son adresse, l'injonction impatiente de se taire. C'était un geste d'une surprenante brutalité, et, qui plus est, il paraissait inconscient de l'avoir fait. Il restait là et soudain sa personnalité prenait un relief différent de celui du commun des mortels. Il l'avait dissimulée entièrement. Sous l'aspect impassible, c'était une tempête d'énergie nerveuse, un être au potentiel suprêmement élevé. Gosseyn comprit que son comportement n'était pas la déférence envers des supérieurs. C'était le commandement, ferme, définitif, sans équivoque. Lorsqu'il était d'accord avec les autres, c'est parce qu'il le voulait bien. Lorsqu'il n'était pas d'accord, c'est *lui* qui décidait.

X approcha son fauteuil roulant et retira doucement les photos des doigts de Thorson. Il en tendit une à Hardie. Les deux hommes se penchèrent sur les épreuves avec deux émotions distinctes et différentes.

X faillit se lever de son fauteuil. Son mouvement révéla plusieurs détails de son corps semi-artificiel. Il révéla sa taille. Il était plus grand que ne l'avait pensé Gosseyn, au moins un mètre quatre-vingts. On voyait comment son bras plastique était fixé à la cage de plastique autour de son thorax. On voyait que son visage pouvait prendre une expression troublée. Il marmotta :

— C'est heureux que nous ne l'ayons pas laissé voir ce psychiatre. Nous avons frappé au bon moment, au début.

Michael Hardie parut irrité.

— Qu'est-ce que vous bafouillez là ? N'oubliez pas que je n'occupe ma situation présente qu'à cause de votre habileté à contrôler les jeux de la Machine, je n'ai jamais pu me fourrer dans le crâne toutes ces non-Aneries à propos du cerveau humain. Tout ce que je vois, c'est une croûte solide de lumière. Je présume que ces lignes-là sont les lignes de décharge nerveuse et qu'elles se démêleront quand on les agrandira sur l'écran.

Cette fois, Thorson entendit. Il alla vers Hardie, désigna quelque chose sur la photo, et murmura une explication qui draina lentement la couleur du visage de l'autre.

— Il faut le tuer, dit-il sinistre, immédiatement.

Thorson secoua la tête, irrité.

— Pourquoi ? Que peut-il faire ? En informer le Monde ?

Il insista :

— Notez bien qu'il n'y a pas de lignes claires à côté... de la chose.

— Mais supposez qu'il trouve le moyen de s'en servir ?

C'est Hardie qui parlait de nouveau.

— Cela nécessiterait des mois ! s'exclama X. On n'arrive même pas à rendre son petit doigt souple en vingt-quatre heures.

Ils murmurèrent d'autres remarques, auxquelles Thorson répondit, furieux :

— Vous ne vous attendez tout de même pas à ce qu'il s'échappe de *cette* cellule ? Ou alors, vous avez lu des romans aristotéliciens, ceux où le héros gagne à tous les coups ?

En fin de compte, il n'y en avait qu'un qui commandait. Des hommes vinrent et transportèrent Gosseyn, fauteuil, menottes et tout, jusqu'à une cellule d'acier massif, à quatre étages de profondeur. Les dernières marches descendaient dans la cellule même et lorsque les hommes furent remontés jusqu'à l'étage du dessus, un moteur fit disparaître l'escalier entier par une ouverture du plafond, sept mètres plus haut. Une porte d'acier se rabattit bruyamment sur le trou et on poussa de lourds barreaux. Le silence se fit.

5

Gosseyn restait immobile dans le fauteuil d'acier. Son cœur sonnait, ses tempes battaient, il se sentait malade et vidé par la réaction. La sueur qui le baignait paraissait ne pouvoir cesser de couler.

« J'ai la frousse, pensa-t-il. Une frousse horrible, abjecte. »

La peur doit naître au plus profond des colloïdes de l'être. Une fleur, qui ferme ses pétales la nuit, témoigne sa crainte de l'obscurité, mais elle n'a pas de système nerveux pour transmettre l'impulsion et pas de thalamus pour la recevoir et traduire le message électrique sous forme d'émotion. Un être humain est une structure physico-chimique dont la conscience d'exister provient d'un système nerveux complexe. Après la mort, le corps se désintègre ; la personnalité survit en un certain nombre d'impulsions-souvenirs déformées dans le système nerveux des autres. A mesure que les années passent, ces souvenirs s'affaiblissent. Au plus, Gilbert Gosseyn se survivrait en tant qu'influx nerveux chez d'autres hommes pendant un demi-siècle ; en tant qu'émulsion sur un négatif pendant un certain nombre d'années ; en tant qu'assemblage électronique d'une série de cellules émises par des rayons cathodiques, pendant peut-être deux siècles. Aucune de ces possibilités n'interrompait le flux de sueur qui ruisselait de son corps dans cette pièce chaude, presque sans air.

« Je suis pratiquement mort, pensa-t-il dans les affres de l'agonie. Je vais mourir. Je vais mourir. » Et l'instant de formuler une pensée, il se rendit compte que ses nerfs le lâchaient.

Une lumière jaillit du plafond ; on ouvrait un judas métallique. Une voix dit :

— Oui, dites à M. Thorson qu'il va très bien.

Des minutes s'écoulèrent, puis l'escalier s'abaissa. Son extrémité inférieure sonna contre le plancher. Des ouvriers commencèrent à descendre des marches en portant une table. Successivement, très vite, la machine déjà utilisée sur Gosseyn et plusieurs autres aux formes et aux destinations diverses, furent introduites et boulonnées à la table. Les ouvriers remontèrent rapidement l'escalier.

Deux hommes à l'expression dure descendirent agilement. Ils examinèrent les mains et les poignets de Gosseyn. Enfin ils s'éloignèrent et le silence retomba.

Puis une fois de plus la porte s'ouvrit avec un bruit métallique. Gosseyn se contracta, attendant Thorson. A sa place, Patricia Hardie s'élança en bas des marches. Tandis qu'elle ouvrait les menottes, elle dit à voix basse, insistante :

— Suivez le hall à droite pendant trente mètres.

Sous l'escalier principal, à cet endroit, vous verrez une porte. Derrière cette porte, il y a un escalier plus petit de deux étages qui vous mène à six mètres de mon appartement. Vous y serez peut-être en sûreté, je ne sais pas. A partir de ce moment, vous êtes livré à vous-même. Bonne chance !

L'ayant libéré, elle remonta l'escalier en courant. Les muscles de Gosseyn étaient si contractés qu'il trébuchait affreusement à chaque marche. Mais les instructions de la fille étaient exactes. Au moment où il atteignit sa chambre à coucher, il avait retrouvé une circulation normale.

Un parfum subtil caractérisait la pièce. Des fenêtres à la française, près du lit à baldaquin, Gosseyn regarda le phare atomique de la machine. Il flambait si proche que l'on pensait pouvoir étendre la main et le saisir.

Gosseyn ne partageait pas l'espoir de Patricia Hardie : il ne serait pas en sécurité dans sa chambre à coucher. En outre, c'est maintenant qu'il fallait risquer le coup, avant que sa fuite ne soit découverte. Il s'élança et se rejeta rapidement en arrière ; une demi-douzaine d'hommes armés passaient en file sous le balcon. Lorsqu'il jeta un coup d'œil un instant plus tard, il vit deux des hommes se tapir derrière un taillis à moins de trente mètres.

Gosseyn recula dans la chambre. Il ne lui fallut qu'une minute pour jeter un coup d'œil dans les quatre pièces qui constituaient l'appartement de la jeune fille. Il choisit le cabinet de toilette comme poste d'observation. Il y avait une fenêtre et un petit balcon donnant sur une tonnelle un peu à l'écart du grand jardin. Au pire, il pouvait sauter et se glisser de taillis en taillis. Il s'assit lourdement sur la longue banquette devant la psyché. Il avait le temps de penser un peu au geste de Patricia. Elle avait pris là un risque sérieux. Pour une raison obscure, mais il paraissait évident qu'elle regrettait sa participation au complot dirigé contre lui.

Ses réflexions s'interrompirent au bruit léger d'une porte éloignée. Gosseyn se leva. C'était peut-être la jeune fille ; sa voix résonna doucement à la porte du cabinet de toilette.

— Vous êtes là, monsieur Gosseyn ?

Gosseyn ouvrit sans mot dire et ils se dévisagèrent sur le seuil. Elle parla la première.

— Quels sont vos plans ?

— Gagner la machine.

— Pourquoi ?

Gosseyn hésita. Patricia Hardie l'avait aidé, et par suite méritait sa confiance. Mais il fallait se rappeler qu'elle était une névrosée ayant sans doute agi par impulsion. Elle pouvait ne pas se rendre compte de toutes les conséquences de ce qu'elle avait fait. Il vit qu'elle souriait, sarcastique.

— N'ayez pas l'idiotie, dit-elle, de vouloir sauver le monde, vous ne pouvez rien faire. Cette conspiration n'est pas à l'échelle terrestre, pas même à celle du système solaire. Nous sommes des pions dans un jeu que jouent les gens des étoiles.

Gosseyn la regarda, ébahi.

— Vous êtes cinglée ? demanda-t-il.

A la minute où il parla, il eut un sentiment de vide, l'impression d'avoir entendu des mots trop chargés de signification. Il ouvrit la bouche pour continuer et la referma. Il se rappela un mot prononcé par Hardie précédemment, « galactique ». A ce moment, il était trop tendu pour en percevoir le sens. Maintenant son esprit commençait à se détacher de l'immensité de ce dont il était question. Cela diminua, devint normal et se fixa finalement sur ce que la jeune fille avait dit.

— Des hommes ? répéta-t-il.

La fille approuva.

— Mais ne me demandez pas comment ils y sont venus. Je ne sais même pas comment les hommes sont apparus sur la Terre. La théorie du singe ne paraît plausible que si on n'y regarde pas de trop près. Mais je vous en prie, ne nous égarons pas là-dedans. Je suis ravie que ce soient des hommes et pas des monstres inconnus. Je vous certifie que la machine ne peut rien faire.

— Elle peut me protéger.

Elle réfléchit et dit lentement :

— Peut-être bien.

Elle l'étudia de nouveau de son regard clair.

— Je ne vois pas bien ce que vous fabriquez là-dedans. Qu'ont-ils découvert sur vous ?

Gosseyn décrivit de façon succincte ce qu'on avait fait et ajouta :

— Il doit y avoir quelque chose. La Machine m'avait déjà dit de faire photographier mon cortex.

Patricia Hardie se tut.

— Bon Dieu, reprit-elle enfin, peut-être qu'ils n'ont pas tort d'avoir peur de vous.

Elle s'interrompit.

— Chut, il y a quelqu'un dehors.

Gosseyn avait entendu les notes cristallines du carillon.

Il jeta un coup d'œil à la fenêtre. La jeune fille dit rapidement :

— Non, ne partez pas encore. Fermez la porte derrière moi et ne vous en allez que s'il y a une perquisition.

Il entendit ses pas s'éloigner. Lorsqu'ils revinrent ils étaient accompagnés de pas plus lourds. Une voix d'homme dit :

— Je voudrais bien avoir vu ce type. Pourquoi ne m'avez-vous pas dit sur quoi vous étiez ? Même Thorson a peur, maintenant.

La jeune fille était calme.

— Comment pouvais-je savoir qu'il était différent, Eldred ? J'ai parlé à quelqu'un qui ne se rappelait pas son passé.

« Eldred », pensa Gosseyn. Il devrait se souvenir de ce nom. Cela avait plus la résonance d'un prénom que d'un nom de famille. Mais l'homme continua :

— Si c'était de n'importe qui d'autre que vous, Pat, je le croirais. Mais j'ai toujours eu l'impression que vous étiez en train de manigancer des combinaisons personnelles. Pour l'amour du Ciel, ne soyez pas trop maligne.

La jeune fille rit.

— Mon cher, dit-elle, si Thorson se doute jamais que Eldred Crang, commandant de la base galactique locale, et John Prescott, commandant en second, ont tous deux été convertis au non-A, vous aurez raison de parler de combinaisons personnelles.

La voix de l'homme était étonnée et basse :

— Pat, vous êtes folle de dire ça tout haut. Mais j'ai voulu vous avertir. Je n'ai plus une confiance entière en Prescott. Il a fait des tours et des détours depuis l'arrivée de Thorson. Heureusement je ne lui ai jamais laissé connaître mes sentiments à l'égard du non-A.

La jeune fille dit quelque chose que Gosseyn n'entendit pas. Il y eut un silence suivi par le bruit impossible à ne pas reconnaître, d'un baiser, puis elle dit :

— Prescott va avec vous ?

Gosseyn frémissait. « Ce que c'est idiot, pensa-t-il furieux. Jamais je n'ai été marié avec elle, je ne vais pas laisser une illusion me troubler et m'émouvoir. »

Mais ce sentiment était très net. Le baiser l'avait choqué — l'émotion était peut-être fausse, mais il faudrait autre chose qu'un traitement non-A pour qu'il échappe à sa domination.

Le bruit du carillon mit fin à ses réflexions. Il entendit l'homme et la jeune femme passer dans le living-room. Puis la porte s'ouvrit et un homme dit :

— Miss Patricia, nous avons reçu l'ordre de perquisitionner dans votre appartement pour chercher un prisonnier évadé... Je vous demande pardon, monsieur Crang, je ne vous avais pas vu.

— C'est très bien...

C'était la voix de l'homme qui avait embrassé Patricia Hardie.

— Faites vos recherches et allez-vous-en.

— Oui, monsieur.

Gosseyn n'attendit pas. Le balcon qui bordait la fenêtre du cabinet de toilette était abrité par des arbres. Il atteignit le sol sans incident et progressa à quatre pattes le long du mur. Pas une fois, pendant les premiers hectomètres, il ne quitta le couvert des taillis ou des arbres.

Il était à trente mètres de la base presque déserte de la Machine lorsqu'une douzaine de voitures jaillirent d'une lignée d'arbres derrière laquelle elles avaient attendu ; des armes ouvrirent le feu sur lui. Gosseyn poussa un hurlement sauvage à l'adresse de la Machine :

— Sauve-moi, sauve-moi !

Isolée, indifférente, la Machine l'écrasait de sa masse. S'il était vrai, comme le disait la légende, qu'elle pût se défendre et défendre son domaine, elle ne trouvait pas apparemment là une raison d'agir.

Pas un tube ne cligna pour montrer qu'elle avait conscience d'un crime qui se commettait en sa présence.

Gosseyn rampait frénétiquement sur l'herbe quand la première balle le frappa. Elle l'atteignit à l'épaule et l'envoya rouler sur le trajet d'un rayon d'énergie incendiaire. Sa chair et ses vêtements flambèrent d'une flamme insensée. Déjà il avait roulé plus loin et les balles l'atteignaient de nouveau. Elles le mettaient en pièces, tandis qu'il se consumait dans une flambée furieuse.

Chose intolérable, il ne perdait pas conscience. Il sentait le feu, sans répit, et les balles lacérer son corps torturé ; les coups et la flamme pénétraient ses organes vitaux, ses jambes, son cœur, ses poumons, bien après qu'il eût cessé de remuer. Sa dernière pensée confuse fut la conscience infiniment triste et désespérée qu'il ne verrait plus jamais Vénus et ses mystères ignorés. Et puis la mort s'en vint le prendre.

6

Un curieux son lourd s'imposa à l'attention de Gosseyn. Cela semblait venir d'en haut. Le son se fit rapidement plus bruyant et devint un bruit continu, comme le grondement de plusieurs machines au ralenti.

Gosseyn ouvrit les yeux. Il reposait, dans une demi-obscurité, à côté du tronc d'un arbre gigantesque. Il apercevait vaguement deux autres troncs à proximité, mais leur taille était si peu croyable qu'il referma les yeux et resta immobile, prêtant l'oreille. Pas d'autre conscience immédiate. Son cerveau n'était plus qu'oreilles et audition. Rien d'autre. Il constituait un objet inanimé doué de la faculté de percevoir les sons.

Une conscience plus nette se fit jour en lui. Il perçut son corps étendu sur le sol. Pas d'images visuelles, mais, peu à peu, l'impression prit corps. Lui, étendu sur le sol de Vénus, fermement, solidement soutenu par cette base planétaire invulnérable qu'était Vénus.

Le cours lent de ses pensées changea. Vénus ! Mais il n'était pas sur Vénus. Il était sur la Terre.

Les souvenirs s'éveillèrent dans un coin perdu de son esprit. Le petit filet d'éléments actifs devint un courant puis un fleuve profond et sombre qui se ruait vers l'océan.

« Je suis mort, se dit-il. On m'a mitraillé et grillé à mort. »

Il frémit au souvenir de la souffrance atroce. Son corps s'aplatit étroitement contre le sol. Lentement son esprit se rouvrit. Le fait qu'il se trouvait en vie avec le souvenir d'avoir été abattu cessa d'être le rappel d'une intolérable agonie pour devenir une énigme, un paradoxe qui n'avait *a priori* pas d'explication dans le monde non-A.

La terreur de sentir la souffrance revenir s'atténua dans les minutes qui suivirent. Ses pensées, dans ce monde bizarrement demi-conscient où son être se trouvait momentanément, commencèrent à se concentrer sur divers aspects de la situation.

Il se rappela Patricia Hardie et son père. Il se rappela X et l'implacable Thorson, et la conspiration contre $\bar{A}$.

Ces souvenirs eurent sur lui un effet énorme, purement physique. Il s'assit. Il ouvrit les yeux et se trouva dans la même demi-obscurité qu'auparavant ; ce n'était donc pas un rêve.

Il revit les arbres monstrueux. Cette fois, il les admit tels qu'ils étaient. C'étaient eux qui lui avaient fourni cette certitude automatique de se trouver sur Vénus. Tout le monde connaissait les arbres de Vénus.

Il était bien sur Vénus.

Gosseyn se leva. Il tâta son corps : tout paraissait en ordre. Pas de cicatrices, pas l'impression d'avoir été blessé. Son corps était intact, complet, sans dommages.

Il se trouvait en parfaite santé.

Il portait un short, une chemise à col ouvert et des sandales. Cela le surprit momentanément. Il avait auparavant un complet deux pièces, la tenue sobre des concurrents des jeux. Il haussa les épaules. Pas d'importance. Rien n'importait, si ce n'est que celui qui avait réparé son corps en pièces devait l'avoir placé dans cette forêt *gargantuesque* avec un but bien défini. Gosseyn jeta un regard autour de lui, aussi contracté soudain qu'il venait d'être excité.

Les troncs des trois arbres qu'il voyait étaient aussi gros que des fûts de gratte-ciel. Il se souvint que les fameux arbres de Vénus pouvaient, disait-on, atteindre mille mètres de hauteur. Il leva les yeux, mais le feuillage était impénétrable. Debout le nez en l'air, il se rendit compte que le bruit, qui l'avait réveillé, s'était arrêté.

Déconcerté, il hocha la tête et se détournait lorsqu'il entendit un bruit d'éclaboussement au-dessus de lui. Une masse d'eau lui tomba sur la tête et l'inonda.

Ce fut comme un signal. Tout autour de lui, l'eau ruissela. Il entendait les éclaboussements, dans l'ombre, de toutes parts, et deux fois encore il fut partiellement submergé ; comme une douche gigantesque, les branches, au-dessus de lui, lâchaient des torrents d'eau et il cessa de se demander ce qui s'était passé. Il avait plu. Les feuilles énormes avaient rassemblé l'eau dans leurs coupes amples et vertes ; mais çà et là, le poids de l'eau dépassait la résistance des feuilles et l'eau dégringolait parfois sur d'autres feuilles. Mais ici, les chutes avaient dû continuer jusqu'à ce qu'une faible partie de la masse d'eau atteignît le sol. La pluie devait avoir été colossale. Gosseyn était « verni » de se trouver dans une forêt aux feuilles capables de supporter un fleuve.

Il scruta les environs du tronc près duquel il était debout. Pas facile de distinguer quoi que ce soit avec ce faible éclairage, mais il lui sembla en fin de compte que pas très loin, cela s'éclaircissait un peu. Il marcha dans cette direction et en deux minutes atteignit une prairie. Une vallée s'étendait devant lui. A sa droite, perchée sur la crête d'une colline, à demi cachée par des buissons de fleurs géantes, il vit une maison.

Une maison vênusienne ! Nichée dans la verdure, elle paraissait bâtie de pierre ; et, chose plus importante, des buissons permettaient de se cacher tout le long de l'espace qui le séparait d'elle. Il pourrait s'approcher sans être vu. Cette maison isolée devait être la raison pour laquelle on l'avait placé à cet endroit précis de la forêt.

Les taillis intermédiaires comblèrent ses espérances. Pas une fois il n'eut à se risquer en terrain découvert. Il atteignit un massif flamboyant de pourpre, et de cet abri, il guetta les marches de pierre qui par le jardin en terrasses menaient à la véranda de la maison. Des lettres étaient gravées sur la première marche, si nettement délimitées qu'il lut sans difficulté :

JOHN ET AMELIA PRESCOTT

Gosseyn recula. *Prescott.* Il se rappelait le nom. Patricia Hardie et Crang l'avaient prononcé dans l'appartement de la première. « Si jamais Thorson se doutait, disait la jeune fille, que Eldred Crang et John Prescott, commandant et commandant en second de la base galactique locale, ont été convertis au non-A, alors... »

Et puis Crang répondait : « J'ai voulu vous avertir. Je n'ai plus une confiance entière en Prescott. Il a fait des tours et des détours depuis l'arrivée de Thorson sur Terre. » C'était là le sens de leur conversation.

Et il y était. Il savait qui vivait dans cette maison : John Prescott, qui, intellectuellement, avait adopté la philosophie du non-A, sans avoir réussi jusqu'ici à en faire une partie intégrante de son système nerveux, et qui se débattait dans l'expectative.

Bon à savoir. Cela déterminait la propre attitude de Gosseyn à l'égard de cet homme et de cette femme. Il commença à arpenter la boue du jardin en terrasses. Plus de remords maintenant. Il avait été traité sans merci et ne comptait pas en accorder lui-même. Il voulait des renseignements sur sa propre personne et les choses qu'il avait besoin de savoir concernant Vénus. Il les aurait.

Tandis qu'il se rapprochait de la maison, Gosseyn entendit la voix de contralto d'une femme. Il fit halte derrière un massif broussailleux à trois mètres de la véranda et jeta un œil prudent.

Un homme aux cheveux blonds, assis sur les marches de la véranda, prenait des notes sur un bloc. La femme debout dans la porte dit :

— Enfin je suppose que je serai capable de me débrouiller seule. Il n'y a pas de malades après-demain.

Elle hésita, puis reprit :

— Je ne veux pas avoir l'air de protester, John, mais vous êtes si souvent parti que j'ai à peine l'impression d'être encore mariée. Cela fait moins d'un mois que vous êtes revenu de la Terre et vous voulez déjà recommencer.

L'homme haussa les épaules, et, sans lever les yeux de son bloc, dit :

— Je ne tiens pas en place, Amelia, vous savez que j'ai un indice d'énergie très élevé. Jusqu'à ce que l'envie soit passée, il faut que je remue, sinon j'aurai des frustrations ridicules.

Gosseyn attendit. La conversation semblait terminée. La femme rentra dans la maison. L'homme resta assis plusieurs minutes encore sur les marches, puis se leva et bâilla. Il semblait détendu, pas du tout troublé par les mots de sa femme. Environ un mètre quatre-vingt-deux, l'air costaud ; mais une apparence de force est insuffisante, si l'on n'a jamais pratiqué l'entraînement physique Ā. Les gens non habitués comprennent difficilement à quel point les muscles humains peuvent être puissants une fois coupés temporairement du centre de fatigue du cerveau.

La décision de Gosseyn était prise. La femme avait appelé l'homme John. On n'attendait pas de clients avant plusieurs jours. Ceci suffisait à l'identification de John Prescott, agent galactique camouflé en docteur.

L'affirmation de la femme, selon laquelle près

d'un mois s'était écoulé depuis le retour de Prescott, troublait Gosseyn. Patricia Hardie avait dit à Crang : « Prescott repart-il avec vous ? » Sans doute voulait-elle dire « pour Vénus » puisqu'il s'y trouvait maintenant. Mais la brièveté du délai écoulé paraissait inquiétante. N'avait-il fallu à son corps que quelques semaines pour se remettre de ses blessures désespérées ? Prescott venait-il de faire plusieurs voyages sur la Terre ?

Aucune différence, d'ailleurs, comprit-il. L'important maintenant c'était l'attaque. Il fallait la déclencher maintenant, pendant que Prescott, éloigné de tout soupçon, se reposait là dans le jardin de la maison de Vénus.

Maintenant !

La boue ralentit la ruée de Gosseyn. Prescott eut le temps de se retourner, de voir son agresseur, d'ouvrir de grands yeux et de manifester son émotion. Il réussit même à porter le premier coup. Ceci aurait pu arrêter un homme plus petit et moins superbement musclé que Gosseyn. Mais Prescott n'eut pas le temps d'en donner un second ; Gosseyn le frappa trois fois à la mâchoire et ramassa le corps inerte au moment où il s'effondrait.

Vite, il monta l'homme privé de conscience en haut du perron et s'arrêta devant la porte — il y avait eu quelques bruits de bagarre et la femme risquait de venir se rendre compte. Mais rien ne bougea dans la maison ; Prescott remua sur le bras de Gosseyn et gémit doucement. Gosseyn le fit taire d'un autre coup et franchit la porte ouverte. Il se trouva dans un très grand living-room.

La pièce n'avait pas de mur au fond. Elle s'ouvrait directement sur une large terrasse ; puis on voyait un jardin et ce qui paraissait être une autre vallée presque enfouie dans la brume.

A droite, un escalier menait à l'étage du dessus et à gauche, un second escalier conduisait au sous-sol. Des deux côtés, des portes desservaient des pièces. Gosseyn entendit des bruits de casseroles dans l'une des deux et perçut l'odeur, supplice de Tantale, de la cuisine.

Il monta. En haut, un corridor avec plusieurs portes. Il ouvrit la plus proche. C'était une chambre à coucher spacieuse avec une grande fenêtre en arc de cercle vis-à-vis d'un petit bois d'arbres cyclopéens. Gosseyn posa Prescott sur le plancher près du lit, déchira rapidement un drap en bandes, lia et bâillonna l'homme inerte.

Sur la pointe des pieds, il redescendit dans le living-room. Le tintement incessant des ustensiles de cuisine détendit ses nerfs crispés. Apparemment, la femme n'avait rien entendu. Gosseyn traversa le living-room, s'arrêta un instant pour décider ce qu'il allait faire d'elle et franchit hardiment le seuil de la cuisine.

Elle était en train de récupérer le contenu de divers cuiseurs électroniques. Gosseyn entrevit une table joliment servie dans un coin d'angle, puis la femme l'aperçut enfin. Son regard sauta de la figure de Gosseyn à ses pieds boueux.

— Oh ! mon Dieu ! dit-elle.

Elle posa le plat et lui fit face. Gosseyn ne donna qu'un coup et la soutint tandis qu'elle s'effondrait sur lui. Il se sentait sans remords. Peut-être était-elle innocente. Peut-être ignorait-elle tout de l'activité de son mari. Mais c'était trop dangereux de risquer une lutte avec elle. A supposer qu'elle soit Ā, il suffisait d'une occasion pour que son énergie physique lui permette de se dégager de lui et de donner l'alarme.

Elle commença à se tordre entre ses bras tandis qu'il la montait au premier, mais avant d'avoir repris ses sens, elle se trouvait liée et bâillonnée à côté de son mari. Il les laissa là et visita la maison. Avant d'être sûr que sa victoire fût complète, il lui fallait vérifier que personne ne se trouvait aux alentours.

7

Pour être acceptable en tant que connaissance scientifique, une vérité doit être déduite d'autres vérités.

Aristote, *Ethique à Nicomaque*
vers 340 av. J.-C.

Ça ressemblait à un hôpital. Il y avait quinze autres chambres, chacune munie d'un équipement standard et d'un matériel électronique complet. Le laboratoire et la salle d'opération se trouvaient au sous-sol. Gosseyn courut de chambre en chambre. Lorsqu'il se fut convaincu qu'il n'y avait personne, il entreprit une visite plus minutieuse des pièces.

Il se sentait mal à l'aise. Pas possible que cela soit si facile. Tandis qu'il regardait dans les placards et inspectait hâtivement des tiroirs ouverts, il conclut que le meilleur plan consistait à obtenir les renseignements qu'il voulait, puis à s'en aller. Plus vite il quitterait les lieux, moins il y aurait de chance que quelqu'un d'autre entre en scène. Malgré toutes ses recherches, il ne put découvrir une arme. Le désappointement qu'il en conçut aiguisa son impression de danger possible en provenance de l'extérieur. Finalement, il sortit en hâte sur la véranda devant la façade, puis sur la terrasse, derrière. Un coup d'œil rapide, pensait-il, pour voir si personne ne venait, et puis les questions.

Il en avait tant à poser.

C'est la vue que l'on avait de la terrasse qui le retarda. Parce qu'il comprit pourquoi il n'avait pu voir la vallée au-delà du jardin. Du bord de la terrasse son regard se perdait tout en bas, au fond des lointains bleutés. La colline sur laquelle s'élevait l'hôpital n'était pas, en fait, une colline, mais un des contreforts peu élevés d'une montagne. Il distinguait le point où la pente rejoignait l'horizontale. Il y avait aussi des arbres, en bas. Ils s'étendaient sur des kilomètres et se fondaient à l'horizon brumeux. Si loin qu'il pouvait voir, pas d'élévations de terrain de ce côté-là. Aucune importance, ce qui semblait clair maintenant, c'est qu'on ne pouvait accéder à cette maison que par la voie des airs. Certes, il était possible d'atterrir à un ou deux kilomètres de là, comme il devait l'avoir fait, et de marcher. Mais l'arrivée par air était un point essentiel du processus.

Pas particulièrement encourageant. Le ciel était vide, avec son atmosphère brumeuse ; la seconde d'après une machine chargée d'ennemis pouvait s'abattre sur la terrasse même.

Gosseyn respira lentement, profondément, joyeusement. L'air avait conservé sa fraîcheur d'après la pluie et lui donnait la force d'accepter le danger. La douceur extrême du jour apaisait son esprit inquiet. Il soupira et laissa le calme de cette journée baigner et pénétrer son corps. Il était impossible de déterminer l'heure. Le soleil restait invisible. Les profondeurs du ciel se masquaient de nuages presque immatériels dans le halo de cette atmosphère épaisse de près de deux mille kilomètres. Le silence reposait sur les choses, si intense qu'il était surprenant, mais pas inquiétant. Il y avait là de la grandeur, une paix jamais ressentie au cours de son existence. Il se sentait dans un monde où la durée n'existait pas.

L'impression se dissipa plus vite qu'elle n'était venue. Pour lui, c'est le temps qui comptait. Ce qu'il pourrait apprendre dans le plus bref délai possible risquait de conditionner le destin du système solaire. Il sonda le ciel d'un coup d'œil rapide ; puis il rentra et rejoignit ses prisonniers. Sa présence en ce lieu restait un mystère incompréhensible, mais par eux il pourrait au moins avoir un aperçu de sa situation actuelle.

L'homme et la femme se trouvaient encore à l'endroit où il les avait laissés. Tous deux, sortis de l'inconscient, le regardèrent avec anxiété. Il ne voulait pas leur faire de mal, mais leur faire conserver une certaine frousse. Il les regarda pensivement. En un sens, c'est seulement maintenant que sa pensée pouvait se concentrer sur eux.

Amelia Prescott, brune et mince, était une belle personne un peu mûre. Elle portait un boléro, un short et des sandales. Lorsque Gosseyn lui retira son bâillon, ses premiers mots furent :

— Jeune homme, j'espère que vous vous rendez compte que mon dîner est sur le feu.

— Dîner ? dit involontairement Gosseyn, vous voulez dire qu'il va bientôt faire nuit ?

Elle fronça le sourcil, mais ne répondit pas directement.

— Qui êtes-vous ? Que voulez-vous ?

Ces questions rappelèrent désagréablement à Gosseyn qu'il ne le savait, au fond, guère plus qu'elle. Il s'agenouilla près de son mari. En défaisant le bâillon, il étudiait son visage. C'était une .physionomie plus forte, vue de près, qu'il ne l'attendait. Seules des croyances positives peuvent donner cette expression à un homme. Le problème était de savoir si ses convictions reposaient sur $\bar{A}$? Ou cette force dérivait-elle des certitudes qu'un chef doit cultiver chez lui ? Il espérait que les commentaires de Prescott sur sa situation lui fourniraient la clef de son caractère. Il en fut pour son attente. L'homme le regardait, plus intensément maintenant. Mais il ne dit rien.

Gosseyn revint à la femme.

— Si j'appelle le service des roboplanes, dit-il, quelle est la formule à employer pour avoir un appareil ?

Elle haussa les épaules.

— Dire que vous en voulez un, évidemment.

Elle le regarda d'un air bizarre.

— Je commence à comprendre, dit-elle lentement, vous êtes sur Vénus de façon illégale, et la vie de tous les jours ne vous est pas familière.

Gosseyn hésita.

— C'est un peu ça, admit-il enfin.

Il revint à son problème.

— Je n'ai pas à donner un numéro d'enregistrement, ni rien de ce genre ?

— Non.

— Je compose leur numéro et je dis que je veux un appareil ? Je leur dis où l'envoyer ?

— Non. Tous les roboplanes publics sont en communication avec le système d'appel. Cela marche par réseaux. Les appareils suivent les réseaux électroniques et arrivent au vidéophone.

— Il n'y a absolument rien d'autre à faire ?

Elle secoua la tête.

— Non, rien.

Gosseyn trouvait ses réponses trop franches. Il y avait un moyen de contrôler ça. Un détecteur de mensonge. Il se rappela en avoir vu un dans une antichambre. Il alla le chercher et le posa à côté d'elle. Le détecteur dit :

— Elle dit la vérité.

Gosseyn, s'adressant à la femme, lui dit :

— Merci.

Il ajouta :

— Quel temps met un appareil à venir ici ?

— Environ une heure.

Un poste intérieur de vidéo reposait sur la table près de la fenêtre. Gosseyn sombra dans le fauteuil voisin, regarda le numéro et le composa. L'écran du vidéo, sur l'écouteur, n'eut pas un éclair. Gosseyn, troublé, le regarda. Il reforma le numéro ; très vite, et cette fois écouta attentivement dans le récepteur. Silence de mort.

Il se leva et courut au poste principal du living-room. Toujours pas de réponse. Il ouvrit le couvercle de visite et regarda le cœur de la machine.

Toutes les lampes transparentes brillaient. Le dérangement devait provenir de l'extérieur. Lentement, Gosseyn remonta au premier. Une image se formait dans son esprit, une image de lui-même, abandonné sur cette montagne. Abandonné dans son corps et dans son propre mystère. C'était un monde opaque et intérieur qu'il avait sous les yeux. Il se sentit déprimé et crispé. Le charme était rompu. Son impression d'avoir la situation en main n'avait plus de sens devant ce qui arrivait au vidéophone.

Quelque part, dehors, les forces qui l'avaient déposé là attendaient. Attendaient quoi ?

8

Gosseyn remonta lentement l'escalier. En haut, il s'arrêta pour rassembler ses idées. Son projet de départ était dans l'eau. Il imagina ses possibilités. Il pourrait obtenir quelques renseignements, puis s'en aller à pied aussi vite que possible.

La décision le raffermit. Il s'apprêtait à entrer dans la pièce, mais s'arrêta en entendant la voix de Prescott.

— Ce que je ne comprends pas, c'est ce qui est arrivé au vidéo.

Sa femme paraissait pensive.

— Ça ne peut être que deux choses : ou bien on a mis un écran interférentiel entre ici et... — un nom que Gosseyn ne saisit pas — ou bien l'appareil lui-même est détraqué.

— Mais est-ce qu'en principe il n'y a pas un avertissement automatique — bien avant que les éléments ne soient usés ? Et à ce moment on vient le réparer.

Gosseyn attendit la réponse de la femme. Il avait du mal à croire que l'un et l'autre ignoraient cet accident.

— Cela a toujours été comme ça, dit Amelia Prescott, ça m'a l'air très bizarre.

Gosseyn se contraignit à attendre la suite. N'entendant rien, il se dépêcha de redescendre sur la pointe des pieds, puis remonta, en faisant du bruit cette fois. L'attente avait usé sa patience et comme il n'était pas sûr que feindre fût très utile, il ne cacha pas qu'il avait perdu son temps.

— Où, demanda-t-il, gardez-vous vos cartes de Vénus ?

Prescott ne répondit pas, mais sa femme haussa les épaules, et dit :

— Dans un placard, dans le laboratoire.

Elle décrivit l'emplacement du placard. Gosseyn se rappela y avoir regardé. Il fonça vers le sous-sol et trouva trois cartes. Une fois en haut, il les étala sur le plancher et s'agenouilla devant elles. Il avait déjà vu des cartes de Vénus, mais c'était assez différent quand on s'y trouvait. En outre, elles étaient plus détaillées. Gosseyn releva le nez.

— Pouvez-vous me montrer où nous sommes sur un de ces trucs-là ?

La femme dit :

— Nous sommes sur celle qui est marquée trois, sur cette chaîne de montagnes du milieu. J'y ai fait une petite marque qui indique l'emplacement approximatif — elle y est probablement encore.

Gosseyn la trouva à environ sept cents kilomètres au nord de la ville de New Chicago.

— Oh ! il y a des tas de fruits, répondit-elle encore à la question suivante. Des cassis de trois centimètres de diamètre par milliards, de grands fruits jaunes et un autre fruit comme des bananes mais rougeâtre. Je pourrais en citer une douzaine de plus, mais ces trois-là tiennent toute l'année. Mais on vous trouvera, quel que soit le voyage que vous puissiez faire.

Gosseyn, pensif, scruta le visage de la femme. Finalement il pressa le contact du détecteur. Celui-ci répondit :

— C'est comme cela.

Il revint à Amelia Prescott.

— Vous êtes certaine que je serai pris ? demanda-t-il. (Brièvement, se faisant pressant, il ajouta :) C'est bien ça ?

— Naturellement, vous serez pris.

Elle était très calme.

— Nous n'avons pas de police sur Vénus, ni de crimes ordinaires. Mais les affaires qui exigent le travail d'un détective, s'il s'en présente, sont toujours réglées avec une rapidité extraordinaire. Ça vous semblera très intéressant de rencontrer un détective non-A, mais vous serez surpris de la vitesse avec laquelle vous êtes pincé.

Gosseyn, dont le but essentiel était de prendre contact avec les autorités de Vénus, resta silencieux. Il se sentait tiraillé. Plus tôt il serait dissimulé par l'immensité de la forêt, mieux cela vaudrait pour sa sécurité. Mais l'incompréhension totale d'Amelia Prescott faisait prendre un relief plus précis au caractère de celle-ci.

Elle était innocente. Elle ne faisait pas partie de la bande. Cela semblait clair maintenant.

Au contraire, le silence de son mari paraissait anormal. En y pensant, Gosseyn se sentait changer de couleur. Jusqu'à ce moment, il avait admis qu'on ne le reconnaissait point. Prescott n'était pas présent au moment de l'histoire du palais de la Machine. Mais à supposer que l'homme ait vu des photographies ?

Cela changeait tout. Auparavant, il avait décidé de ne pas donner d'explications. Mais si Prescott le connaissait, le silence de Gosseyn laisserait supposer à l'homme qu'il était connu lui-même.

D'un autre côté, quelle folie de se présenter comme Gilbert Gosseyn, s'il n'y était pas forcé. Il se leva et une fois de plus, il hésita. Brusquement il sentait qu'il ne pouvait partir sans expliquer la situation à la femme. Si quelque chose devait lui arriver, elle, au moins, saurait. Par elle, Vénus tout entière pourrait être informée de l'affreux danger qui la menaçait. Le lui dire serait dangereux pour elle aussi, mais Gosseyn avait une idée. Il voulait lui laisser la décision concernant son mari.

Gosseyn s'assit sur le bord du lit. Maintenant qu'il avait pris son parti, il se sentait froid et sans émotion. Ses nerfs étaient calmes comme le plomb, cet élément si stable. Ostensiblement, il s'adressa à l'homme et à la femme. En fait, seule la femme l'intéressait. Au bout d'une minute, Prescott roula sur lui-même et scruta le visage de Gosseyn. Celui-ci fit mine de ne pas s'en apercevoir.

Vingt minutes plus tard, sa voix laissa retomber le silence. A la vive lumière qui flambait par la baie, il vit les prunelles de Prescott fixées sur lui.

— Je suppose, dit l'homme, que vous vous rendez compte du vice de base de votre histoire.

L'homme paraissait avoir oublié son long silence et Gosseyn accepta naturellement son entrée dans la conversation.

— Mon histoire, dit-il, est vraie d'après mes souvenirs et n'importe quel détecteur confirmera mes moindres paroles, c'est-à-dire, à moins que...

Il s'arrêta, sourit faiblement.

— Oui ? insista Prescott. A moins que... ?

— A moins que tous mes souvenirs actuels ne soient du même ordre que ma certitude initiale d'avoir été marié à Patricia Hardie, morte par la suite en me laissant dans l'affliction.

Il s'interrompit brusquement.

— Quel est ce vice que vous avez remarqué ?

La réponse fut d'une promptitude thalamique :

— L'identification de votre personne actuelle à ce Gosseyn qui a été tué. Vos souvenirs intégraux de cette mort, de l'impact des balles et du rayon d'énergie qui vous blessaient. Pensez-y et rappelez-vous ensuite le credo sous-entendu de non-A, selon lequel deux objets ne peuvent être identiques dans l'univers.

Gosseyn restait silencieux. Par la fenêtre, il voyait des arbres plus hauts que les plus hauts gratte-ciel se dresser vers le halo bleu des nues ; un fleuve rapide coulait au milieu d'un monde toujours vert. Bizarre et impressionnant endroit pour une conversation sur la nature structurelle des éléments organiques et inorganiques, des éléments moléculaires, atomiques, électroniques, nerveux et physico-chimiques, des éléments tels qu'ils étaient. Il fut envahi d'un profond étonnement. Parce que *lui* ne collait pas dans cet univers. Bien des fois depuis son réveil il s'était posé l'objection même que Prescott formulait maintenant.

Il était en train, non content d'affirmer une ressemblance de structure, de s'identifier à un homme mort. En réalité, il soutenait que puisqu'il avait les souvenirs et l'aspect physique général de Gilbert Gosseyn Ier, il était Gilbert Gosseyn Ier.

N'importe quel étudiant en philosophie, même au bon vieux temps, savait que deux fauteuils apparemment identiques sont différents de dix mille fois dix mille façons, aucune d'elles n'étant nécessairement perceptible à l'œil nu. Dans le cerveau humain, le nombre de chemins possibles que peut prendre une simple impulsion nerveuse est de l'ordre de dix à la puissance 27 000. Les processus complexes établis par une vie d'expérience individuelle ne peuvent être répétés, fût-ce une fois. Cela expliquerait sans discussion possible pourquoi jamais dans l'histoire de la Terre, un animal, un flocon de neige, un caillou, un atome n'ont été exactement les mêmes qu'un autre.

Sans aucun doute, le docteur avait découvert le vice primordial de son histoire. Mais ce vice en lui-même requérait des explications de poids. Ce n'était pas un vice qu'on pouvait éliminer en refusant de le voir en face.

Prescott le guettait de près.

— Je suppose, dit-il, que vous vous rendez compte qu'il y a un détecteur de mensonges dans cette pièce.

Gosseyn le regarda comme un oiseau regarde le serpent qui le fascine.

Le silence régna, seul un bizarre son de tambour résonnait dans la tête de Gosseyn. Il commença à se sentir vacillant. Sa vision se brouilla. Mais il restait assis froid et tendu.

— Il serait intéressant, continua inexorablement Prescott, de découvrir s'il y a réellement eu un autre corps.

— Oui, dit enfin Gosseyn, sans timbre. Oui, ce serait intéressant.

Maintenant que son histoire traduite en mots se présentait devant lui de cette façon, il n'y croyait plus lui-même. Il hésitait à la soumettre à cet essai. Mais bien longtemps avant que Prescott ne fît mention du détecteur il savait qu'il ne pourrait éviter de s'y soumettre. Il alla vers l'appareil. Il posa ses mains sur les contacts métalliques et attendit pendant que les faisceaux conducteurs d'énergie jouaient sur son visage.

— Vous avez entendu ce qui s'est dit. Quel est votre verdict ? demanda-t-il.

— Il m'est impossible de prouver ou d'infirmer votre histoire. Mes conclusions sont basées sur des flux mémoriels. Vous avez la mémoire de Gilbert Gosseyn Ier. Celle-ci comporte le souvenir d'avoir été tué, et de façon si réaliste que j'hésite à affirmer que ce n'était pas la mort. Toujours pas de repères concernant votre identité réelle.

Pour un mieux ou pour le pire, il fallait maintenant prendre une décision.

Gosseyn se pencha et délia les jambes de la

femme, mais non ses mains. Il l'aida à se relever.

— Mon intention, dit-il, est de vous emmener avec moi pendant environ deux kilomètres, puis de vous laisser revenir délivrer votre mari.

Il avait une autre raison de l'emmener. Il comptait lui exposer la situation et ce qu'il avait entendu dire de son mari (sans parler de Patricia) ; ainsi c'est à elle qu'il appartiendrait de décider du sort de Prescott.

Il le lui dit, pendant les derniers cinq cents mètres avant de lui délier les mains. Lorsqu'il eut terminé elle resta silencieuse, si longtemps qu'il ajouta :

— Votre mari peut vous empêcher de transmettre les faits que je vous ai révélés. D'un autre côté, sa croyance au non-A peut être plus forte que sa loyauté envers son gouvernement. Vous conclurez en fonction de la connaissance propre que vous avez de lui.

La femme soupira. Mais elle dit seulement :

— Je comprends.

— Cet hôpital, demanda Gosseyn, comment fonctionne-t-il ? C'est un point que je voudrais éclaircir.

— Tout est bénévole, naturellement, dit-elle. Nous sommes sur les listes des Echanges hospitaliers. Lorsque quelqu'un est blessé ou désire être hospitalisé, le robot du service d'Echanges appelle l'unité convenable la plus proche. Alors nous acceptons ou refusons le malade. Récemment, je les ai refusés parce que...

Elle s'arrêta. Elle regarda Gosseyn avec sincérité :

— Merci pour tout. Merci.

Elle hésita.

— Je compte lui faire confiance, dit-elle, mais je veux d'abord vous laisser prendre un bon départ.

— Bonne chance ! dit Gosseyn.

Il la regarda s'engager sur le chemin du retour. La femme, la nourricière, pensa-t-il, la guérisseuse, l'éducatrice, l'esprit compréhensif, l'amante. La femme ! Pas une simple imitation de l'homme. En tout ce qu'il l'avait vue faire ou dire, c'était une femme dans toute l'acception Ā du terme — sous une contrainte terrible maintenant, et en conséquence, sans grande énergie — mais cela même ne pouvait dissimuler la chaude humanité qu'elle recelait.

Sortant de sa rêverie, il fit demi-tour et continua vers la forêt. L'herbe était douce sous ses pas et il y avait encore une espèce de sentier, comme si d'autres, moins sérieusement frappés que lui, avaient parcouru ce chemin d'un pas léger et aérien, laissant l'empreinte de foulées heureuses à travers les crépuscules tièdes et parfumés. L'odeur était là, douce, délicieuse. Le parfum des plantes était une senteur lourde, mêlée au frais souvenir de la pluie de l'après-midi. Gosseyn ressentait l'impression exhilarante d'une aventure commencée au paradis. Un moment, près de lui, il y eut un murmure glissant du fleuve. Mais ce bruit s'évanouit lorsqu'il entra dans l'ombre des arbres titanesques.

L'ombre. On croyait pénétrer dans une cave après le grand jour, comme un couloir sinueux, mouvant, tournant, s'ouvrant ici sur de grandes antichambres, se rétrécissant là en un enchevêtrement infranchissable de buissons envahissants, mais toujours avec un toit pour masquer le ciel. Il se rendit compte qu'il serait malaisé de conserver son sens de l'orientation parmi les arbres. Mais il possédait une boussole qui devait lui permettre de maintenir sa direction générale. Il ne pouvait espérer plus.

Il marchait toujours dans cette forêt en apparence interminable lorsqu'il remarqua que les ombres s'épaississaient autour de lui. Pas de doute, la nuit tombait enfin. Il commençait à se demander s'il devrait dormir sous les arbres quand il déboucha dans une grande prairie à ciel ouvert.

Il trouva un coin d'herbe et s'installait lorsqu'un avion franchit silencieusement la crête d'une colline proche. Il atterrit à quinze mètres de lui et s'arrêta. Une lumière jaillit de l'avant. Elle balaya l'espace d'un mouvement souple et saisit Gosseyn dans son faisceau de soleil flamboyant. De la clarté une voix sortit :

— Gilbert Gosseyn, je ne suis pas un ennemi, mais je ne puis vous donner aucune explication jusqu'à ce que vous soyez monté dans l'avion. Pour m'assurer que vous allez le faire sans discussion ni délai, je vous signale qu'une demi-douzaine d'armes sont braquées sur vous. Pas d'issue possible.

Gosseyn vit les armes, des tubes évasés qui sortaient du fuselage et suivaient ses mouvements. Aussi longtemps qu'ils y restaient, peu importe qu'il crût ou non avoir affaire à un ennemi ; sans un mot il fit le tour de l'avion et franchit la porte ouverte. Il eut à peine le temps de se glisser sur le siège le plus proche. La porte claqua. Toutes les lumières s'éteignirent, la machine se rua en avant et s'éleva. Elle grimpait à angle aigu dans le ciel nocturne.

9

Gosseyn voyait le sol obscur s'estomper sous lui. Très vite, les arbres géants et le pays montagneux ne firent plus qu'un avec la nuit. Une uniforme couleur noire enveloppa la machine rapide. Trois à cinq minutes s'écoulèrent, puis lentement, l'appareil prit son altitude de vol. Les lumières s'allumèrent et la voix du roboplane dit :

— Pendant les dix minutes qui viennent, vous pouvez poser toutes les questions que vous voulez. Ensuite je vous donnerai les instructions pour l'atterrissage.

Il fallut un moment à Gosseyn pour encaisser. *Toutes* les questions. Il retrouva sa voix. La première était immédiate.

— Qui êtes-vous ?

— Un agent de la Machine des jeux.

Gosseyn poussa un soupir de soulagement.

— Est-ce la Machine qui me parle par votre intermédiaire ?

— Indirectement seulement. La Machine peut

recevoir des messages de Vénus, mais ne peut émettre elle-même sur les longueurs d'onde interplanétaires.

— Vous opérez de vous-même ?

— J'ai des instructions.

Gosseyn respira profondément.

— Qui suis-je ?

Il attendit, tous ses muscles contractés, puis retomba sur son siège quand le roboplane répondit :

— Désolé, mais vous perdez votre temps, je n'ai pas de renseignements sur votre passé, mais uniquement sur votre situation actuelle.

— La Machine le sait-elle ? insista-t-il.

— Si elle le sait, elle ne me l'a pas confié.

Gosseyn était désespéré.

— Mais il faut que je sache quelque chose. Pourquoi ai-je l'impression d'avoir été tué ?

— Votre corps, dit le roboplane de sa voix égale, a été gravement brûlé et abîmé lors de votre mort. Mais je ne sais absolument pas comment il se fait que vous soyez en vie.

Il s'interrompit.

— Monsieur Gosseyn, je vous conjure de poser vos questions concernant la situation sur Vénus. Peut-être préférez-vous que je vous fasse un rapide exposé des conditions où l'on se trouve ici, à la veille de l'invasion de Vénus.

— Mais, bon sang, dit Gosseyn furieux.

Il se ressaisit, conscient du temps qu'il perdait.

— Oui, dit-il fatigué, oui, ça me paraît une bonne idée.

La voix commença :

— Pour comprendre la situation ici, vous devez

vous efforcer d'atteindre en esprit les limites extrêmes de vos conceptions de la démocratie. Il n'y a pas de président sur Vénus, pas d'Assemblée, pas de groupes directeurs. Tout est volontaire ; chacun vit pour lui-même, seul, et cependant coopère avec les autres pour que le travail indispensable soit fait. Mais on peut choisir son travail. Vous allez dire : à supposer que tous décident de choisir le même travail ? Mais ceci ne se produit pas, la population est composée de citoyens responsables qui font une étude approfondie de l'état des travaux avant de fixer leur choix.

« Par exemple, si un détective meurt, se retire ou change d'occupation, il fait connaître son intention. S'il est mort, on s'en charge pour lui. S'il est encore en vie, les gens qui souhaiteraient devenir détectives viennent discuter de leur qualification avec lui-même et entre eux. Qu'il soit mort ou en vie, son successeur est choisi selon le résultat d'un vote entre tous les candidats.

Malgré lui, Gosseyn eut une pensée personnelle à ce moment. Sans aucun rapport avec l'image qu'on lui donnait de la vie sur Vénus, la peinture pleine d'espoir et fascinante d'une supercivilisation. C'était une idée concernant le roboplane, la conscience tranquille de recevoir de cet appareil un rapport aussi objectif que possible.

La voix du roboplane continua :

— Représentez-vous maintenant des conditions telles que la moitié des candidats aux situations de détectives ou de juges soient agents d'une bande. Par un système de meurtres soigneux, ils se sont arrangés pour éliminer les plus dangereux éléments de la corporation normale et ont présentement le contrôle virtuel de toutes les places policières ou judiciaires aussi bien que le contrôle quantitatif de ces deux organisations. Tout ceci s'est fait sous le contrôle de Prescott, ce pourquoi il est suspect et...

C'est ici que Gosseyn l'interrompit.

— Un instant, dit-il, un instant, je vous prie.

Il se leva sans en avoir vraiment conscience.

— Voulez-vous dire que...

— Je vous dis, répondit le roboplane, que vous ne pouvez éviter d'être pris. Vous comprenez maintenant pourquoi j'ai dû interposer un écran interférentiel pour éviter que vous vous serviez du vidéophone de Prescott. Depuis l'arrivée de Thorson, tous ces faux détectives ont fait usage de leur autorité pour mettre en table d'écoute le vidéophone de toute personne dangereuse. Ceci inclut, pour Thorson, même ses sous-ordres. C'est pourquoi vous ne pouvez attendre aucune aide de Crang. Il doit se montrer dur, énergique et sans scrupules, sinon il sera cassé de son commandement.

« Mais je dois être bref. Votre existence, le mystère de votre potentiel mental, a obligé une grande machine de guerre à marquer le pas, pendant que ses chefs cherchent désespérément à trouver qui est derrière vous. En toute sincérité, cependant, je vous le dis, ne croyez pas qu'on vous demande à la légère de faire ce que je vous propose maintenant comme seule action logique.

« Vous devez vous laisser capturer par eux. Vous devez le faire dans l'espoir qu'ils sont intéressés par votre structure mentale et physique particulière de façon si nécessaire qu'ils vous laisseront vivre au moins plusieurs jours, le temps d'examiner votre système nerveux en détail et avec plus de soin que la dernière fois.

« Pour l'instant, voici nos dernières instructions. Dans quelques instants, vous serez déposé à côté de la maison d'Eldred Crang dans la forêt. Allez le trouver et racontez-lui votre histoire du complot contre Ā, comme si vous ne saviez rien de lui. Jouez ce rôle jusqu'au dernier moment ; mais soyez vous-même juge du danger de votre position à tout instant.

L'appareil s'inclina vers l'avant.

— Vous ferez bien de vous dépêcher de poser vos questions, dit-il.

L'esprit de Gosseyn eut un sursaut puis se ressaisit devant l'étendue du danger qu'il courait. Il se renfonça solidement sur son siège. Ce n'était pas le moment de questionner. Il était temps de poser clairement quelques faits.

— Je n'ai aucunement l'intention, dit-il rageusement, de quitter cet appareil pour courir au suicide. Nulle part dans tout ça je ne vois qu'aucune précaution ait été prise pour assurer ma sécurité. C'est exact, n'est-ce pas ?

— Aucune précaution n'est prise, admit le roboplane. Vous êtes livré à vous-même à l'instant où vous touchez terre.

Il ajouta rapidement :

— Cependant, ne sous-estimez pas les possibilités d'un homme qui est encore en vie après avoir été tué.

— La barbe avec ça, dit Gosseyn durement. Je ne le fais pas, c'est tout.

Le roboplane était très calme :

— Vous n'avez pas le choix. Si vous ne quittez pas l'appareil de votre propre chef, je me verrai forcé d'émettre un gaz particulièrement déplaisant et de vous vider. Je dois souligner que les instructions que je vous ai données sont destinées à vous sauver la vie. Vous pouvez n'en pas tenir compte, à vos risques et périls. Souvenez-vous que c'est l'avis de la Machine des jeux que vous vous rendiez à la bande ou que vous soyez capturé par eux. Pensez à cela, s'il vous plaît, monsieur Gosseyn, et si vous avez d'autres questions...

Gosseyn, sombre, répondit :

— Dans quel but dois-je me laisser prendre ?

— Il est essentiel, fut la réponse, qu'ils puissent examiner de près un homme qu'ils savent déjà mort.

Il y eut un choc, puis des bonds et l'appareil s'immobilisa.

— Sortez, dit la voix. Je ne peux pas m'attarder, même une minute. Sortez. VITE !

Le ton fit obéir Gosseyn. Il n'avait pas l'intention d'être gazé. A la porte il s'arrêta et se retourna.

— Dépêchez-vous, dit le roboplane. Il est vital que personne ne soupçonne de quelle façon vous avez été amené ici. Chaque seconde compte. Marchez droit devant vous.

Obéissant à regret, Gosseyn descendit ; un moment après, il était seul dans l'obscurité immense d'une planète inconnue.

10

La nuit était tranquille et noire. Gosseyn suivit les instructions du roboplane, et il avait à peine parcouru cent mètres qu'il vit une lueur à sa gauche. C'était un vague reflet qui augmentait d'éclat à mesure qu'il s'en rapprochait. Cela devint une plage de lumière qui éclaboussait le sol et les feuilles des arbres voisins. Il en vit enfin la source. D'énormes fenêtres pratiquées *dans* un arbre à l'orée de la forêt.

Gosseyn s'arrêta dans l'ombre d'un taillis en surplomb et regarda les fenêtres élevées. Dans le roboplane, malgré son explosion de colère, il avait décidé de suivre l'avis de la Machine des jeux. Maintenant, il attendait, voulant voir si des ombres allaient se profiler sur les grandes baies. Mais la lumière restait fixe. Pas même le reflet d'un mouvement intérieur. Insatisfait mais décidé, Gosseyn entra dans la clarté.

Il avait déjà remarqué, à sa droite, un grand escalier taillé dans l'épaisseur d'un tronc. Il monta les marches jusqu'à une terrasse qui menait à une porte fermée. Il frappa bruyamment.

Au bout d'une minute, il apparut à Gosseyn que, malgré la lumière, il n'y avait sans doute personne. Il frappa encore une fois, puis tourna le bouton. La porte s'ouvrit sans bruit, démasquant un couloir faiblement éclairé, creusé à même le bois, parfaitement poli et laissé à l'état naturel. Les parois brillaient d'un doux éclat. Les veines du bois avaient un dessin compliqué, rappelant le cœur de l'acajou, mais la couleur était celle du noyer foncé verni.

Gosseyn jeta un coup d'œil circulaire et enregistra le tout. Il hésita un instant. Ça serait idiot pour un homme prêt à se rendre de se faire descendre comme un maraudeur. Il frappa encore, cette fois, du côté intérieur de la porte. Pas de réponse. De la lumière filtrait par une porte ouverte au bout du couloir. Il marcha dans cette direction et se trouva dans un grand living-room confortable, taillé, comme le couloir, à même le bois de l'arbre géant.

Ici aussi les parois étaient parfaitement polies, mais le fini différait sans doute car elles étaient plus claires.

L'effet était splendide et sa magnificence accentuée par l'ameublement et par un tapis d'au moins vingt mètres sur trente. C'est évidemment de cette pièce que venait la lumière aperçue du dehors. Des baies massives, étincelantes, étendaient leur courbure tout le long d'un mur entier de la pièce. Six portes donnaient dans celle-ci. Gosseyn les essaya l'une après l'autre. Une cuisine, avec l'office, les chambres froides et le coin à déjeuner. Cinq chambres chacune avec sa salle de bains, et un passage conduisant à une pièce obscure qui paraissait être un immense jardin *à l'intérieur* de l'arbre.

Lorsqu'il sortit de la dernière chambre, il lui paraissait certain qu'Eldred Crang n'était pas chez lui. Sans doute reviendrait-il en temps voulu, mais son absence posait actuellement un problème psychologique. La décision de Gosseyn était retardée. Il restait dans l'incertitude. Jusqu'au retour d'Eldred Crang, il pouvait changer d'idée. Les choses n'étaient pas réglées et ceci laissait place à la fatigue nerveuse, au malaise et aux doutes rétrospectifs concernant l'opportunité de rester ici pour se faire prendre par l'ennemi, alors que le peuple de Vénus n'était pas encore averti du danger.

Dans un passage de l'extrémité postérieure de l'appartement, il trouva deux portes qui se faisaient vis-à-vis. Il les ouvrit l'une après l'autre. Comme toutes celles qu'il avait déjà essayées, elles n'étaient pas fermées à clef. L'une donnait dans la cuisine, l'autre sur l'obscurité. La lumière du passage ruisselait sur son épaule et lorsque ses yeux furent habitués à la pénombre, il constata qu'il s'agissait d'une sorte de souterrain. Au bout de cinquante mètres, la lumière cédait le pas à l'ombre, mais Gosseyn eut l'impression que la caverne se prolongeait bien avant dans les profondeurs du fût de l'arbre.

Il ferma la porte et se rendit dans une des chambres, se déshabilla et prit un bain dans la salle de bains voisine. Rafraîchi et un peu endormi, il se glissa sous les draps frais. Le silence, autour de lui, était total. Ses pensées se fixèrent au plus profond de lui-même, sur le mystère de Gilbert Gosseyn, tué une fois et ressuscité. Même les dieux du bon vieux temps n'avaient pas fait mieux. Aux jours du romantisme, il aurait fini par apparaître comme un prince, un agent important du gouvernement ou un riche marchand. Mais il n'y avait pas de gens différents dans le monde non-A. A vrai dire, il y avait des gens riches en grand nombre et les agents du président Hardie pouvaient en quelque sorte être considérés comme des agents du gouvernement. Mais les valeurs s'étaient modifiées, les gens étaient nés égaux, ayant besoin d'un entraînement non-A pour intégrer leur intelligence. Plus de rois, plus d'archiducs, de surhommes voyageant incognito. — *Qui était-il pour avoir tant d'importance ?*

Il s'endormit en y pensant.

Gosseyn s'éveilla en sursaut. La lumière du jour brillait par la porte ouverte sur le corridor qui menait au living-room. Il s'assit, se demandant si Crang était rentré sans s'apercevoir qu'il avait une visite. Il sauta du lit, se lava bruyamment en sifflant fort et faux. Il se sentait un peu bizarre. Mais il fallait faire connaître sa présence pour éviter de surprendre quelqu'un qui puisse l'abattre à vue.

Il sifflait de plus belle en passant dans la cuisine. Il ne fut pas moins bruyant en fouillant les tiroirs et les placards. Il fit résonner des casseroles et des plats. Il examina le réfrigérateur bien garni, ouvrant des compartiments avec bruit. Il extirpa sans douceur une tasse et une théière d'une étagère. Il fit frire du lard avec des crépitements de graisse pétillante. Et il dévora le bacon, les tartines, le thé, et des fruits frais de Vénus.

Son déjeuner fini, il était toujours seul. Il quitta la cuisine pour explorer rapidement l'appartement. Le living-room était brillamment éclairé par le jour qui traversait les grandes baies. On n'avait dormi dans aucune autre chambre que la sienne. Il ouvrit la porte qui donnait à l'intérieur du grand arbre et suivit le souterrain. Aussi sombre que la veille. Un instant, il hésita, se demandant s'il devait aller y voir. Il se ravisa et revint au living-room. Des fenêtres, il constata que la maison dans l'arbre donnait sur une verte prairie. Une portion de cette prairie constituait un jardin soigné. Le jardin couvrait plusieurs hectares et montait en terrasses jusqu'à l'arbre qu'il rejoignait hors de vue de la fenêtre. En y allant voir, il remarqua que cela commençait à environ six mètres à l'intérieur de l'arbre. Une simple entaille par rapport à la masse énorme du bois. Mais qui suffisait à faire un jardin féerique. Il y avait des massifs étincelants de fleurs dont il ne connaissait pas l'équivalent sauvage. Des fleurs grandes comme des arbres terrestres, si colorées qu'elles paraissaient lumineuses. Vénus devait être un paradis expérimental pour les botanistes.

La beauté du jardin ne put le retenir longtemps. Inquiet, il revint à l'appartement. Que faire en attendant Crang ? Dans le living-room, il examina les livres des étagères. Plusieurs titres l'intéressèrent. *L'Aristotélicien et l'Histoire non aristotélicienne de Vénus. L'Egocentriste sur la non aristo-*

télicienne Vénus. La Machine et ses Constructeurs et *Détectives dans un Monde sans criminels.*

Lire lui parut d'abord une activité trop calme. Il mit en marche l'enregistreur sur fil et se calma peu à peu. Il lisait maintenant avec plus d'attention. Il déjeuna avec son livre près de lui. Quand vint le soir il était encore plus détendu. Avec une avance considérable, il tira de l'ultraréfrigérateur une côte de bœuf et s'en coupa une tranche épaisse. Après son dîner, il prit l'*Histoire de Vénus.* Elle racontait la vie des premiers hommes sur la planète à la fin du xxe siècle et décrivait comment l'enfer brûlant de son atmosphère avait pu être tempéré dès le premier quart du xxve siècle. On avait amené depuis Jupiter des météorites de glace et on les avait mis en orbite autour de Vénus ce qui eut pour résultat de faire pleuvoir pendant des milliers de jours et de nuits. Ces météorites avaient une taille variant de 10 à 100 km^{3}. Une fois fondue, leur énorme masse d'eau pénétra l'atmosphère de la planète puis atteignit sa surface, la dotant ainsi d'océans et fournissant de l'oxygène à son air. En 2081 A.D., l'Institut de Sémantique générale, qui entrait alors dans sa période gouvernementale, réalisa les potentialités de cette magnifique planète pour le non-A. A l'époque, les arbres et les autres plantes qui avaient été transportés sur Vénus s'étaient mis à pousser de façon luxuriante. La méthode de sélection des colons par la Machine naquit cent ans plus tard, et le plus grand plan d'émigration sélective de l'histoire commença à prendre de l'ampleur.

Population de Vénus en 2560 A.D. : 119 000 038

hommes, 120 143 280 femmes, assurait le manuel.

En le refermant, Gosseyn se demandait si l'excédent de population féminine était la raison du mariage d'une femme Ā à John Prescott.

Il prit alors *l'Egocentriste sur Vénus,* et se coucha. Une note introductive expliquait que le docteur ès psychologie Lauren Kair, l'auteur, exercerait sur Terre dans la ville de la Machine de 2559 à 2564 *A. D.* ; Gosseyn parcourut les têtes de chapitres et choisit enfin celui qui s'intitulait *Les Dommages corporels et leurs Effets sur l'ego.* Un paragraphe retint son attention.

> « Le plus difficile à isoler de tous les développements anormaux de l'ego est celui de l'homme ou de la femme ayant subi un accident d'où résultent des dommages qui n'ont pas d'effet ultérieur immédiat. »

Gosseyn s'arrêta là. Il ne s'était pas rendu compte de ce qu'il cherchait mais là, il tenait enfin un morceau concret logique concernant X. X, le mutilé effrayant, l'ego anormal développé sans que les psychiatres dont c'était le devoir de surveiller les individus dangereux pussent s'en rendre compte.

Le matin suivant, Gosseyn s'éveilla dans une maison silencieuse. Il sortit du lit, étonné de ne pas avoir encore été découvert. Il décida de donner encore un jour plein à Crang avant d'entreprendre une action définitive. Il pouvait tenter plusieurs choses. Un appel par vidéophone, par exemple, au central le plus proche. Et une exploration du tunnel de l'arbre.

Le second jour passa sans incident.

Le matin du troisième, Gosseyn déjeuna en vitesse et alla au vidéophone. Il composa le chiffre : « Longue distance » et attendit, se trouvant bien idiot de ne pas l'avoir fait plus tôt. Ses réflexions s'interrompirent quand l'œil d'un robot apparut sur l'écran du vidéo.

— Quelle étoile appelez-vous ? demanda la voix du robot sans émotion.

Gosseyn regarda ébahi et finalement il marmotta :

— J'ai changé d'idée.

Il raccrocha et s'écroula dans un fauteuil. Il aurait dû se rendre compte, pensa-t-il avec agitation, que la base galactique sur Vénus avait un central privé et qu'elle était en communication directe avec n'importe quelle planète. Quelle *étoile ?* Pour ces gens-là, « longue distance », cela voulait dire quelque chose.

Il examina de nouveau le cadran et mit son doigt dans le trou marqué : « Régional. » Encore une fois, l'œil d'un robot le regarda. La voix répondit froidement à sa demande :

— Désolé, mais je ne puis donner de communications à l'extérieur pour ce poste qu'à M. Crang lui-même.

Clic !

Gosseyn se releva. Le silence de l'appartement flottait autour de lui comme une mer sans vagues. Tout était si tranquille que sa respiration lui paraissait bruyante et qu'il entendait les battements inégaux de son cœur. La voix du robot retentissait encore dans son crâne. Quelle *étoile ?*

Dire qu'il avait gâché tout ce temps. Tant de choses à faire. Le tunnel d'abord.

Quelques minutes plus tard, il scrutait le couloir faiblement éclairé qui menait aux profondeurs d'un arbre épais de deux cents mètres et haut de mille. Il faisait très sombre, mais dans le placard à provisions de la cuisine se trouvait une torche atomique. Gosseyn se l'appropria. Il laissa ouverte derrière lui la porte du tunnel, et se mit en route le long du couloir bas à l'intérieur de l'arbre.

11

La monotonie de ce qui l'entourait endormait ses pensées. Le tunnel tourna et s'inclina davantage vers le bas. Les murs courbes luisaient vaguement à la lumière de la torche. Deux fois pendant les dix premières minutes, le tunnel se divisa en deux. Pendant l'heure suivante, sept autres le rejoignirent et trois fois encore le tunnel se scinda devant lui. Cela aurait pu l'embrouiller, mais Gosseyn esquissa une carte sur son carnet de notes, marquant chaque tunnel adventif.

« Je dois, pensa-t-il enfin, marcher à plusieurs centaines de mètres au-dessous du sol et suivre les racines qui se croisent. Je suis en réalité sous la forêt. »

Il n'avait pas pensé jusqu'ici au développement des racines qui supportaient les arbres géants. Mais ici, dans le labyrinthe continu, il apparaissait évident que les racines étaient à la fois énormes et enchevêtrées si étroitement qu'il lui était impossible de se rendre compte, de l'intérieur du tunnel, où elles se raccordaient. Il chercha des marques au tunnel suivant. Il n'y avait rien de visible, le bois, coloré, ici du jaune citron des racines, s'arrondissait, massif, jusqu'au plafond. Aussi loin que ses doigts purent le palper, ils rencontrèrent la surface d'une dureté métallique. Il n'y avait ni interrupteurs ni trappes dérobées, aucune indication quelle qu'elle soit.

Il se sentait troublé maintenant. Ces tunnels, apparemment, étaient sans fin. Il aurait besoin de nourriture, si, comme il devait le faire, il les explorait vraiment. Trop bête de refaire deux heures de marche dans l'autre sens. Mieux valait deux que cinq. Il fallait revenir avant de sentir la faim ou la soif.

Il atteignit l'appartement d'Eldred Crang sans incident. Il se fabriqua un paquet de sandwiches et s'assit devant un déjeuner d'œufs au bacon, lorsque les quatre hommes apparurent. Ils entrèrent par trois portes différentes. Les trois premiers tenaient des armes et pénétrèrent dans la pièce catapultés par le même ressort puissant. Le quatrième, un type mince aux yeux noisette, n'était pas armé et parut de façon plus délibérée. C'est lui qui dit :

— Ça va, Gosseyn, levez les mains.

Gosseyn, assis tout raide à sa table, la tête mobile, conclut que Eldred Crang, agent galactique, détective vénusien et adepte secret des non-A, était enfin rentré chez lui.

Sa première réaction fut le soulagement. Jusqu'à ce que des gens de confiance ayant une éducation Ā soient au courant du danger couru par la civilisation, Gilbert Gosseyn devait prendre soin de sa vie. Il tenta de penser à l'arrivée de Crang comme à un pas rapide dans ce sens. Il se mit debout, les mains levées et regarda curieusement les hommes, tentant de saturer ses sens de la réalité de leur présence. Il était indécis sur la façon dont il allait leur dire l'histoire que lui avait imposée la Machine.

Comme il étudiait les hommes, l'un d'eux s'avança et ouvrit le paquet de sandwiches. Ils s'éparpillèrent en un désordre brun et blanc ; deux d'entre eux tombèrent sur le sol avec un léger bruit, comme des morceaux de pâte sèche. L'homme ne parla pas tout de suite — mais il sourit en regardant les sandwiches. C'était un individu d'une trentaine d'années, trapu, soigné de sa personne. Il s'approcha de Gosseyn.

— Alors on nous quittait, hein ?

Sa voix avait un léger accent étranger. Il sourit de nouveau. Il frappa brutalement Gosseyn en pleine figure, du plat de la main, et répéta d'une voix terne :

— Vous partiez, pas ?

Il leva la main une seconde fois. De la gauche de Gosseyn, retentit la voix de Crang :

— Ça suffit, Blayney.

L'homme baissa le bras, obéissant. Mais sa figure trahissait ses pensées et sa voix était brouillée par l'émotion tandis qu'il disait :

— Monsieur Crang, et s'il était parti ? Et s'il n'avait pas demandé le central ? Qui aurait pensé à le chercher ici... Enfin, s'il avait fichu le camp, le grand patron aurait...

— Silence !

Blayney, sombre, se contint. Gosseyn se tourna vers le chef au corps mince.

— A votre place, Crang, je ne me fierais plus à Blayney quand il aura dépassé quarante ans.

— Hein ?

C'était Blayney, l'air suffoqué. Les yeux jaunes de Crang scrutèrent Gosseyn.

— Il y a des explications psychanalytiques au geste de Blayney pour me frapper comme il l'a fait, expliqua Gosseyn. Son système nerveux commence à réagir aussi violemment aux choses qui auraient pu arriver que si elles étaient arrivées réellement. C'est un trouble purement fonctionnel, mais sa forme extérieure est désastreuse pour l'individu. Une perte de courage progressive. Des explosions de sadisme pour masquer le développement de la lâcheté. A quarante ans, il aura des cauchemars en pensant aux accidents qui pouvaient lui arriver dans quelques-uns des endroits dangereux où il s'est trouvé pendant sa jeunesse.

Il haussa les épaules.

— Encore un qui n'a pas reçu l'intégration $\bar{A}$.

Blayney avait des yeux gris. Ils luirent en regardant Gosseyn, puis revinrent à Crang. Il dit à voix basse :

— Est-ce que je peux encore cogner, monsieur Crang ?

— Non, qu'est-ce que ça peut vous faire, ce qu'il pense ?

Blayney parut mécontent et Gosseyn ne fit rien de plus pour aggraver la situation. Il était temps de raconter son histoire.

A sa surprise, ils écoutèrent très attentivement.

Lorsque Gosseyn eut terminé, Grang tira une cigarette de son étui et l'alluma. Il saisit le regard de Gosseyn fixé sur lui, mais ne parla pas tout de suite. Il y avait une expression légèrement déconcertée sur sa figure, et une minute après il tirait toujours sans mot dire sur sa cigarette. Gosseyn eut le temps de l'étudier.

Eldred Crang était élancé, mais pas grand. Son aspect plutôt sombre suggérait une origine méditerranéenne ou du Middle East. Peut-être était-il né sur une planète éclairée par un soleil plus chaud que Sol. Son comportement mobile ajouté à ses yeux jaunes donnait une sorte de feu à sa personnalité.

Ainsi voilà l'homme qu'aimait Patricia Hardie. Gosseyn se demanda s'il aurait dû ressentir une antipathie instinctive, ce qui n'était pas le cas. Au lieu de cela, il se surprit à repenser aux paroles du roboplane, soulignant que Crang ne pourrait être d'aucune aide. L'homme était environné de gens de la bande et de sa propre race. Avec Thorson, au commandement suprême, Crang devait se surveiller de très près.

Son silence s'interrompit brusquement. Crang se mit à rire.

— Pendant un moment, dit-il, j'ai failli vous laisser partir avec votre histoire. Mais en vérité, nous ne sommes pas ici pour jouer à des petits jeux. Nous avons décidé de tenir une conférence générale en votre présence. Nous partons pour la Terre dans l'heure qui suit.

— La Terre, dit Gosseyn.

Ses lèvres se contractèrent. Depuis son arrivée

sur Vénus, il n'avait réussi à mettre qu'une personne au courant de la menace dirigée contre le système solaire. Et à supposer le mieux, cette personne, Amelia Prescott, avait transmis cette information à l'ordre des détectives, ignorant que cette organisation n'était plus guère qu'une branche annexe du gang. Une personne sur deux cents millions.

— Eh bien, dit-il, Blayney, faites entrer les Prescott.

Gosseyn sursauta, mais se ressaisit. Il regarda avec curiosité s'approcher John et Amelia Prescott, les menotes aux mains et bâillonnés. L'homme regarda sans se troubler son ex-agresseur, mais la femme tressaillit en voyant Gosseyn. Un moment, elle lutta réellement contre son bâillon. Ses yeux clignèrent sous l'effort. Elle se soumit à contrecœur et secoua la tête en signe d'impuissance à l'adresse de Gosseyn.

Il la regarda, apitoyé. Tel était le résultat de sa décision d'admettre que Prescott penchait sur le non-A plutôt que pour le gang. Prescott l'avait trahie. Eût-elle été membre du groupe, ils ne l'auraient pas bâillonnée. On l'aurait laissée assumer l'apparence d'une prisonnière sans avoir besoin de l'empêcher de parler.

Ennuyeux pour son mari, qu'il soit également obligé de se soumettre au bâillon. Et quel que soit le but de la comédie, Gilbert Gosseyn ferait mieux de se conformer à ses règles. Il savait qui était Prescott et on ignorait qu'il le sût. Un de ses rares atouts dans un jeu où les cartes s'abattaient lourdement contre lui.

12

A travers l'obscurité immense, un transport de l'espace se ruait en avant. Il y avait à bord une femme et quatre-cent-deux hommes, chiffres communiqués par Crang le second jour du voyage.

— J'ai reçu l'ordre, dit-il, de ne pas prendre de risques avec vous.

Gosseyn ne répondit pas. Crang l'intriguait. L'homme avait visiblement l'intention de conserver sa position dans le gang, sans tenir compte de son adhésion à la philosophie du non-A. Ceci devait le conduire à des compromis déplaisants et à une attitude impitoyable même au prix des vies individuelles. Mais si en fin de compte il avait véritablement l'intention d'utiliser son pouvoir en faveur de Ā, toutes les concessions faites au gang dans l'intervalle trouveraient leur compensation.

Crang continua sa route sur le pont. Gosseyn resta debout un long moment à regarder par un des hublots géants de l'avant la nuit interplanétaire. Une étoile d'un éclat céleste brillait au loin. Demain elle revêtirait l'aspect de la Terre. Et demain soir, il serait dans la résidence officielle du président Hardie après un voyage dans l'espace de trois jours et deux nuits.

L'atterrissage fut un désappointement pour Gosseyn. Des brumes et des nuées masquaient les continents et pendant la traversée entière de l'atmosphère terrestre, ces nuages dissimulèrent le sol. Enfin — dernière déception — une couche de brouillard planait sur la ville de la Machine, couvrant tout ce que les nuages avaient laissé libre. Il entrevit, supplice de Tantale, le phare atomique de la Machine des jeux. Puis le transport aérien plongea à l'intérieur d'un gigantesque bâtiment.

Gosseyn fut escamoté, dans le crépuscule brumeux. Les réverbères s'allumèrent et furent des taches de lumière brouillée ; la cour du palais présidentiel était déserte, mais s'anima du bruit des gardes qui descendirent des voitures d'accompagnement et l'entourèrent. On le dirigea vers un long couloir brillamment illuminé ; il monta un escalier qui menait à un hall luxueux. Crang le conduisit jusqu'à une porte située à l'extrémité.

— Nous y sommes, dit-il. Voici votre appartement pour la période où vous serez l'hôte du président. Que les autres restent dehors, s'il vous plaît.

Il ouvrit une autre porte ; ils se trouvaient dans un living-room de sept mètres sur seize au moins. Trois nouvelles portes donnaient sur le living-room. Crang les désigna :

— Chambre à coucher, salle de bains, entrée de derrière. Dans la chambre à coucher, il y a encore une porte menant à la salle de bains.

Il hésita :

— Vous ne serez ni enfermé ni gardé, mais à

votre place, je n'essaierais pas de m'en aller. Je vous affirme que vous ne pourriez pas sortir du palais.

Il sourit. C'était une grimace engageante, et très amicale.

— Vous trouverez une tenue de soirée dans la chambre. Pensez-vous pouvoir être prêt d'ici une heure ? Je veux vous montrer quelque chose avant le dîner.

— Je serai prêt, dit Gosseyn.

Il se déshabilla, pensant aux possibilités d'une évasion. Il n'admettait pas l'affirmation de Crang, selon laquelle il était impossible de s'échapper, si réellement il n'y avait pas de gardiens. Il se demanda si on essayait de l'appâter.

Il trouva plusieurs costumes dans le placard de la chambre et il venait d'en choisir un en tissu foncé mais brillant lorsqu'il entendit une porte s'ouvrir. Enfilant son peignoir, il se rendit dans le living-room. Patricia Hardie était en train de fermer la porte de ce que Crang avait appelé l'entrée de derrière. Elle pivota d'un mouvement souple et vint à lui :

— Espèce de crétin, dit-elle sans ambages. Pourquoi avez-vous filé si vite, quand ces gardes sont venus chez moi ? Vous ne m'avez donc pas entendue leur répondre que je ne laisserais personne fouiller mes chambres sur l'ordre de Thorson ? (Elle fit un geste de la main pour le faire taire :) Ça ne fait rien, c'est du passé. Vous êtes parti, vous avez été tué, et vous revoilà. C'était bien *vous*, qu'on a tué, hein ? Il ne s'agit pas seulement d'une ressemblance de hasard ?

Gosseyn allait parler. Elle l'interrompit.

— Je ne puis rester qu'une minute. Croyez-moi, je suis la suspecte n° 1 pour votre évasion du mois dernier et si l'on me prend ici... (Elle frissonna de façon convaincante.) Gosseyn, qui êtes-vous ? Vous devez le savoir, maintenant.

Il l'étudia, gagné par son excitation. Elle avait introduit dans la pièce une vie qui lui manquait. Cette fougue même l'intriguait.

— Dites-le, demanda-t-elle impérieusement. Vite !

Assez facile de lui dire ce qu'il savait. Il s'était réveillé sur Vénus sans se souvenir de la façon dont il s'y trouvait. Il n'avait rien à cacher des événements postérieurs sauf sa connaissance du fait que Prescott fît partie de la bande. Même ça, elle le savait, puisqu'elle l'avait mentionné à haute voix lorsqu'il pouvait l'entendre. Mais c'est la seule chose qu'il ne fallait pas dire tout haut. Si des dictaphones écoutaient cette conversation, mieux valait partager ce secret en silence.

Mais il lui dit tout le reste, succinctement. Avant qu'il n'ait terminé, elle s'assit dans un fauteuil et se mordit les lèvres, visiblement déconfite.

— Votre second corps, dit-elle enfin, ne sait vraiment rien de plus que le premier. Vous n'êtes qu'un pion.

Gosseyn, debout, la regardait, hésitant entre l'ennui et l'amusement. Il n'était pas préparé à aborder le problème des deux corps en un avec elle, bien qu'ayant quelques idées là-dessus. Il était blessant de s'entendre traiter de simple pion — rien de plus vrai pourtant.

— Dites donc, dit-il brièvement, et vous qu'est-ce que vous faites dans tout ça ?

Les yeux de la jeune fille s'adoucirent.

— Je regrette, dit-elle, je n'avais pas l'intention de vous blesser. La vérité, c'est que votre absence totale de renseignements a troublé tout le monde. Thorson, le représentant personnel d'Enro, a retardé l'invasion de Vénus. Là ! Je savais que ça vous intéresserait. Mais attendez ! Ne m'interrompez pas. Je vous donne des tuyaux que je voulais vous donner il y a un mois. Vous voulez savoir qui est X. Nous aussi. L'homme a une volonté de fer, mais personne ne sait quel but il poursuit. Il paraît essentiellement intéressé à sa propre grandeur et il a exprimé l'espoir que l'on puisse tirer de vous quelque parti. Les gens de la Ligue galactique sont troublés. Ils ne peuvent arriver à découvrir si le joueur d'échecs cosmique qui vous a introduit dans cette partie est un allié ou non. Chacun tâtonne dans le noir en se demandant ce qu'il fera ensuite.

Elle s'arrêta. Ses yeux luisaient d'excitation.

— Mon ami, dit-elle, il peut se présenter une opportunité pour vous dans toute cette confusion. Saisissez-la.

Elle était, soudain, devenue sérieuse.

— Prenez-la si on vous l'offre et si elle n'est pas entachée de conditions d'impossibilité. Restez en vie.

Elle se leva. Elle lui toucha le bras d'un geste amical et s'enfuit vers la porte. Elle s'arrêta dans l'encadrement et dit :

— Bonne chance.

Puis elle ferma la porte derrière elle.
Gosseyn prit une douche, en pensant :
« Comment sait-elle ce que font et croient tous ces gens ? Qui *est-elle ?* » En sortant de la salle de bains, il constata qu'il avait une autre visite. Le président Hardie était assis dans un des fauteuils. La figure noble de l'homme s'éclaira lorsqu'il vit Gosseyn. Assis là, il paraissait fort calme, décidé, une image idéale du grand homme. Il concentra son regard ferme sur le visage de Gosseyn.
— Je vous ai fait préparer cet appartement, dit-il, parce que je voulais vous parler sans crainte d'être entendu. Mais il n'y a pas de temps à perdre.
— Pas possible ? dit Gosseyn.
Il se faisait délibérément hostile. Cet homme avait confié à un gang le soin de se faire nommer président par une méthode qui faussait les jeux de la Machine. Le crime était colossal, impardonnable et personnel.
Le visage fin de l'homme laissa paraître un faible sourire.
— Allons, dit Hardie. Ne soyons pas des enfants. Vous voulez des renseignements. Moi aussi. Posez trois questions, j'en poserai trois.
Un silence, puis brutalement :
— Vous devez avoir des questions à poser, mon vieux.
L'hostilité de Gosseyn chancela. Il avait plus de questions à poser qu'il ne pouvait le faire en une soirée entière. Pas de temps à perdre.
— Qui êtes-vous ? demanda-t-il avec ironie.
Hardie hocha la tête à regret.

— Désolé, dit-il. Je suis soit ce que je parais être, soit autre chose. Dans ce dernier cas, vous le dire me mettrait à votre merci. Un détecteur pourrait obtenir de vous ce renseignement. (Il conclut brièvement :) Ne gaspillez pas votre temps à des questions qui peuvent me détruire. Et pressez-vous.

— Savez-vous de moi autre chose que ce qu'on en a déjà dit ?

— Oui, dit le président Hardie.

Il dut surprendre l'expression de Gosseyn, car il ajouta rapidement :

— Pas beaucoup, en toute franchise. Mais quelques jours avant que vous n'entriez en scène, j'ai reçu une lettre dans ma boîte privée ; postée ici dans la ville de la Machine, elle prouvait que son auteur était au fait de tous les détails de ce que nous considérons comme le secret le mieux gardé du système solaire ; il connaissait l'attaque que l'on préparait contre Vénus. Après avoir résumé toute l'histoire, la lettre continuait en assurant que vous seriez à l'hôtel du Parc-Tropical et que vous préviendriez l'attaque de Vénus. Il y avait certains détails, dans cette lettre, que je ne voulais pas laisser connaître aux autres, aussi je l'ai brûlée et vous ai fait venir ici selon le processus complexe que vous connaissez déjà. Voilà tout. Maintenant, question trois.

— Deux, corrigea Gosseyn.

— Trois, si je pose une question à laquelle vous refusez de répondre, elle comptera contre moi. Correct ?

Gosseyn avait protesté automatiquement. En

fait, il pensait à ce qu'avait dit Hardie. Il ne mettait pas son récit en doute. La vérité était probablement assez voisine. Ce qu'il y avait derrière, par exemple, constituait un autre problème.

Gosseyn étudia l'homme, impressionné pour la première fois. Le président n'était qu'un conspirateur parmi bien d'autres suprêmement capables, et orientés chacun vers son but. Mais sa réussite propre avait été de persuader des hommes aussi égoïstes que lui de lui accorder la situation sociale la plus élevée. Le caractère de l'homme, auquel il avait à peine réfléchi auparavant, apparaissait soudain plus complexe.

— Gosseyn, votre question.

Il oubliait l'importance de se hâter. Et en outre, il était déjà convaincu qu'il n'apprendrait pas grand-chose ; ces gens n'en savaient pas lourd. Il dit :

— Que va-t-il m'arriver ?

— On vous fera une offre ; laquelle, je ne sais pas encore. Thorson et X discutent la chose. Quoi que ce soit, je crois que vous seriez sage de l'accepter pour l'instant. Rappelez-vous que votre position est forte. Théoriquement, si vous avez deux corps pourquoi pas trois ?

Il fronça un sourcil.

— Evidemment, c'est une hypothèse.

Gosseyn avait cessé de croire qu'il ait jamais possédé deux corps. Il ouvrit la bouche pour le dire d'un ton railleur et la referma. Ses yeux se durcirent. Ces gens devaient poursuivre un but en essayant de lancer cette idée-là. Tout ça paraissait obscur et sans signification, mais il ne devait pas oublier qu'il n'avait jamais réellement cessé d'être sous le contrôle du gang. Même le roboplane qui affirmait être un agent de la Machine pouvait avoir été endoctriné pour donner cette impression. Mieux valait attendre que la situation se développât.

Il regarda Hardie et dit seulement :

— Oui, c'est une hypothèse.

— Ma première question, dit Hardie, concerne la ou les personnes qui sont derrière vous. Est-ce que quelqu'un déclarant représenter cette ou ces personnes vous a déjà contacté ?

— Absolument pas. Si ce n'est pas la Machine, je suis totalement dans le noir.

Hardie répondit :

— Ce n'est pas parce que vous le croyez que c'est vrai.

Il sourit :

— Voilà que je me mets à parler non-A. J'ai d'ailleurs constaté ça chez les autres aussi. Au moment même où nous voulons détruire la philosophie du non-A, nous adoptons sa logique. La carte n'est pas le territoire. Votre certitude de ne rien savoir est une abstraction de la réalité et non la réalité elle-même.

Il s'arrêta et se tut un moment, souriant gaiement, puis il dit :

— Question deux ; avez-vous en vous-même un sentiment quelconque de différer des autres hommes ?

Il haussa les épaules.

— J'admets que ce ne soit pas une question sémantique, continua-t-il, car vous ne pouvez savoir ce que sont les autres hommes que par vos propres observations et celles-ci peuvent différer des miennes. Nous vivons dans nos mondes privés. Et pourtant, je ne peux m'exprimer mieux. Alors ?

Cette fois Gosseyn trouva la question non seulement admissible, mais extrêmement intéressante. C'étaient là ses propres pensées traduites en langage.

— Je ne sens pas de différence en moi. Je suppose que vous pensez à ce que Thorson a découvert concernant mon cerveau.

Tendu, il demanda :

— Qu'est-ce qu'il a mon cerveau ?

Il se pencha en avant. Il se sentait brûlant et glacé. Il soupira lorsque Hardie répondit :

— Attendez votre tour. Je n'ai pas posé ma troisième ; ce que je veux savoir, c'est comment vous avez trouvé la retraite de Crang ?

— J'ai été conduit là par un roboplane qui m'a forcé à y aller.

— Un roboplane à qui ? dit Hardie.

— C'est ma question, merci, dit Gosseyn, mieux vaudrait que chacun en pose une seule à la fois. Qu'est-ce que j'ai à mon cerveau ?

— Matière cérébrale additionnelle. Je ne sais rien de sa nature. Thorson a fini par douter de ses possibilités.

Gosseyn acquiesça. Il inclinait à se ranger à l'avis de Thorson. Il n'avait pas, depuis le début, perçu la plus petite « différence ».

— Un roboplane à qui ? répéta Hardie.

— Il a affirmé représenter la Machine.

— Affirmé ?

— Ma question, dit Gosseyn.

Hardie protesta :

— Vous ne répondez pas complètement à mes questions. Ne vous a-t-il pas donné de preuves ?

— Il savait plusieurs choses que sait la Machine, mais il m'a pressé de me rendre. Je considère que c'est suspect.

Hardie était pensif.

— Je saisis votre raisonnement. Et je ne peux vous éclairer là-dessus. Crang domine Thorson ces temps-ci et on me laisse dans le noir pour bien des choses. J'ai peur... dit-il souriant avec rancune, qu'on ne me chambre.

Ainsi, voilà pourquoi il était là, offrant des renseignements pour en recevoir d'autres en échange. Gosseyn eut soudain une vision lumineuse de ces Terrestres commençant à se rendre compte qu'ils avaient été des pions. Avant qu'il ne puisse parler, Hardie observa durement :

— Si c'est à ça que vous pensez, je ne regrette rien. La Machine m'a refusé l'accès à un poste supérieur et j'ai refusé d'accepter une limitation de ce genre.

— Pourquoi vous a-t-elle refusé ?

— Parce qu'elle voyait en moi un dictateur en puissance, a-t-elle dit. Ce sacré truc a été monté pour virer les gens comme moi à une époque où l'on pouvait légitimement craindre une éventualité de cet ordre.

— Et vous avez, en somme, abondé dans son sens ?

— L'occasion est venue, je l'ai saisie. Je le referais dans les mêmes circonstances. Il y aura une place pour moi dans la hiérarchie galactique. Thorson évite simplement de courir des risques pendant la crise actuelle. (L'expression amère s'effaça de son visage. Il sourit :) Nous nous écartons de notre sujet...

Il y eut une interruption. La porte s'ouvrit et un homme en uniforme entra en hâte et ferma la porte derrière lui.

— Monsieur, dit-il à Hardie, M. Thorson monte l'escalier, je viens de recevoir le signal.

Le président Hardie se leva. Il paraissait ennuyé, mais calme.

— Eh bien, ceci nous amène à notre conclusion. Mais je crois que j'ai appris ce que je voulais — j'ai essayé de me faire une opinion sur vous. Il me paraît clair que vous n'êtes pas l'ultime Gosseyn. Au revoir, et rappelez-vous ce que je vous ai dit. Pour l'instant, faites des concessions. Restez vivant.

Le garde et lui sortirent par la porte franchie par Patricia un quart d'heure auparavant. Quelques secondes s'étaient à peine écoulées qu'un coup retentit à la porte du couloir principal. Puis celle-ci s'ouvrit et Thorson entra.

13

Le géant s'arrêta sur le seuil, tel qu'en son souvenir Gosseyn le revoyait, la figure lourde, le nez aquilin, puissant. Dès le début, la position de Thorson avait été évidente. L'homme que tout le monde craignait, l'agent d'Euro. Maintenant ses yeux sombres examinaient Gosseyn.

— Pas encore habillé ! dit-il, tranchant.

Ses yeux parcoururent la pièce, soupçonneux. Et soudain Gosseyn le vit sous un autre aspect. Des étoiles, il était venu dans un système solaire étranger. Ici, sur Terre, entouré par des gens qu'il ne connaissait pas, agissant selon les directives émanées d'une autorité lointaine, il essayait de suivre les instructions reçues. La tension était visiblement terrible, jamais il ne pouvait être sûr de la loyauté des gens avec qui il était forcé de coopérer.

Il renifla.

— Intéressant, votre parfum, remarqua-t-il.

— Pas fait attention, dit Gosseyn.

Son attention ayant été alertée, il perçut une

faible odeur. Il se demanda si cela venait de Patricia. Elle devrait surveiller des choses comme ça. Immuable, il regarda le grand type.

— Que voulez-vous ?

Thorson ne fit aucun geste pour rentrer et il ne referma pas la porte. Il étudia Gosseyn pensivement.

— Je voulais juste vous voir... dit-il. Rien que vous regarder.

Il haussa les épaules :

— C'est tout.

Il se détourna et sortit. La porte se referma derrière lui. Gosseyn clignota. Il s'était attendu à une joute verbale et se sentit déprimé. Il continua à s'habiller, troublé par la façon d'agir de l'homme. Il n'y pensa plus en constatant l'heure ; Crang n'allait pas tarder. Un instant plus tard, il entendit s'ouvrir la porte de l'extérieur.

— Je vous rejoins !... cria-t-il.

Pas de réponse, pas de bruit. Une ombre s'encadra dans la porte. Gosseyn sursauta. John Prescott entra.

— Je n'ai qu'un instant, dit-il.

Malgré son étonnement, Gosseyn soupira. La hâte unanime de ses visiteurs devenait fatigante. Mais il ne dit rien, se leva simplement et regarda l'homme, interrogateur.

— Je vais vous étonner, dit Prescott.

Gosseyn acquiesça, mais son esprit était presque inactif. Il écouta silencieusement l'explication rapide qui suivit. Tout y était. Agent galactique. Adepte clandestin du non-A.

— Naturellement, dit Prescott, je ne vous aurais pas dit ça sans y être forcé, je vous ai reconnu d'après des photographies l'après-midi où vous m'avez attaqué, et, franchement, j'ai signalé votre présence sur Vénus, persuadé que vous pourriez filer. J'ai été très surpris de vous trouver dans la maison de l'arbre, chez Crang.

Il reprit son souffle et Gosseyn eut le temps de se sentir désappointé. Le seul avantage qu'il ait eu sur le groupe, celui de connaître Prescott, disparaissait. Rétrospectivement cela semblait idiot d'avoir jamais compté là-dessus pour l'aider — et tel était pourtant le cas. Seule question que l'on puisse encore poser : à quoi rimait une confession maintenant ?

— C'est Amelia, dit Prescott, anxieux. Elle est innocente de tout cela. Je me suis soumis à cette mise en scène, et je me suis laissé prendre avec elle pensant qu'ils se borneraient à la garder jusqu'à l'heure de l'attaque de Vénus. Mais Crang m'a dit, voici quelques minutes, que X et Thorson ont une idée en tête à propos d'elle et de vous.

Il s'arrêta. Ses doigts, qui tremblaient imperceptiblement, tirèrent de sa poche une petite boîte de métal. Il l'ouvrit et, allant à Gosseyn, la lui tendit. Gosseyn considéra avec curiosité les douze pilules blanches.

— Prenez-en une, dit Prescott.

Gosseyn s'attendait à ce qui allait venir, mais il obéit et prit une des pilules.

— Avalez-la !

Gosseyn secoua la tête, pas d'accord.

— Je n'avale pas de pilules que je ne connais pas.

— C'est pour vous protéger. Je vous le jure — un contrepoison.

— Je n'ai pas pris de poison, expliqua patiemment Gosseyn.

Prescott ferma la boîte qui claqua. Il la remit dans sa poche et recula pendant que son autre main réapparaissait munie d'une arme.

— Gosseyn, dit-il doucement, je suis acculé. Avalez cette pilule ou je vous brûle.

Le danger paraissait irréel. Gosseyn regarda la pilule, puis Prescott. Il dit doucement :

— J'ai vu un détecteur à côté. Ça règlerait les choses très vite.

Effectivement, Prescott dit au détecteur :

— Cette pilule est un antidote, un préventif pour Gosseyn au cas où je serais obligé d'agir d'une certaine façon. Pouvez-vous confirmer ce point ?

La réponse fut prompte :

— Exact, dit l'instrument.

Gosseyn avala la pilule et resta debout un moment, attendant l'effet. Rien ne se produisant, il dit :

— J'espère que tout se passera bien pour votre femme.

— Merci, fut seulement la réponse de Prescott.

Il sortit en hâte par la porte principale.

Gosseyn acheva de s'habiller et s'assit pour attendre Crang, plus troublé qu'il ne voulait l'admettre. Les gens qui étaient venus le voir paraissaient tous anxieux de leur propre intérêt. Mais tous avaient en commun la certitude sincère de l'imminence d'une crise.

On allait attaquer Vénus ? Qui ? Pas clair. Une grande puissance militaire galactique ? Etrangement facile à admettre, parce que c'est bien comme ça que ça se passerait. C'est comme cela qu'une race liée à son soleil et à ses planètes propres serait conquise. Des agents mystérieux, des actions sans signification apparente, du noyautage, et finalement une attaque irrésistible dirigée de nulle part. Les mentions faites à diverses reprises d'une ligue galactique opposée à l'attaque paraissaient vagues et sans substance à côté du fait matériel de la présence de Thorson et des étapes déjà franchies : le meurtre, la trahison, la prise du pouvoir sur Terre.

— Et je suis censé arrêter ça ! dit Gosseyn à haute voix.

Il rit d'un rire bref, se sentant ridicule. Heureusement, son problème propre se débrouillait. Pour lui, une des périodes les plus dangereuses avait été son acceptation partielle du slogan selon lequel il était ressuscité dans un second corps. A la fin, son esprit logique arrivait à se débarrasser de ça. Il envisageait sa soirée avec un esprit redevenu presque normal.

Un coup à la porte le tira de sa désagréable rêverie. A son grand soulagement, c'était Crang.

— Prêt ? demanda l'homme.

Gosseyn acquiesça.

— Alors, venez.

Ils descendirent plusieurs volées et suivirent un corridor étroit jusqu'à une porte fermée. Crang l'ouvrit et la poussa. Gosseyn entrevit des machines, un sol de marbre.

— Entrez seul et regardez le corps.

— Le corps ? dit Gosseyn étonné.

Et puis il comprit. *Le corps !*

Il oublia Crang. Il entra, découvrant d'autres machines, des tables, des placards muraux garnis de flacons et d'éprouvettes, et, dans un coin, une forme allongée sur une table, recouverte d'un drap blanc. Gosseyn regarda la silhouette étendue et une grande partie de son calme le quitta peu à peu. Depuis des jours il entendait parler de son autre corps et si l'image verbale si souvent repoussée l'avait affecté, ceci faisait une différence.

La différence d'une pensée et d'un événement, du langage et du réel, de la mort et de la vie. Si grande était cette différence que ses organes subirent une intense modification d'équilibre et que ses nerfs, incapables d'intégrer ces réactions inédites, accusèrent violemment le choc.

Mais rapidement son corps se remettait d'aplomb. Il reprit conscience du sol que foulaient ses pas, et de l'air qu'il respirait, froid et sec, comme la cendre, dans sa bouche et dans ses poumons — son regard se troubla — lentement, de nouveau certain d'exister mais pas encore normal, il laissa sa conscience prendre contact avec la forme inerte et morte. Et bien qu'il n'eût pas le sentiment de se mouvoir, il marcha jusqu'au corps, tendit la main et, du bout des doigt, souleva le drap, le tira et le laissa tomber sur le sol en découvrant le cadavre.

14

Gosseyn s'était attendu à voir une dépouille désespérément carbonisée. A certains égards, le corps qui reposait, rigide, sur la table de marbre, semblait horriblement déchiqueté, mais le visage n'avait pas souffert. Sans doute avait-on donné aux tireurs l'ordre de ne pas abîmer le cerveau. Le thorax était presque coupé en deux par des balles de mitrailleuse. Il ne restait de la poitrine et de l'abdomen qu'un vague mélange de chair et d'os, et chaque lambeau en charpie ; chaque centimètre carré de chair au-dessus des genoux présentait de si affreuses brûlures que cela ne rappelait plus rien d'humain. Le visage restait intact.

Il avait une expression sereine, inattaquée par la peur et l'angoisse intolérables qui le contractaient l'instant d'avant la mort.

Les joues gardaient même une touche de couleur, et sans le ravage subi par le corps, ç'aurait pu être Gosseyn lui-même, endormi, tant la figure restait vivante. Au bout d'un moment, il remarqua que le haut de la tête n'était plus solidaire du reste du crâne ; la calotte crânienne, toujours en place, avait cependant été sciée. Gosseyn ne tenta pas de vérifier si le cerveau s'y trouvait encore.

Un son, derrière lui, le fit se redresser lentement. Il ne se retourna pas tout de suite mais son esprit se détacha du cadavre et prit une conscience plus détaillée de la situation. Il lui fallut plusieurs secondes avant d'identifier le son au souvenir d'un son analogue. Des roues caoutchoutées sur du marbre : X. Il regarda autour de lui avec la froide résolution d'un homme préparé à tout.

Glacé, il contempla le monstre plastique. Puis il reporta son attention sur les gens qui avaient suivi X dans le laboratoire. Sans expression, il plongea son regard dans les yeux du beau Hardie. Son regard se dirigea ensuite vers le sourire du géant, Thorson, et finalement sur Patricia Hardie, froide, intéressée, à demi dissimulée par les deux hommes, et qui le regardait de ses yeux clairs.

— Alors ?

C'était la voix grave et sans humour de X.

— J'ai idée, Gosseyn, que vous n'avez pas la moindre possibilité de nous empêcher de vous étendre devant votre premier cadavre.

Ce n'était pas une constatation très brillante, mais cela correspondait à quelque chose d'assez important pour un homme pas du tout persuadé qu'un troisième corps était prêt à recueillir l'essence de sa personnalité dès la destruction du second.

Surtout c'était, mot pour mot, la vérité. X agita

son bras plastique d'un geste impatient et ses paroles s'accordèrent à ce geste.

— Assez de comédie. Amenez la Prescott et maintenez Gosseyn.

Quatre hommes se saisirent de lui tandis que trois gardes costauds faisaient entrer la femme. Il semblait y avoir eu de la bagarre. Les cheveux de Amelia Prescott étaient défaits et sa figure empourprée. Ses mains étaient attachées derrière son dos et elle respirait bruyamment. Elle devait avoir un bâillon de plastique transparent dans la bouche, car ses lèvres s'agitèrent en d'inutiles et frénétiques efforts lorsqu'elle vit Gosseyn. Finalement elle se soumit, haussant les épaules. Elle lui sourit un peu tristement — mais elle n'avait pas perdu sa dignité. X regarda Gosseyn et dit :

— Gosseyn, vous nous placez devant un dilemme. Nous sommes prêts à déclencher l'action sur une échelle inconnue depuis la Troisième Guerre mondiale. Nous avons reçu neuf mille transports, quarante millions d'hommes et d'immenses usines de munitions ; et tout ceci n'est qu'une fraction de la puissance militaire du plus grand empire qui ait jamais existé. *Gosseyn, nous ne pouvons perdre...* (Il s'interrompit, puis reprit :) Néanmoins, nous ne voulons pas courir de risques. Nous aimerions vous proposer à vous l'inconnu, de vous joindre aux chefs du système solaire. (Il haussa les épaules :) Mais vous comprenez bien que ce serait inutile d'entamer même ce genre de discussion si vous vous refusez à admettre la réalité de notre position. Nous sommes *forcés* de tuer, Gosseyn. Nous sommes forcés d'être sans merci. Tuer convainc les gens mieux que n'importe quoi d'autre.

Un instant, Gosseyn pensa qu'on voulait tuer Amelia Prescott et il eut une faiblesse, puis il se rendit compte qu'il avait mal compris.

— Tuer ? dit-il. Tuer qui ?

— Environ vingt millions de Vénusiens, répondit X.

Assis dans son fauteuil à roulettes, il avait l'air d'un cancrelat de cauchemar en plastique.

— Comme vous devez le savoir, continua-t-il, la seule différence entre la destruction de vingt systèmes nerveux humains et la destruction de vingt millions de Vénusiens est la résultante émotive produite chez les survivants. Une bonne propagande liquidera ça.

Gosseyn avait l'impression d'être au fond d'un puits et de s'enfoncer, de s'enfoncer...

— Que deviendront les deux cent vingt millions restants ? s'entendit-il dire d'une voix creuse.

— La terreur ! dit X de sa voix de violoncelle. Terreur sans merci, contre tous ceux qui résistent. L'histoire montre qu'il n'a jamais été difficile de contrôler la masse d'une population décapitée de ses chefs. Or, la tête de Vénus est une tête fort collective, d'où la nécessité d'un nombre élevé d'exécutions.

Il agita son bras plastique, impatient.

— Alors, Gosseyn, dit-il brièvement, décidez-vous. Nous vous laisserons accomplir une grande partie de la réorganisation, mais il faut nous laisser préparer le terrain. C'est d'accord ?

La question troubla Gosseyn. Il ne s'était pas

rendu compte qu'on lui tenait un discours destiné à le persuader. Au meilleur sens non-A du terme, c'était un parfait exemple de plan d'abstraction. Ces gens concevaient l'exécution en masse. Pas lui. La barrière était infranchissable, car chaque partie regardait comme illogique le point de vue de l'autre. Il sentit le durcissement de son refus courir dans ses nerfs, dans son corps, et il était parfaitement, définitivement fixé. Il dit d'une voix tranquille mais claire :

— Non, monsieur X. Pas d'accord. Et puissiez-vous tous flamber dans l'enfer chrétien des premiers âges pour avoir osé concevoir un tel meurtre.

— Thorson, dit X tranquillement, tuez-la.

— Quoi ? dit Gosseyn d'une voix blanche.

Il réussit à faire deux mètres avant que ses gardiens ne le maîtrisent. Lorsqu'il y vit de nouveau, Amelia souriait toujours. Elle ne lutta pas lorsque Thorson lui planta l'aiguille d'une seringue audessus du coude, mais elle tomba comme une pierre. Le géant la retint aisément. X dit :

— Voyez, Gosseyn, nous avons un avantage sur les non-aristotéliciens. Ils sont bourrés de scrupules. Nous avons simplement le désir de gagner. Donc, ce petit incident a pour but de...

Il s'arrêta, une expression de surprise contracta ses traits. La dure matière de sa jambe, de son bras, de son corps fit un bruit sourd en s'effondrant sur le marbre. Derrière lui, Hardie, dont les traits réguliers présentaient le même trouble, tomba sur les genoux puis de côté. Les gardes tombaient, deux d'entre eux s'efforçant de prendre leurs armes, puis sombrant dans l'inconscient.

Thorson posa le corps d'Amelia et s'abattit, près d'eux, Patricia tomba à son tour. Dans toute la pièce, ses ennemis s'effondraient autour de Gosseyn, l'air complètement morts.

Cela paraissait réellement incompréhensible.

15

La sensation de paralysie quitta Gosseyn. Il plongea vivement vers le garde le plus proche et se releva l'arme au poing. Debout, tendu, il guettait le moindre signe de vie de la part des corps. Rien. Tous restaient parfaitement immobiles.

En hâte, Gosseyn se mit à désarmer les gardes. Quelle que fût la raison de l'occasion qui se présentait, il n'y avait pas de temps à perdre. Le travail fini, il s'arrêta et regarda une fois de plus l'étrange scène. Il y avait neuf gardes. Ils s'étalaient sur le sol en un désordre bizarre, comme neuf quilles abattues d'un coup. Sans s'attarder à y penser, Gosseyn nota l'absence de Eldred Crang. Ses yeux allaient rapidement d'un corps à l'autre : les deux femmes et les trois hommes. Il pensa, presque à vide : « Je n'en profite pas comme je devrais. Il faut que je sorte d'ici. Quelqu'un peut venir. »

Il ne bougea pas. Une autre pensée, active, s'agitait dans son esprit : étaient-ils réellement morts ? Cette idée le fit s'agenouiller près de X. Sans réfléchir il posa sa main sur la cage plastique qui supportait le thorax de X. La douceur charnelle de la matière fit qu'il retira sa main avec une brusque répulsion. Difficile de se représenter ça comme un être humain. Il se contraignit à se pencher sur le visage et à écouter. Une chaleur douce, rythmée, parvint à son oreille. Gosseyn se redressa. X vivait. Tous devaient être vivants.

Il allait se remettre debout lorsqu'un bruit à l'une des portes le figea à sa place. L'arme braquée vers le bruit, il s'aplatit sur le sol. Les yeux mi-clos, il maudissait son incurie. Il aurait dû déjà être à des kilomètres.

La porte s'ouvrit et John Prescott entra. Gosseyn se leva, la réaction le laissait frissonnant. Prescott eut un sourire nerveux.

— Vous n'êtes pas content d'avoir pris cet antidote ? demanda-t-il. J'ai mis du Drae dans la machine au conditionnement d'air et vous êtes le seul qui... (Il s'interrompit :) Quoi ? J'arrive trop tard ?

Diagnostic rapide. Par hasard, le regard de Gosseyn s'était posé sur le corps inerte de Amelia Prescott, étendu sur le sol près du gigantesque Thorson. Et la mémoire revenait. Il dit, brutal :

— Prescott, on a injecté quelque chose dans le bras de votre femme avant que les autres ne soient terrassés par la poudre de Drae. Ça devait la tuer. Examinez-la.

Maintenant que l'étrange inconscience de ces gens s'expliquait, on avait le temps de faire des examens. Si le système de conditionnement d'air avait envoyé partout l'anesthésique, ce tableau d'écroulement silencieux devait se reproduire dans toutes les pièces. Le seul danger maintenant viendrait de l'extérieur. Gosseyn fit le guet tandis que le Vénusien auscultait rapidement sa femme ; il prit ensuite une petite bouteille dans sa poche. Le bouchon portait une seringue ; Prescott l'enfonça dans la cuisse de sa femme et regarda.

— Il y a de la fluorescéine là-dedans, dit-il. Si elle vit, ses lèvres vont tourner au vert jaune dans une minute.

Deux minutes s'écoulèrent, et les lèvres restaient pâles et mortes. L'homme se leva et regarda autour de lui curieusement. Et, chose bizarre, Gosseyn n'eut aucune idée de ce qu'il allait faire. Il vit marcher le Vénusien d'un pas raide vers le tas d'armes et en choisir deux avec soin. C'était ce qui frappait le plus, le soin avec lequel il examinait les armes.

Ce qui suivit fut trop rapide pour que Gosseyn puisse intervenir. Prescott alla vers X et lui tira une balle dans l'œil droit. Un petit volcan de sang recouvrit la figure de l'homme. Prescott se détourna ; appliquant l'arme contre le front de Hardie, il tira de nouveau, et puis, courbé, il passa en revue les gardes, tirant des deux mains. Il allait s'attaquer à Thorson lorsqu'il s'arrêta. Une expression de trouble apparut sur son visage. Stupéfait, Gosseyn lui retira les armes des mains.

— Incroyable crétin ! hurla-t-il. Vous vous rendez compte de ce que vous avez fait ?

Une heure plus tard, ils abandonnaient leur voiture volée dans la cité baignée de brouillard. Autour d'eux, la nuit étendait son crêpe de fumée gris noir. C'est alors qu'ils entendirent les premières nouvelles braillées par un haut-parleur public.

— Attention, un message important du palais du président !...

Une autre voix plus dure, suivit.

— J'ai le triste devoir de vous informer de l'assassinat du président Michaël Hardie, ce soir, par un homme connu sous le nom de Gilbert Gosseyn, un agent de la Machine des jeux. On commence à peine à avoir une idée de l'ampleur de la conspiration contre les citoyens de la Terre. Gosseyn, dont la fuite a été aidée par de prétendus détectives vénusiens, fait, ce soir, l'objet de la plus grande chasse à l'homme de l'histoire de ces dernières années. Tous les citoyens respectueux de la loi sont priés de rester chez eux. Quiconque sera trouvé dans la rue ne devra s'en prendre qu'à lui-même s'il est traité sans égards. *Restez chez vous.*

C'est seulement lorsque la Machine fut mentionnée que Gosseyn se rendit compte de toutes les conséquences de cette exécution sommaire. Le donner pour un agent de la Machine et tenter d'impliquer là-dedans des détectives de Vénus, c'était à sa connaissance la première attaque publique contre les symboles sacrés du non-A. C'était la déclaration de guerre.

Le brouillard s'épaississait autour d'eux, si dense que pour Gosseyn, Prescott, à un mètre, n'était déjà plus qu'une ombre. Le radar, naturellement, pouvait pénétrer le brouillard comme s'il n'existait pas, mais il faudrait des instruments, des machines pour les transporter. Un faisceau de radar le découvrirait instantanément, mais il faudrait au préalable qu'il fût braqué sur eux. Dans un brouillard et par une nuit de cette espèce, seule la malchance pouvait le perdre ; autrement, il était en sécurité. Pour la première fois, depuis que les événements le ballottaient, il était libre d'agir à sa propre guise, libre... C'est-à-dire dans une certaine limite.

Il se retourna et regarda Prescott, le facteur inconnu. Récriminer contre le passé ? A quoi bon. Mais même par cette nuit noire, puante, comment savoir ce qu'il fallait faire de l'homme ? Prescott l'avait aidé à s'échapper. Prescott savait des tas de choses qui pouvaient être utiles. Pas maintenant, pas cette nuit. Maintenant il avait un autre but plus urgent. Mais, à la longue, Prescott aurait sans doute une grande importance pour lui.

Si possible, il devait essayer de garder pour compagnon ce galactique converti au non-A. Rapidement Gosseyn expliqua ce qu'il avait en tête.

— Un psychiatre — et cela ne peut être aucun de ceux que j'ai connus déjà — est de toute évidence le premier homme qu'il me faut. Il n'y a rien de plus essentiel que de découvrir ce qui leur fait peur à tous dans mon crâne.

— Mais, observa Prescott, il doit être sous la protection des groupes.

Gosseyn eut un sourire condescendant. Physiquement et mentalement, il se sentait bien, conscient de sa supériorité absolue sur ce qui l'entourait.

— Prescott, dit-il, ça fait un moment que je suis dans le cirage. Je me suis conduit comme un gosse dépaysé, j'ai obéi à tout le monde. Je vous ai dit, par exemple, comment j'ai laissé la Machine me convaincre d'être repris.

— Oui.

— J'ai essayé, continua Gosseyn, de m'expliquer à moi-même mon adhésion sans histoire à des conseils venus de l'extérieur. Et je pense maintenant que c'est parce que, tout au fond, j'avais le désir de me sortir de tout ça et de repasser la corvée à un autre, en partie au moins. J'étais si peu décidé à admettre que je me trouvais en plein milieu de cette histoire, tellement peu d'accord, que la première chose que j'ai faite, c'est de me faire tuer.

« Franchement, conclut-il, je compte sur votre espèce de poudre Drae pour désorganiser tout groupe de protection qui pourrait nous gêner. Mais d'abord, il faut que vous achetiez un plan de la ville, et nous chercherons l'adresse du Dr Lauren Kair. S'il n'est pas libre, n'importe qui sauf le Dr David Lester Enright avec qui j'ai autrefois pris rendez-vous.

— Je reviens dans dix minutes, dit Prescott.

Gosseyn répondit sans acrimonie :

— Oh ! non, vous ne revenez pas dans dix minutes...

Il expliqua doucement :

— On est là-dedans tous les deux et chacun garde l'autre. J'entrerai dans la boutique derrière vous et je chercherai l'adresse pendant que vous achèterez le plan.

La maison du Dr Kair luisait, vaguement blanche, à la lueur d'un réverbère et de deux faibles ampoules qui jetaient un éclat pâle, indiquant sans doute que la famille était à la maison. Ils sautèrent la clôture comme des fantômes. Tandis qu'ils soufflaient à l'ombre des taillis, Prescott murmura :

— Vous êtes sûr que le Dr Kair est l'homme qu'il vous faut ?

— Oui, dit Gosseyn.

Il se serait arrêté là, mais réfléchissant que l'auteur de *L'Egocentriste sur la non-aristotélicienne Vénus* méritait mieux, il ajouta :

— Il a écrit des livres.

Explication bien aristotélicienne, mais maintenant il était profondément absorbé. La maison du Dr Kair, le Dr Kair lui-même, constituaient un problème unique. Une habitation protégée contre toute intrusion par un groupe organisé de telle sorte que les gangs les plus habiles eux-mêmes, qui opéraient pendant les périodes sans police, ne pussent tenter d'entrer. Il fallait approcher ouvertement, sans complications et conserver un moyen sûr de fuite si le système de protection se déclenchait. Gosseyn murmura :

— Cette poudre Drae, ça agit sur le cerveau ?

— Immédiatement. Par action sur les nerfs des cavités nasales supérieures, cela attaque directement le cerveau. Une aspiration suffit d'habitude.

Gosseyn approuva puis reporta son attention sur la maison du Dr Kair. Dans quelques minutes si rien ne clochait, un grand sémantiste, spécialiste du cerveau humain, l'interrogerait, l'examinerait et conclurait en ce qui concernait le sien. *Son* cerveau, dont l'existence avait entraîné Hardie et X dans un tourbillon d'événements suivis de leur mort. Rien n'importait plus que de déterminer le pourquoi et le comment de cet étrange cerveau.

Gosseyn murmura son plan. Prescott irait à la porte, se ferait reconnaître pour un Vénusien. Sans aucun doute, avant de le laisser entrer, le Dr Kair alerterait le groupe et mettrait les voisins en éveil. Mais ça ne comptait pas. La poudre suffirait en cas d'urgence.

Gosseyn demanda :

— Combien de poudre faudrait-il ?

— Une pincée — une capsule. J'en ai mis huit dans le système de conditionnement du palais, à peu près une cuiller à thé. C'est très actif, mais l'antidote que nous avons doit encore suffire.

Il ajouta :

— Je crois qu'il vaut mieux que je sonne.

Ce qu'il fit trente secondes après.

Le brouillard entra avec eux par la porte ouverte. D'un commun accord ils décidèrent de la laisser entrebâillée. La nuit, avec sa sécurité, paraissait ainsi plus proche. Pour Gosseyn à qui il fallait maintenant toutes les précautions imaginables pour être satisfait, cette porte ouverte représentait la différence entre l'aise et le malaise.

Le Dr Kair était un quinquagénaire grand et costaud, avec une figure douce et de fortes mâchoires. Il regarda entrer Gosseyn avec les yeux gris les plus perçants que ce dernier ait jamais vus. Gosseyn soutint l'examen tranquillement. Il était trop intelligent pour précipiter cette période importante de prise de contact. Les minutes qui passaient maintenant pouvaient éviter des heures de retard dans l'avenir.

Le psychiatre ne perdit pas de temps. Dès que

Gosseyn eut exposé l'objet de sa visite, il disparut dans son laboratoire et réapparut presque aussitôt muni d'un petit détecteur de mensonges.

— Monsieur Gosseyn, dit-il, pas un Vénusien et pas un adepte un peu avancé de A n'accepteront une seconde les déclarations stupéfiantes émanées ce soir du bureau d'informations du gouvernement par le canal de la presse et de la radio, concernant l'assassinat du président Hardie. De toute ma vie je n'ai vu ou entendu rien qui soit si calculé pour troubler les ignorants et la masse des gens d'instruction moyenne. Jamais depuis les âges les plus médiocres de l'esprit on n'a ainsi tenté de soulever les passions collectives, et la preuve finale de leur ignominie est l'accusation portée contre les Vénusiens et la Machine. Il y a, sans le moindre doute, un but dissimulé derrière ces assertions et ceci suffit à vous donner le droit de vous expliquer devant tous les justes. (Il s'interrompit :) Vous êtes prêt à affronter un détecteur ?

— N'importe quoi, monsieur, dit Gosseyn, pourvu que je ne sois pas endormi. Je suis persuadé que vous comprenez pourquoi.

Le docteur comprenait effectivement. Et pendant les tests qui suivirent, pas un instant, ses mains ni sa pensée ne cessèrent d'être libres. Tous les tests ! Il y en avait des douzaines, des séries. Pour ceux qui nécessitaient des machines, le laboratoire — tanière du docteur, à côté du vestibule — était placé idéalement. A deux exceptions près, tous les instruments pouvaient être approchés du fauteuil, du fond duquel Gosseyn apercevait obliquement, par celle du vestibule, la porte extérieure entrouverte.

Certaines des machines luisaient et leurs tubes électroniques brûlants lui chauffaient la peau et l'étourdissaient. D'autres avaient l'éclat du métal incandescent, mais restaient froides et sans vie. D'autres machines, sans lumière visible, bourdonnaient, murmuraient ou vibraient tandis qu'elles l'examinaient de leurs sens inhumains. Un test en suivait un autre et Gosseyn raconta son histoire.

Trois fois, son récit fut interrompu ; deux fois il dut s'immobiliser pour un examen aux rayons X ultra-sensibles de la nature des cellules de son cerveau second ; la troisième fois, c'est le Dr Kair qui le coupa brusquement.

— Ainsi vous n'avez tué vous-même aucun de ces hommes ?

Prescott leva le nez.

— C'est moi qui l'ai fait, dit-il. (Il rit d'un rire dur :) Comme vous avez pu le deviner, d'après le récit de Gosseyn, je suis un homme qui a dû choisir entre le non-A et sa situation. Si jamais on me juge, je plaiderai la folie temporaire.

Le Dr Kair le regarda brièvement.

— Jamais un aveu de folie, dit-il, n'a été accepté de la part d'un non-A. Il faudra inventer une autre histoire.

« Une histoire ! » pensa Gosseyn ; et il regarda Prescott, le regarda réellement pour la première fois.

Les yeux de l'homme, imperceptiblement étrécis, le guettaient. Une de ses mains se dirigea innocemment vers l'arme dans la poche droite de sa veste. Geste inconscient probablement ; il ne pensait vraisemblablement pas réussir, car Gosseyn le devança sans peine.

— J'oserai affirmer, dit tranquillement Gosseyn, un instant après, lorsqu'ils eurent désarmé Prescott, que la maison est cernée.

16

Le système nerveux humain possède une structure d'une complexité inconcevable. On estime qu'il y a dans le cerveau de l'homme environ douze millions de cellules nerveuses ou neurones dont plus de la moitié sont localisées dans le cortex cérébral.. Considérons un million de ces cellules et envisageons seulement le cas de leur connexion deux à deux. Le calcul des combinaisons possibles nous donne un total de connexions interneuroniques de l'ordre de 10 à la puissance 2 783 000. Pour fixer un terme de comparaison : il est probable que l'univers sidéral n'en contient pas en tout plus de 10, puissance 66 atomes.

La lumière qui passait par l'entrebâillement de la porte extérieure était maintenant leur protection. Aussi longtemps que la porte resterait immobile, les observateurs du dehors n'entreverraient qu'un halo lumineux et tout leur paraîtrait bien aller. Sans doute y aurait-il une limite à leur patience et à leur crédulité.

Ils lièrent les mains et les jambes de Prescott

et le bâillonnèrent, avec une rapidité qui ne reculait pas devant une légère dureté. Puis ils discutèrent la sécurité de leur position.

— Il n'est pas sorti, remarqua Gosseyn brièvement. Mais il a dû rester en contact d'une façon quelconque.

— Je ne crois pas que nous saurions nous soucier de ceci pour l'instant, dit le Dr Kair.

— Hein ?

La figure du docteur était calme et ses yeux graves.

— Ce que j'ai découvert en vous, dit-il, passe d'abord.

Son ton se fit pressant.

— Vous n'avez pas l'air de vous rendre compte, Gosseyn, que c'est vous la personne importante dans tout ça. Rien ne compte plus et nous devons prendre les risques que cela implique.

Il fallut à Gosseyn du temps pour accepter ça, pour réussir à se concentrer et à mettre en réserve dans un coin de son esprit l'idée du danger extérieur. Il lui en fallut, même en se rendant compte qu'il pouvait recueillir les renseignements les plus importants de son univers personnel sans interrompre une œuvre vitale.

— Ce que vous avez dans le crâne, commença le psychiatre, ce n'est pas un cerveau second, ceci étant pris dans le sens d'un potentiel d'intelligence supérieur. C'est impossible. Le cerveau humain, qui a créé la Machine des jeux et des dispositifs électroniques ou mécaniques analogues n'a pas, même en théorie, d'équivalent intellectuel dans l'univers. Les gens pensent parfois que le système cérébral électronique de la Machine possède une supériorité sur le cerveau de l'homme. Ils admirent la possibilité qu'a la machine de discuter avec 25 000 personnes à la fois ; mais en réalité elle ne le fait que parce que 25 000 cerveaux électroniques ont été assemblés en des circuits complexes dans ce seul but. En outre, toutes ces opérations sont banales.

« Ceci ne veut pas dire que la Machine soit incapable de pensée créatrice. Elle est construite sur l'emplacement d'une mine polymétallique, complètement contrôlée par elle. Elle a des laboratoires où des robots travaillent sous ses ordres. Elle est capable de fabriquer des outils, de se réparer, de s'entretenir elle-même. Elle a une réserve d'énergie atomique pratiquement inépuisable. En bref, la Machine se suffit à elle-même et elle est suprêmement intelligente, mais elle a des limites. Ces limites ont été fixées depuis le début et consistent en trois principes très généraux.

« Elle doit conduire les jeux honnêtement dans le cadre des règles établies voici bien longtemps par l'Institut de sémantique générale. Elle doit favoriser le développement du non-A au sens le plus large du mot. Elle ne peut tuer des hommes que lorsqu'elle est directement attaquée.

Gosseyn fouillait Prescott. Aucun détail du costume de l'homme n'échappa à ses doigts vigilants. Les poches abritaient un pistolet et deux souffleurs, des munitions de rechange, une boîte de capsules de Drae, un paquet de pilules préventives, et un carnet. Il ne s'arrêta pas aux poches, mais scruta le tissu lui-même. C'était du plastique, du type que l'on porte deux ou trois fois avant de le jeter.

C'est sur le côté du talon droit qu'il trouva le circuit imprimé de l'instrument. C'était un indicateur électronique de situation fait du même plastique que la chaussure, reconnaissable uniquement au circuit complexe reproduit d'après une réduction photographique. Gosseyn soupira en le trouvant. C'est sans doute au moyen d'un appareil de ce genre que Patricia Hardie avait pu courir à lui le premier jour en disant qu'elle avait besoin de protection. A ce moment-là il n'avait pas eu le temps de trouver comment il s'était fait repérer. Bon à savoir. Les explications allègent l'esprit, effacent un tas de petites tensions nerveuses et libèrent le corps de l'influence des excitations inhibitrices au profit d'une activité plus positive. Maintenant c'était plus facile d'écouter le psychologue.

Ce dernier associait également le geste à la parole. Depuis le début, il emballait les résultats des tests dans une valise de cuir. Des photographies, des notes. Il ouvrit les machines et en tira des tubes enregistreurs, des fils, des écrans, des rouleaux de film, des rubans de papier *auto-imprimant,* et des bobines spéciales d'enregistrements sonores et lumineux. Avant de les ranger, il les commenta presque tous brièvement.

— Ceci prouve que votre nouveau cerveau n'est pas de constitution corticale, et ceci... ceci... et ceci... que les cellules ne sont pas thalamiques... mémoire... association... Ah ! voici quelques-unes des voies principales par lesquelles il est relié au reste du cerveau... Aucun signe prouvant qu'il y ait eu jusqu'ici d'échanges d'influx nerveux.

Il releva la tête.

— Il paraît évident, Gosseyn, que ce que vous avez ressemble moins à un cerveau qu'aux grands systèmes de contrôle du plexus solaire et de l'épine dorsale. Mais c'est l'assemblage de contrôles le plus compact que j'aie jamais vu. Le nombre des cellules mises en jeu est environ le tiers de celui de votre cerveau actuel. Vous avez suffisamment d'éléments de contrôle dans votre crâne pour diriger à l'échelle du microcosme, des opérations atomiques et électroniques — et à celle du macrocosme, eh bien... il n'y a tout simplement pas assez d'objets dans celui-ci pour jamais vous permettre d'utiliser toutes les possibilités de contrôle des relais et des contacts automatiques qui existent chez vous.

Gosseyn n'avait pas l'intention de l'interrompre, mais il ne put s'en empêcher.

— Y a-t-il la moindre possibilité, dit-il d'une voix tendue, que je puisse apprendre à intégrer ce nouveau cerveau *dans l'heure qui vient ?*

La réponse fut un grave hochement de tête.

— Ni en une heure, ni en un jour, ni en une semaine. Avez-vous jamais entendu parler de Georges, le gosse qui vivait avec les animaux ?

« Georges, un enfant de deux ans, s'égara dans les collines et les buissons derrière la ferme de ses parents. Dieu sait comment, il aboutit à la tanière d'une chienne redevenue sauvage qui venait d'avoir une nichée de chiots. La plupart des chiots moururent, et la femelle lourde de lait et dont la férocité était atténuée par de vagues souvenirs de dressage, laissa l'enfant se nourrir. Plus tard, elle chassa pour lui, mais la famine devait être fréquente, car on découvrit, lorsque l'enfant fut capturé à l'âge de onze ans, que les fourmis, les vers, les insectes, tout ce qui remuait et qui vivait, faisaient partie de son régime. C'était devenu un animal triste, féroce, aussi sauvage que la bande de chiens dont il était maintenant le chef. Son histoire pendant neuf ans fut reconstituée d'après ses actions et ses habitudes.

« Des grognements, des ricanements et un aboiement très passable, tel était son langage. Les sociologues et les psychologues se rendirent compte de l'intérêt qu'il présentait et échouèrent sans espoir dans leurs tentatives d'éducation. Cinq ans après sa capture, on lui avait enseigné à assembler des cubes alphabétiques pour composer son nom et les noms de quelques autres objets. A cet âge-là, son aspect restait bestial. Les yeux brillaient de haine pour un rien. Il se remettait souvent et avec agilité à marcher à quatre pattes, et, même au bout de dix ans, sa connaissance de la forêt restait stupéfiante. Les pistes d'animaux, même vieilles de plusieurs heures, le mettaient dans un état d'excitation tel qu'il sautait sur place et gémissait de désir.

« Il mourut à vingt-trois ans, c'était encore un animal, une sorte d'enfant-bête ratatiné qui paraissait à peine humain dans le lit de sa cellule capitonnée. Une autopsie révéla que son cortex n'était pas complètement développé, mais qu'il avait une taille suffisante pour justifier la certitude d'une possibilité de fonctionnement.

Le Dr Kair conclut :

— Avec ce que nous savons maintenant du cerveau, nous aurions pu refaire un homme de Georges, mais vous conviendrez, je pense, que votre cas et le sien sont semblables à une différence près : *au départ vous êtes un être humain.*

Gosseyn se taisait. Pour la première fois, le problème de son cerveau second s'était trouvé défini de la seule façon rationnelle possible : par analyse et comparaison. Jusqu'alors, ses idées étaient vagues et irréelles, troublantes uniquement parce que le nouveau cerveau n'avait encore manifesté ni activité ni réaction. Mais à travers le brouillard de ses représentations, l'espoir brillait et lui avait communiqué, aux moments les plus pénibles de sa brève carrière, l'arrogance et la force d'un sauveur en puissance de la civilisation. Quelque part dans sa peau, peut-être à travers tout son système nerveux, il avait éprouvé l'orgueil d'être plus qu'un homme. Ceci resterait, sans doute. C'était humain de s'enorgueillir des qualités physiques et mentales dues à la seule chance. Mais pour le reste, pour tout ce qui concernait un développement ultérieur, cela prendrait assurément du temps.

Le psychiatre dit :

— Si vous êtes un véritable mutant — l'homme qui viendra après l'homme — et si je dois en arriver à choisir entre vous ou la destruction d'une civilisation pacifique par cette armée galactique, vous pouvez être sûr que c'est vous que je choisirai. Et en outre... (Il eut un sourire dur :) ils vont avoir l'occasion de vérifier si le non-A peut être détruit au premier revers.

— Mais les Vénusiens ne savent pas, dit Gosseyn retrouvant sa voix. Ils ne s'en doutent même pas.

— Ceci, dit le Dr Kair, souligne avec une précision particulière notre devoir actuel. Oui ou non, pourrons-nous sortir de cette maison avant l'aube ? Notre avenir repose là-dessus. Et ça... (Il se leva avec une jeunesse de mouvements stupéfiante :) ça nous ramène directement à notre petit camarade sur le divan.

C'est sans effort que leurs pensées revinrent à l'imminence et à la gravité du danger.

17

Nos démarches nerveuses sont copiées sur celles de l'animal. Chez l'homme, des réactions nerveuses de ce genre aboutissent aux stades pathologiques et sans postérité de l'infantilisme en général, du comportement infantile public ou privé... Et plus une nation ou une race est techniquement développée, plus son système tend à devenir cruel, sans merci, prédateur et commercialisé... Tout ceci parce que nous continuons à penser comme des animaux et n'avons pas appris à penser substantiellement comme des êtres humains.

A. K.

John Prescott, agent galactique, cela, on pouvait l'admettre. L'homme, étendu sur le divan, les regardait. Ses cheveux blonds paraissaient bizarrement blanchâtres sous le violent éclairage. Malgré le bâillon qui lui gonflait légèrement la bouche, un très léger sourire traînait aux coins de ses lèvres.

Gosseyn dit avec dégoût :

— Il y a quelque chose d'infect là-dedans. Ce type a laissé assassiner sa femme à titre de simple incident dans une mise en scène destinée à me convaincre de sa bonne foi. Ce qui m'a mis dedans, c'est qu'il a été pendant un temps adepte de la philosophie du non-A. J'ai admis alors que les meurtres de X et de Hardie étaient le fait du hasard. Mais maintenant je me rappelle qu'il s'est arrêté avant d'arriver à Thorson pour me donner le temps de le désarmer. En d'autres termes, il a tué deux Terrestres qui avaient servi de couverture à l'empire galactique, ce qui laisse uniquement les Galactiques aux commandes du gouvernement de la Terre.

Gosseyn ferma les yeux.

— Un instant... dit-il. Je pense à quelque chose. Les jeux. Est-ce que les jeux de cette année n'étaient pas destinés à désigner un successeur au président Hardie ?

Il releva ses paupières :

— Qui est en tête pour l'instant ? Qui mène ?

Kair haussa les épaules.

— Un nommé Thorson.

Il s'arrêta et fronça le sourcil.

— Vous voyez, dit-il lentement, je n'avais pas fait le rapport quand vous l'avez mentionné. Mais voilà votre réponse.

Gosseyn ne dit rien, une pensée le glaçait. Sans grand rapport avec le fait que Jim Thorson, délégué personnel d'un empereur galactique, allait être président de la Terre. Cette pensée concernait la Machine. Elle avait cessé d'être utile. Jamais plus on ne pourrait s'y fier maintenant qu'elle apparaissait vulnérable.

Difficile d'imaginer la Terre sans la Machine des jeux.

A côté de lui, le Dr Kair dit doucement :

— Tout ça n'a pas d'importance pour l'instant. Nous avons notre propre problème. A ce que je vois, l'un de nous doit jouer le rôle de Prescott et sortir pour examiner la situation.

Lentement, profondément, Gosseyn respira et se ressaisit. Il dit rapidement :

— Et votre femme ? Est-elle ici ? Je voulais vous le demander. Et vos enfants ? Vous en avez ?

— Trois, mais ils ne sont pas ici. Les enfants nés sur Vénus ne peuvent aller sur la Terre avant dix-huit ans. En ce moment, ils sont avec ma femme à New Chicago, sur Vénus.

Ils se sourirent. Le docteur paraissait radieux. Il avait le droit de l'être. Les deux hommes se trouvaient seuls avec leur grand problème : celui du docteur, une réussite considérable dans son domaine ; celui de Gosseyn, il avait encore à faire ses preuves.

Sans discussion, ils décidèrent que le Dr Kair irait prendre contact avec les agents du gang. Ses cheveux blancs et sa stature lui donnaient une ressemblance superficielle avec Prescott. Ça devait suffire dans l'obscurité. Les chaussures de Prescott un peu trop longues et trop étroites d'une demi-taille, allaient à Kair. Il paraissait sage de porter les chaussures qui contenaient le situateur. Imiter la voix de Prescott était relativement facile. Comme tous les orateurs entraînés, comme tous les Vénusiens, le psychiatre avait l'entier contrôle des cavités résonnantes de son corps et de sa tête. Avec le souvenir récent de la voix de Prescott et Gosseyn à ses côtés pour contrôler le détail, il arriva à une bonne reproduction en trois minutes, y compris un murmure assez clair.

— Et maintenant, dit Gosseyn d'une voix d'acier, nous allons extraire du monsieur lui-même le détail de ses arrangements avec ses amis de l'extérieur.

Il se pencha et retira le bâillon. Le dégoût qu'il ressentait devait se traduire dans ses gestes ; ou peut-être Prescott fut-il persuadé par le sentiment de ce qu'il aurait fait lui-même pour se procurer des renseignements dans une situation analogue, toujours est-il qu'il dit sans se faire prier :

— Je ne vois aucun inconvénient à vous dire qu'il y a une douzaine d'hommes dehors et qu'ils ont reçu l'ordre de vous suivre et non de vous arrêter. J'étais censé sortir à peu près maintenant pour leur faire savoir que tout va bien. Le mot de passe est : Vénus.

Gosseyn fit un signe de tête au psychiatre.

— Ça va, docteur, dit-il. Je vous attends d'ici cinq minutes. Si vous ne revenez pas, je passe sur mes faiblesses et je flanque une balle dans le crâne de Prescott.

Le docteur rit sans gaieté.

— Il vaudrait peut-être autant que je reste dehors six ou sept minutes.

Son rire s'interrompit lorsqu'il atteignit la porte. Celle-ci remua légèrement tandis qu'il se glissait par l'ouverture. Et il disparut dans la nuit et le brouillard.

Gosseyn regarda sa montre.

— Il est 4 h 10, dit-il à Prescott.

Il tira son revolver.

Une petite goutte de sueur apparut sur la joue

de Prescott et coula. Cela donna une idée à Gosseyn. De nouveau, il regarda sa montre. La trotteuse, d'abord sur 10, était sur 45. Trente-cinq secondes s'étaient écoulées.

— Une minute, dit Gosseyn.

Le temps physiologique est un flux de transformation irréversible des cellules et des tissus. Mais le temps intérieur dépend de l'organisation de l'homme, des circonstances, et de chaque individu. La durée est liée aussi solidement à l'homme et à ses émotions temporaires que la vie l'est au système nerveux. La trotteuse courait vers le 10, achevant son premier tour. En fait, une minute s'était réellement écoulée depuis le départ du Dr Kair.

— Deux minutes, dit Gosseyn, implacable.

Prescott dit d'une voix basse et rauque :

— A moins d'être abruti, Kair doit être là avant cinq minutes, mais le type du dehors est un idiot bavard. Tenez compte de ça et ne vous pressez pas trop.

Une minute et demie s'était écoulée, et Prescott transpirait abondamment :

— Trois minutes, dit Gosseyn.

Prescott protesta.

— Je vous ai dit la vérité. Pourquoi mentirais-je ? Vous ne pourrez pas échapper à notre filet pendant très longtemps. Une semaine, deux semaines, trois semaines — ça ne compte pas. Maintenant que j'ai entendu Kair, il est évident pour moi que vos chances d'acquérir le contrôle de cette part seconde de votre esprit sont voisines de zéro. C'est ce que nous voulions savoir.

C'était bizarre d'écouter parler l'homme et de se représenter en même temps le Dr Kair dans le brouillard d'avant l'aube. La montre indiquait que le psychiatre était absent depuis deux minutes seulement.

— Quatre minutes, dit Gosseyn.

Ça le troublait un peu. Si un point faible devait céder dans l'esprit de Prescott, il faudrait que ce soit très vite. Il se pencha, impatient ; les questions dansaient sur sa langue.

— Une autre de mes raisons de dire la vérité, bégaya Prescott, est que j'ai cessé de croire que même un surhomme puisse exercer une action sur les opérations planétaires qui sont près d'être déclenchées. L'organisation a été particulièrement prudente en ce qui vous concerne.

La montre de Gosseyn indiquait 4 h 12. Selon le sens accéléré du temps qui agissait sur le système nerveux de Prescott, les cinq minutes étaient passées. « Trop vite », se dit Gosseyn. En coupant en deux la durée, il n'avait pu affoler réellement Prescott. Trop tard pour ralentir. Si l'homme devait céder, c'était le moment.

— Les cinq minutes sont passées, dit-il, tranchant.

Il leva son arme. Le visage de Prescott était curieusement livide. Gosseyn ajouta, sauvagement :

— Je vous donne encore une minute, Prescott ; et si vous ne parlez pas, ou si Kair n'est pas de retour, c'est cuit. Je veux savoir où X ou le gang ont pris l'instrument qui a faussé la Machine des jeux, et où il se trouve à l'heure actuelle.

Ceci dit, il regarda sa montre pour souligner la

brièveté du délai. 4 h 14. Quatre minutes déjà ! Il eut une sensation de vide, un malaise, et la pensée le frappa pour la première fois que le Dr Kair tardait vraiment. Il vit Prescott grisâtre, et contrôla ses propres nerfs. Prescott dit d'une bizarre voix blanche :

— Le Distorseur se trouve dans l'appartement de Patricia Hardie. Nous l'avons disposé de façon qu'il fasse partie de l'un des murs.

L'homme était au bord de la syncope. Et son histoire avait l'accent de la vérité. Le Distorseur — le nom lui-même de l'appareil confirmait partiellement le fait — *devait* être au voisinage de la Machine, et se trouver dissimulé, de toute évidence. Pourquoi pas dans la chambre de Patricia ? Gosseyn esquissa un mouvement vers le détecteur de mensonges, le réprima parce qu'il tenait enfin Prescott et que l'introduction d'une machine pouvait tout faire échouer. Mais il ne put s'empêcher de jeter un coup d'œil à sa montre. 4 h 15. Il regarda la porte. Le temps remontait son handicap. Il commença à comprendre ce que Prescott avait enduré. Au prix d'un effort, il ramena son attention sur l'homme.

— Où avez-vous pris le Distorseur ?

— Thorson l'a apporté. Il est utilisé illégalement puisque la Ligue n'autorise son emploi que pour le transport, et...

Un bruit à la porte le fit taire. Il se détendit avec un sourire écœuré tandis que le Dr Kair entrait, hors d'haleine.

— Pas de temps à perdre, dit le docteur. Il va faire jour dehors et le brouillard commence à se dissiper. Je leur ai dit que nous partions. Venez.

Il empoigna la valise qui contenait les documents relatifs au cerveau de Gosseyn. Gosseyn l'arrêta, le temps de bâillonner Prescott de façon à lui laisser le loisir de réfléchir, et dit :

— Mais où allons-nous ?

Kair était aussi ravi qu'un gosse en pleine aventure.

— Eh bien, nous allons agir comme si nous n'étions pas surveillés. *Où nous allons,* ça je suis persuadé que vous ne vous attendez pas à me l'entendre dire devant M. Prescott, non ? Surtout que je vais laisser tomber les chaussures avec le situateur, avant de sortir de la ville.

Cinq minutes plus tard, ils étaient en l'air. Gosseyn regarda le brouillard épais et se sentit exulter.

Ils s'échappaient véritablement.

18

Gosseyn se cala sur son siège et regarda le Dr Kair ; les yeux du psychiatre étaient toujours ouverts. Mais il paraissait s'endormir. Gosseyn dit :

— Docteur, comment est-ce sur Vénus ? Les villes, je veux dire.

Le docteur tourna la tête pour voir Gosseyn, mais son corps resta immobile.

— Oh ! elles ressemblent beaucoup à celles de la Terre, mais elles sont adaptées au climat perpétuellement doux. Les nuages très épais empêchent qu'il n'y fasse trop chaud. Et il ne pleut jamais que sur les montagnes, mais chaque nuit, il tombe une abondante rosée sur les grandes plaines vertes. Assez abondante, je veux dire, pour suffire à la végétation luxuriante. Est-ce ce que vous voulez savoir ?

Ce n'était pas cela.

— Je veux dire la science, dit Gosseyn. Différente ? Plus avancée ?

— Pas le moins du monde. Tout ce que l'on découvre sur Vénus est immédiatement introduit sur Terre. En fait, la recherche, sur Terre, est plus avancée que sur Vénus pour bien des choses. Pourquoi non ? Il y a plus de gens ici et la spécialisation permet aux intelligences moyennes, même aux imbéciles, d'inventer et de découvrir.

— Je vois.

Gosseyn était concentré maintenant.

— Et dites-moi aussi d'après votre connaissance de la Terre et de la science vénusienne, comment peut-on expliquer ces deux corps pour une seule personnalité ?

— J'avais l'intention de penser à ça dans la matinée, dit le Dr Kair, un peu las.

— Pensez-y maintenant.

Gosseyn insistait.

— Y a-t-il une explication selon la science solaire ?

— Pas que je sache.

Le psychiatre se rembrunit.

— Ça ne se discute pas, Gosseyn. Vous avez touché au cœur du problème. Qui a découvert une chose aussi absolument révolutionnaire ? Je ne doute pas que certaines expériences biologiques importantes n'aient été entreprises dans le système solaire par des biologistes sémantiquement cultivés. Mais deux corps et un même cerveau !

— Remarquez, dit doucement Gosseyn, que des deux côtés il y a quelque chose. Le miracle de mon étrange immortalité est dû à quelqu'un qui s'oppose au groupe en possession du Distorseur. Et pourtant, docteur, de mon côté — de notre côté — on a peur. C'est normal. Si les forces étaient comparables, mon côté ne jouerait pas ce jeu de cache-cache.

— Hum... Vous paraissez tenir quelque chose.

Gosseyn insista :

— Docteur, si vous étiez un être humain assez puissant pour prendre de votre propre chef des décisions à l'échelle planétaire, que feriez-vous en découvrant qu'un empire galactique s'est organisé pour mettre la main sur un système solaire entier ?

Le docteur renifla.

— Je soulèverais les gens. La force des non-A n'a pas encore été éprouvée en cas de conflit, mais j'ai idée qu'elle se comportera convenablement.

Plusieurs minutes s'écoulèrent avant que Gosseyn ne reprenne la parole.

— Où allons-nous, docteur ?

Le docteur se réveilla pour la première fois.

— Il y a un chalet, dit-il, sur un coin isolé de la côte du Lac Supérieur, où j'ai séjourné quelques mois voici deux ans. Ça m'a paru un endroit tellement idéal pour réfléchir tranquillement et faire des recherches que je l'ai acheté. Et puis finalement, je n'y suis jamais retourné.

Il sourit en coin.

— Je suis à peu près sûr que nous y serons tranquilles pendant un bout de temps.

— Ah !

Gosseyn se mit à estimer le temps écoulé depuis le départ. Il conclut environ à une demi-heure. Pas vilain en un sens. Un homme, capable en trente minutes de se rendre compte que le chemin semé de roses n'est pas pour lui, a fait un fameux pas en avant vers la domination de ce qui l'entourait. Oui, c'était tentant de partir se reposer des heures sur une plage de sable, de ne rien faire d'autre que s'exercer l'esprit sans se presser, sous la direction d'un grand savant. La seule ombre au tableau était plutôt d'importance. Ça ne se passerait pas du tout comme ça.

Il se représenta la retraite du Dr Kair. Il y aurait un village, non loin de là, peut-être quelques fermes, quelques maisons de pêcheurs. Trois ans plus tôt, l'esprit détaché, concentré sur ses problèmes, le psychiatre avait à peine dû se rendre compte de ces annexes à sa solitude. Il devait continuer ses lectures, ses promenades méditatives sur des grèves désertes, et les gens qu'il rencontrait d'aventure étaient restés à l'état d'objets constatés mais non pris en considération. Ceci ne signifiait point que le docteur lui-même n'ait pas été remarqué. Et les chances pour que deux hommes, immédiatement après l'assassinat du président Hardie, arrivent au chalet sans être étroitement observés, étaient nulles.

Gosseyn soupira. Pour lui, pas le temps de se mettre au vert sur le rivage d'un lac et de végéter là tandis que les mondes habités du système solaire trembleraient sous l'impact des armées de l'invasion. Il jeta un coup d'œil au docteur. Sa tête ébouriffée reposait sur le dos de son siège ; ses yeux étaient fermés. Sa poitrine se soulevait et s'abaissait avec régularité. Doucement Gosseyn appela :

— Docteur !

Le dormeur ne bougea pas.

Gosseyn attendit une minute puis se glissa vers

les commandes. Il les disposa de façon à effectuer un grand demi-cercle et à revenir vers leur point de départ. Il revint à son siège, prit son carnet et écrivit :

Cher Docteur,

Désolé de vous quitter ainsi, mais si vous étiez éveillé, cela n'aboutirait sans doute qu'à une discussion stérile. Je désire vivement recommencer mon entraînement mental, mais il y a des choses urgentes à faire d'abord. Regardez, dans les journaux du soir, le petit courrier. Je signerai : L'hôte. *Si réponse nécessaire, signez :* Sans-Souci.

Il glissa la note sous un cadran et enfila un des parachutes à dégravité. Vingt minutes plus tard, le phare atomique de la Machine apparut dans le brouillard. Une fois encore Gosseyn braqua les commandes pour un demi-tour afin que l'avion retourne à sa destination initiale.

Il attendit jusqu'à ce que le faisceau incandescent de la Machine fût un feu rageur, au-dessous de lui, puis légèrement derrière. Il distingua vaguement les bâtiments de la résidence présidentielle, juste devant lui. Lorsque l'avion fut presque au zénith du palais, il actionna le loquet de la porte de sortie.

Immédiatement, il se trouva en train de tomber dans l'obscurité brumeuse.

19

> Leibnitz a formulé le postulat de continuité, ou d'action infiniment voisine, en tant que principe général ; pour cette raison, il n'a pu admettre la loi de gravitation de Newton, qui implique une action à distance.
>
> H. W.

Le parachute à dégravité était en sa totalité le produit de la réflexion non-A la plus pure. Son inventeur s'était assis à sa table et avait consciemment et délibérément déterminé les principes mathématiques mis en œuvre ; puis il avait supervisé la construction des premières plaques. Cela opérait dans les limites de la loi de gravitation selon laquelle il est plus facile pour deux objets dans l'espace de tomber l'un vers l'autre que de s'éloigner l'un de l'autre, le plus petit des deux objets accomplissant la plus grande part de la chute effective. Seule l'application d'une force pouvait modifier cette tendance, et les forces appliquées ont elles-mêmes des tendances propres qui s'accompagnent d'encombrements, de poids, et d'une aptitude à se montrer dangereuses lorsqu'elles sont mises en œuvre au voisinage proche des êtres humains. On trouvait encore des aristotéliciens remplis d'idées bizarres comme de faire « tomber » les choses vers le haut, et des amateurs d'un verbiage sémantique selon lequel rien n'est impossible. La physique non newtonienne, la physique du monde réel, admettait le besoin de deux corps de tomber l'un vers l'autre comme un invariant de la nature et s'occupait simplement de modifier leur structure nucléaire de façon à ralentir cette chute.

Le parachute à dégravité ressemblait à un harnais de métal, avec des rembourrages pour protéger le corps aux endroits de plus grande pression. Il comportait des éléments moteurs, mais ceux-ci servaient aux manœuvres latérales pendant la chute. La vitesse de chute la plus lente enregistrée était environ neuf kilomètres par heure, ce qui signifiait que l'engin avait un rendement légèrement supérieur à quatre-vingt-dix pour cent, rivalisant par conséquent avec le moteur électrique, la turbine à vapeur, la propulsion atomique pour les transports de l'espace, et la pompe à succion dans la gamme des machines parfaites.

En pressant les contacts adéquats, Gosseyn n'eut pas de difficultés à atterrir droit sur le balcon qui menait à l'appartement de Patricia Hardie. Il aurait aimé faire une visite à la Machine des jeux en premier lieu, mais c'était hors de question. La Machine devait être gardée comme les joyaux de la Couronne des anciens jours ; mais personne n'aurait l'idée — espérait-il — qu'il pût revenir au palais.

Il amortit le léger choc de l'atterrissage sur ses genoux pliés et se releva comme un boxeur sur les orteils. Le parachute était à fermeture à glissière ; une traction et il en sortit. Il le posa rapidement mais sans bruit sur le sol. Il alla aux portes-fenêtres. Elles s'ouvrirent avec un claquement mince et aigu. Gosseyn ne s'inquiéta pas du bruit.

Son plan consistait à agir vite d'après un souvenir précis de l'emplacement du lit de Patricia Hardie. Il n'était pas fixé sur la façon de se comporter avec elle. Elle croyait peut-être qu'il avait tué son père ; et maintenant qu'il ne pouvait plus retarder sa décision, il se rendit compte qu'il devait prendre cette possibilité en considération.

Il la surprit au lit et lui posa sa main sur la bouche. Il la bâillonna, l'attacha, puis recula et alluma. Il la regarda et dit :

— Je regrette d'avoir été si brutal avec vous.

Il le regrettait. Mais il y avait autre chose derrière ce qu'il disait. Sitôt qu'il aurait localisé et neutralisé le Distorseur, il espérait qu'elle l'aiderait à s'échapper du palais.

Il vit qu'elle fixait son regard quelque part derrière lui et se retourna brusquement. De la porte, Eldred Crang dit :

— Je ne ferais rien si j'étais vous.

Ses yeux noisette luisaient à la lumière. Il était là, très à l'aise, flanqué de deux hommes armés de soufflants. Gosseyn leva les mains tandis que Crang reprenait la parole :

— Vraiment enfantin de votre part, Gosseyn, de vous imaginer que cette nuit, un avion pouvait passer juste au-dessus du palais sans se faire repérer. Cependant, j'ai une surprise pour vous. Prescott a été délivré voici un moment et il est venu ici. Me basant sur son rapport, j'ai persuadé Thorson de me laisser m'occuper de vous à mon idée.

Gosseyn attendit ; c'était la première lueur d'espoir. Crang, l'adepte secret du non-A, avait *persuadé* Thorson. Gosseyn pensait que la position de Crang était trop délicate pour lui permettre de montrer le moindre signe d'intérêt en sa faveur ; pourtant, l'homme avait osé. Crang continua :

— Il y a un moment que nous avons été frappés par un fait : quel que soit celui qui vous a envoyé à nous, il se soucie peu que vous soyez ou non tué. En fait, nous pensons qu'après la découverte de votre cerveau second, il était prévu que vous soyez mis à mort. Très vite, vous êtes revenu sur scène, cette fois sur Vénus, pour accomplir une autre mission limitée. Je ne vous dis pas ce que c'était, mais je puis vous assurer que vous avez réussi. Cependant, une fois de plus, la personne qui vous manœuvre n'a pas paru se soucier de votre santé personnelle. La conclusion est inévitable. Il y a un troisième corps de Gosseyn, qui attend pour prendre vie la seconde même où votre corps actuel aura disparu.

Il sourit. Ses yeux étaient de feu.

— Cet homme, derrière vous, Gosseyn, a un drôle de problème à résoudre. Il est évident qu'il n'oserait pas produire deux corps identiques en même temps. Pour deux raisons : ce serait trop compliqué, et ceci comporte de dangereuses possibilités de duplication de chacun des deux corps, chaque duplicata étant aussi égoïste et puissant que les autres. Vous voyez où ça pourrait mener.

Crang hocha doucement la tête.

— Thorson estimait que nous devions vous garder prisonnier, mais je maintiens que la mort ou l'emprisonnement ne sont que deux aspects du même sort. L'un ou l'autre serait le signal de l'apparition du Gosseyn n° 3. Nous ne le désirons pas. Et si nous ne vous tuons pas, nul autre ne risque de le faire que vous-même — ou un autre agent de notre invisible joueur d'échecs.

« En conséquence, nous avons décidé de vous relâcher sans condition, persuadé que vous vous garderez vous-même du danger.

Il ne s'attendait pas à ça. A quoi aurait-il dû s'attendre ? Autre question. Mais pas à la liberté. Il avait essayé d'estimer les limites d'action possibles imposées à Crang par sa position, il s'était même demandé pourquoi Crang, un adepte du non-A, s'opposerait à la venue du Gosseyn n° 3. La nouvelle brutale de sa liberté, favorable selon son propre point de vue, troublante de celui de Crang, le prenait à l'improviste.

— Vous voulez en venir *à quoi ?* demanda Gosseyn.

— Les chefs d'accusation contre vous, dit Crang d'une voix nette, sont levés. Tous les commissariats en ont été informés. A cette minute même, vous êtes libre. Rien de ce que vous pouvez faire, votre cerveau n'étant pas développé, ne peut nous gêner. Il est trop tard pour vous opposer à nos plans. Vous pouvez dire n'importe quoi à qui vous voudrez.

Il se détourna, avec aisance mais froideur.

— Gardes, dit-il, emmenez cet homme à son appartement, faites-lui servir à déjeuner et procurez-lui des vêtements de ville convenables. Qu'il reste au palais jusqu'à 9 heures au plus tard ; il peut s'en aller plus tôt s'il le désire.

Gosseyn se laissa emmener. Il n'osait ni parler à Patricia, ni remercier Crang, de peur que Thorson ne fût aux écoutes. Le jour était levé, encore brumeux, dans la ville de la Machine, lorsque Gosseyn sortit peu après 9 heures.

20

> En ce qui concerne la corrélation, l'excitation est plus importante que l'inhibition, car de ce qui a été dit, il ressort que l'inhibition n'est pas transmise comme telle. L'existence d'une corrélation nerveuse inhibitrice est sans doute bien connue ; mais dans ce genre de phénomènes l'effet inhibiteur est apparemment produit non pas par transmission d'une modification inhibitrice mais par transmission d'une excitation ; et le mécanisme de l'effet inhibiteur résultant est obscur.

Dans la rue, Gosseyn se dit : « Quelqu'un va me suivre. Thorson ne peut pas me laisser filer et disparaître. »

Il fut le seul à monter dans le bus au bout de la rue. Il regarda le pavé gris défiler derrière la Machine. Deux blocks derrière, il y avait un coupé noir ou bleu, il n'était pas sûr de la couleur ; il soupira en le voyant tourner dans une rue latérale et disparaître. Une voiture très rapide passa, venant d'au-delà le palais, et doubla le bus qui s'arrêtait au signe d'une femme ; celle-ci ne fit pas attention à Gosseyn, mais il ne cessa de la surveiller jusqu'à ce qu'elle descende vingt blocks plus loin environ.

« Peut-être, conclut-il, ont-ils deviné où j'allais. D'abord l'hôtel, ensuite la Machine. »

A l'hôtel, où le premier Gosseyn avait laissé ses affaires, y compris quelque deux cents dollars en billets, l'employé dit :

— Signez ici, s'il vous plaît.

Gosseyn n'avait pas pensé à ça. Il prit la plume, la vision de la prison se dressait devant lui. Il signa avec des fioritures et sourit pour lui-même en se rendant compte à quel point il était devenu peu nerveux.

Il vit l'employé disparaître dans une pièce adjacente. Une demi-minute après, il revint avec une clef.

— Vous connaissez le chemin des coffres, dit-il.

Effectivement, mais Gosseyn réfléchissait : même ma signature est la même ; une identité automatique. L'explication d'une telle identité ferait bien d'être fameuse pour qu'il l'accepte.

Il passa dix minutes à fouiller ses valises. Ce sont les trois complets qui l'intéressaient. Il se rappelait avoir mis le thermostat de l'un des trois sur 66 degrés Fahrenheit, alors que la normale, pour lui, était 72.

Ainsi qu'il s'en souvenait, deux des indicateurs portaient 72 et le troisième 66. Il ôta les vêtements qu'on lui avait donnés au palais et mit un de ses propres costumes. Ça allait parfaitement. Gosseyn soupira. Malgré tout, c'était difficile d'admettre cette identité avec un cadavre.

Il trouva l'argent où il l'avait laissé, entre les pages d'un de ses livres. Il préleva soixante-quinze dollars en billets de cinq et dix, remit les valises dans le coffre et rapporta les clefs au bureau. Dans la rue, l'appel d'un distributeur automatique de journaux lui remit en mémoire les affirmations démentielles et les accusations de la veille. La mort du président occupait les cinq colonnes de titre prévues, mais les commentaires qui suivaient s'étaient adoucis jusqu'à devenir méconnaissables :

« Gosseyn reconnu innocent... Recherches sérieuses entreprises... des officiers d'administration admettent que des déclarations ridicules ont été faites juste après le meurtre... Jim Thorson, candidat de tête à la succession selon les jeux, exige... toute la rigueur de la loi. »

Diablement dégonflés, mais habiles... L'habileté d'hommes derrière qui se trouve une force sans limites. La graine de la suspicion à l'égard de Vénus et de la Machine avait été semée. En temps voulu, on la ferait germer.

En seconde page, une petite nouvelle intéressa Gosseyn :

SANS NOUVELLES DE VENUS

Le Service des communications radio signale que ce matin on n'a pu établir de communication avec Vénus.

Cette nouvelle déprima Gosseyn et ramena à la surface une réalité qui le travaillait inconsciemment depuis qu'il avait quitté le palais. Il se retrouvait au fond dans le noir, avec les cinq milliards d'hommes qui ne savaient que ce qu'on leur disait. Bien pis, lui qui s'était mêlé au danger dans une action qui sentait son mélo d'une lieue à bien y réfléchir, avait vu ce danger s'écarter de lui. Retourner au palais la nuit de l'assassinat du président Hardie, c'était bien l'acte d'un fou, bien au-delà des possibilités d'un individu normal respectueux de la loi comme Gilbert Gosseyn. Sans aucun doute, on l'empêcherait d'aller voir la Machine.

Mais personne ne l'arrêta. Les grandes avenues qui menaient à la Machine étaient presque désertes, chose normale au vingt-neuvième jour des jeux. Plus de quatre-vingt-dix pour cent des candidats devaient avoir été éliminés déjà, et leur absence se faisait sentir. Dans une cabine du type utilisé pour la sélection initiale, Gosseyn saisit les contacts métalliques nécessaires à la liaison, et attendit. Au bout de trente secondes, une voix sortit du parleur mural devant lui.

— Alors, voilà la situation, hein ? Quels sont vos projets ?

La question surprit Gosseyn. Il était venu demander conseil, et même — il avait honte de l'admettre — des instructions. Ses propres idées concernant l'avenir étaient si vagues qu'on ne pouvait plus les considérer comme des projets.

— J'ai été pris au dépourvu, confessa-t-il. Après avoir été entouré de dangers, dans la crainte de mourir, et pénétré d'un sentiment d'urgence extrême, j'ai vu tout ce poids s'écarter de moi, je me retrouve au purgatoire ; trouver une chambre, gagner ma vie, et m'occuper de tous les détails sordides d'une vie sans le sou. Mes seuls projets sont de me rendre à l'Institut de sémantique prendre contact avec des professeurs et avec le docteur Kair. Il faut absolument avertir les Vénusiens du danger qu'ils courent.

— Les Vénusiens sont au courant, dit la Machine. Ils ont été attaqués voici seize heures par cinq mille transports et vingt-cinq millions d'hommes. Ils...

— *Quoi ?*

— A l'heure actuelle, les grandes villes de Vénus sont aux mains des agresseurs. La première phase de la bataille est terminée.

Effondré, Gosseyn lâcha le contact. Son découragement l'emporta complètement sur le respect énorme qu'il avait toujours eu pour la Machine.

— Et vous ne les avez pas avertis, dit-il, fou de rage. Espèce d'ordure !...

— Je crois, dit froidement la Machine, que vous avez entendu parler du Distorseur. Je ne peux faire aucune déclaration publique tant que cet appareil est braqué sur moi.

Gosseyn, dont les lèvres s'entrouvraient pour une autre tirade, les referma et resta muet tandis que la Machine poursuivait :

— Un système de cerveaux électroniques est une structure curieuse et très limitée. Elle fonctionne selon un flux d'énergie intermittent. Dans ce processus, la rupture du flux aux instants convenables est aussi importante que le passage de l'énergie en d'autres instants voulus. Le Distorseur permet uniquement le passage de l'énergie mais non son arrêt ni sa modulation. Lorsqu'il est braqué sur une partie quelconque de ma structure, la fonction particulièrement attachée à celle-ci cesse d'avoir des inhibitions. Dans les cellules photo-électriques, les thyratrons, les amplificateurs et l'ensemble des éléments correspondants, le flux d'énergie devient uniforme. Mon système de diffusion publique est en permanence soumis à cette influence pernicieuse.

— Mais vous pouvez me parler à moi. *Vous êtes en train !*

— A vous tout seul. En concentrant toute ma puissance, je pourrais arriver à dire la vérité à trois ou quatre personnes à la fois. Supposons que je le fasse. Supposez que quelques douzaines d'individus se mettent à raconter partout, de bouche à oreille, que la Machine accuse le gouvernement de trahison. Avant que qui que ce soit ait eu le temps de le croire vraiment, le gang l'entendrait dire et concentrerait un autre Distorseur sur moi. Non, mon ami, le monde est trop grand, et le groupe de mes adversaires peut lancer plus de bruits en une heure que moi en un an. Cela doit être une émission publique à l'échelle planétaire, ou alors ça ne signifie rien.

— Mais, dit Gosseyn, qu'allons-nous faire ?

— *Je* ne peux rien faire.

L'accent sur le pronom n'échappa pas à Gosseyn.

— Voulez-vous dire que *moi,* je peux quelque chose ?

— Tout cela dépend de la mesure dans laquelle vous vous rendez compte à quel point l'analyse de la situation, faite par Crang, est magistrale.

Gosseyn repensa à ce que Crang avait dit. Toutes ces stupidités concernant les motifs pour lesquels ils ne le tueraient pas, et à propos de...

— Allons, dit-il à haute voix, vous ne voulez tout de même pas dire que je suis supposé me suicider ?

— Je vous aurais tué moi-même à l'instant où vous êtes arrivé si j'en avais été capable. Mais je ne peux tuer que pour me défendre. Ceci est un impératif de construction.

Gosseyn, n'ayant jamais envisagé qu'un danger pût venir de la Machine, dit d'une voix rauque :

— Je ne comprends pas. Qu'est-ce qui se passe ?

La voix de la Machine paraissait venir de très loin.

— Votre travail est accompli, dit-elle. Vous avez rempli votre but. Maintenant vous devez céder la place au troisième Gosseyn, le plus grand. Il est possible, continuait la voix froide, que vous puissiez apprendre à intégrer votre cerveau second, avec du temps. Mais vous n'avez pas le temps. En conséquence, vous devez laisser place à Gosseyn III dont le cerveau se trouvera intégré dès l'instant de son éveil à la vie.

— Mais c'est ridicule, dit Gosseyn, nerveux. Je ne peux pas me suicider.

Il se contrôla avec effort.

— Pourquoi est-ce que ce... ce troisième Gosseyn ne peut s'animer sans que je meure ?

— Je ne sais pas grand-chose du processus, dit la Machine. Depuis votre dernière visite, j'ai appris que la mort de chaque corps est enregistrée par un récepteur électronique, lequel, à ce moment-là, anime le corps suivant. La partie mécanique du problème semble très simple, mais l'élément biologique paraît complexe.

— Qui vous a dit ça ? demanda Gosseyn, raidi.

Il y eut un silence, puis une fente s'ouvrit et une lettre apparut.

— Je reçois mes instructions par courrier, dit la Machine très simplement. Votre second corps a été livré par camion, accompagné de cette note.

Gosseyn ramassa la feuille et la déplia. Un message dactylographié s'étalait sur une feuille blanche.

Dirigez sur Vénus le corps de Gosseyn II et faites-le déposer par un de vos roboplanes dans la forêt près de chez Prescott. Lorsqu'il quittera ce dernier endroit, reprenez-le et conduisez-le au voisinage de la maison de Crang avec l'ordre de se rendre. Renseignez-le sur Vénus et prenez toutes précautions utiles.

La Machine ajouta :

— Jamais personne ne contrôle mes expéditions vers Vénus, ainsi le problème était simple.

Gosseyn relut la note, il se sentait faible.

— C'est tout ce que vous savez ? réussit-il à dire enfin.

La Machine parut hésiter.

— J'ai, depuis, reçu un autre message me signalant que le corps de Gosseyn III me serait bientôt livré.

Gosseyn était pâle.

— Vous mentez, dit-il brutal. Vous me le dites pour me pousser à me tuer.

Il s'arrêta. Voilà qu'il parlait de cela et le discutait comme si cela pouvait se discuter. Car en réalité peu importe qu'il se tue pour ceci, ou autre chose. Il n'allait pas se tuer comme ça. Sans rien ajouter, il fit demi-tour, sortit de la cellule et s'éloigna de la Machine.

Tout le reste du jour, il fut un homme en proie au désespoir et à la stupéfaction. Vers le soir, la fièvre ardente de son agitation commençait à décroître. Il se sentait fatigué et malheureux et aussi beaucoup plus concentré. La Machine n'avait pas même suggéré qu'il tentât de s'emparer du Distorseur ; peut-être ne concevait-elle même pas qu'il pût y réussir.

En dînant, il se représenta son action. Téléphoner à Patricia, prendre rendez-vous avec elle dans son appartement. Sans doute, il pourrait la persuader de le recevoir à un moment quelconque le lendemain, sans qu'un seul des autres le sache. Il fallait essayer.

Il lui téléphona sitôt son repas terminé. Il attendit un instant après avoir donné son nom, puis il la vit apparaître sur l'écran du vidéophone. Sa figure s'éclaira, mais elle dit très vite :

— Je n'ai pas plus d'une minute à vous consacrer. Où nous rencontrons-nous ?

Il le lui dit. Et elle se rembrunit, commença à faire non, puis le regarda pensivement. Elle dit enfin, lentement :

— Ça me paraît affreusement risqué, mais je cours la chance, si vous la courez. Une heure, demain ; et surtout, ne tombez ni sur Prescott, ni sur Thorson, ni sur Crang en entrant.

Gosseyn lui assura gravement qu'il ferait attention, dit au revoir et raccrocha. Ce fut Prescott qu'il rencontra.

21

Un physicien fameux de l'époque victorienne a dit : « Rien d'autre à faire pour la prochaine génération de physiciens que de mesurer la prochaine décimale. » A la génération suivante... Planck construisit la théorie des quanta qui conduisit aux travaux de Bohr sur la structure de l'atome... La mathématique einsteinienne fut vérifiée par quelques mesures de décimales extrêmement délicates... Visiblement, le problème prochain est de tenir compte de la série de décimales suivantes. La gravité est trop peu expliquée, de même les phénomènes du champ magnétique. Tôt ou tard, on se glissera jusqu'à la décimale suivante, et le problème sera résolu.

J. W. C. *junior.*

Quelques minutes avant 1 heure. Gosseyn monta vers l'entrée principale. Il n'était pas seul. Des hommes et des femmes entraient et sortaient et leur présence tissait une sorte de brouillard autour de lui, lui évitant d'être observé de trop près. Il fallut, naturellement, passer devant le planton une fois la porte franchie. Gosseyn, par le guichet de verre, regarda le personnage épais assis derrière.

— Mon nom est Gosseyn. J'ai rendez-vous à 1 heure avec miss Patricia Hardie.

L'homme parcourut du doigt une liste de noms. Puis il pressa un bouton. Un grand jeune homme en uniforme sortit d'une porte près du guichet. Il prit la serviette de Gosseyn et le précéda jusqu'à un ascenseur dont les portes venaient de s'ouvrir. Une des trois personnes qui sortirent était Prescott. Il regarda Gosseyn, surpris, sa figure s'assombrit.

— Qu'est-ce qui vous ramène ici ? demanda-t-il.

Gosseyn se ressaisit. Rien à faire que tenter de se tirer de son mieux de cette malchance incroyable. Il avait vaguement envisagé une rencontre de ce genre. Mais son cœur chavira comme un bloc de plomb, tandis qu'il disait les mots préparés :

— J'ai rendez-vous avec Crang.

— Tiens ? Je viens de le quitter. Il n'a pas dit qu'il allait vous voir.

Gosseyn se souvint que Prescott ignorait que Crang fût un adepte du non-A. Tout bien considéré c'était fort heureux.

— Il ne m'accorde que quelques instants, dit-il. Mais peut-être avez-vous une idée de ce que je dois dire ?

Prescott, froid, inquisiteur, soupçonneux, écouta Gosseyn raconter sa visite à la Machine et le conseil de se tuer donné par celle-ci, afin qu'un troisième Gosseyn puisse apparaître. Il ne fit pas mention de l'information donnée par la Machine concernant l'attaque de Vénus et termina, sombre :

— Il faut que je voie ce troisième corps. Je suis juste assez non-A pour ne pas y croire même après avoir vu le premier double. Vous vous représentez un type aussi sain d'esprit que moi en train de se faire sauter le caisson ?

Il frissonna involontairement.

— Je cherche des pistes, dit-il. J'ai même pensé à en parler à Thorson. En fait, dit-il, regardant l'autre avec dureté, après la nuit dernière, je n'ai pas pensé à vous.

L'attitude de Prescott ne montra aucune trace de sa réaction à ce souvenir. Il se détourna, commença à s'éloigner puis revint, regarda Gosseyn, immobile. Sa contenance restait froidement hostile, mais ses yeux étaient curieux.

— Comme vous l'avez probablement deviné, dit-il, nous cherchons vos autres corps.

Le premier mouvement de Gosseyn avait été de s'éloigner de Prescott. Mais il se sentit glacé.

— Où avez-vous cherché ? demanda-t-il.

Prescott rit durement.

— Nous avons d'abord eu des idées bizarres. On a fait des repérages aériens pour trouver des grottes, et on a cherché dans des endroits impossibles. Mais maintenant, on est plus malin...

— Que voulez-vous dire ?

— Le problème, continua Prescott, fronçant le sourcil, est grandement compliqué par une loi naturelle dont vous n'avez sans doute jamais entendu parler. Cette loi est la suivante : si deux énergies peuvent être accordées à une approximation de similitude poussée jusqu'à la vingtième décimale, la plus grande franchira l'intervalle qui les sépare exactement comme s'il n'y avait pas d'intervalle, bien que la jonction s'effectue à des vitesses finies !

— C'est du grec pur pour moi, dit Gosseyn.

Prescott rit, à voix plus haute cette fois.

— Pensez à ça, dit-il. Comment expliquez-vous que vous puissiez avoir dans l'esprit le détail de ce que fit et pensa Gosseyn Ier ? Vous devez avoir été accordés, lui et vous ; en fait c'est la seule méthode théoriquement sûre de transmission de pensée : avec soi-même. En tout cas, peu importait votre position ; ses pensées, *lui vivant*, auraient été les plus puissantes et vous seraient parvenues instantanément dans les limites spatiales correspondantes, limites que je ne préciserai pas.

Il s'interrompit.

— Nous avons examiné des météorites, jusqu'à l'anneau de Saturne, selon la conviction apparemment erronée que certains d'entre eux, creusés, pouvaient servir de couveuses à des corps de Gosseyn aux stades divers de leur évolution. Ceci vous montre avec quel sérieux...

Un homme en uniforme l'interrompit.

— Votre voiture attend, monsieur Prescott. Le transport pour Vénus dans trente minutes.

— Je vous rejoins, général.

Il fit demi-tour et suivit l'officier. Puis il s'arrêta, revint et dit :

— En un sens, nous sommes curieux de voir ce Gosseyn III. Comme vous devez déjà avoir certaines idées là-dessus, je ne crois pas vous révéler grand-chose en disant que nous le tuerons et qu'à ce moment nous n'aurons plus de raisons de ne pas *vous* tuer. J'imagine, en outre, qu'il *doit* y avoir une limite au nombre total de Gilbert Gosseyn.

Il s'éloigna et gagna la porte sans se retourner. Une voiture attendait au bas des marches. Gosseyn le vit y monter. Dans quelques instants, Prescott repenserait à cette rencontre. Et tôt ou tard, il téléphonerait à Crang, qui serait obligé d'agir.

Gosseyn pouvait à peine rester dans l'ascenseur. Son projet de s'emparer du Distorseur intact était bouleversé par cette rencontre fortuite, mais il ne perdit pas de temps lorsque Patricia Hardie l'eut fait entrer chez elle. Au moment même où elle murmurait quelque chose sur le danger de venir au palais, il tirait une corde au fond de sa serviette.

Elle fut stupéfaite lorsqu'il commença à l'attacher. Elle avait un petit automatique en haut de sa large manche et tenta de le prendre. Gosseyn s'en empara et le fourra dans sa poche. Lorsqu'il l'eut transportée, liée et bâillonnée, dans la chambre, et posée sur le lit, il dit :

— Je suis désolé, mais c'est pour votre bien au cas où on viendrait.

Il n'était pas désolé. Seulement pressé. Il se précipita à la recherche de sa serviette. Il vida en tas ses outils sur le lit à côté de la jeune fille. Du tas, il extirpa un chalumeau atomique et se rua vers le mur qu'il avait déterminé la nuit dernière, le seul susceptible de cacher le Distorseur.

Le Distorseur *devait* faire face à la Machine des jeux. Et quelle que fût sa forme, il ne pouvait être très petit. A six cents mètres, même un phare doit avoir une certaine puissance et un certain format pour éclairer proprement. Gosseyn régla le chalumeau atomique de façon qu'il tranchât l'armature métallique recouverte par le plâtre. Il coupa un panneau de deux mètres cinquante au carré et, d'une secousse, arracha le panneau. Laissant s'élever un nuage de poussière fine, il le transporta et le posa contre l'autre mur. Lorsqu'il revint, il vit le Distorseur. Il avait environ deux mètres de haut sur un mètre vingt de large et quarante-cinq centimètres d'épaisseur. Plus petit qu'il ne s'y attendait. Aucun fil visible n'en sortait. Gosseyn le saisit et donna une traction d'essai : il souleva aisément l'appareil. Environ vingt kilos, estima-t-il en le transportant près du lit pour le poser, face en l'air, sur le tapis. Il regarda la masse de petits tubes qui dépassaient et paraissaient en verre. Visiblement un instrument électronique quelconque, un des mille résultats d'une variation sur le thème initial complexe découvert plusieurs centaines d'années auparavant. Il reprit le chalumeau et, revenant au Distorseur, se prépara à le tailler en pièces. Il se pencha, s'arrêta et regarda sa montre. Deux heures moins vingt-cinq.

Sa fièvre tomba. Le transport de Prescott était parti pour Vénus et rien ne venait. Il alla regarder par les fenêtres. La grande pelouse qui s'étendait jusqu'à la Machine, piquée çà et là de massifs, était presque déserte. A des distances variables, des jardiniers se penchaient sur les fleurs, accomplissant les gestes de leur profession. Au-delà, la Machine, énorme masse luisante surmontée de son phare de quatre mille trilliards de bougies. Il faudrait plus de cinq minutes pour porter le Distorseur là-bas.

Brusquement décidé, Gosseyn décrocha le téléphone au chevet de Patricia Hardie et lorsqu'une voix de femme répondit, il dit :

— Donnez-moi le menuisier en chef, s'il vous plaît.

— Je vous passe le directeur des ateliers du palais, annonça la standardiste.

Un moment plus tard, une voix épaisse répondit à Gosseyn qui expliqua ce qu'il voulait et raccrocha. Il frissonnait d'excitation.

— Ça doit marcher... dit-il, raidi. Les choses comme ça marchent toujours si on a du culot.

En hâte il porta le Distorseur jusqu'au living-room. Puis il ferma la porte de la chambre à coucher. Peu après on frappa à la porte du corridor. Gosseyn l'ouvrit. Cinq hommes entrèrent. Trois d'entre eux portaient des planches. Sans attendre, ils se mirent au travail et emballèrent le Distorseur. Ils avaient des machines à trancher silencieuses, des tournevis automatiques ; en sept minutes, à la montre de Gosseyn, ils avaient terminé. Les deux camionneurs restés sans rien faire jusqu'ici emportèrent la caisse. L'un d'eux dit :

— Ça sera livré dans cinq minutes, monsieur.

Gosseyn ferma la porte à clef derrière eux, et revint à la chambre. Il ne regarda pas la jeune fille, mais se rua à la fenêtre. Deux minutes plus tard, un camion chargé d'une caisse étroite apparut sur la route à trois cents mètres. Il fonça vers la Machine et disparut sous un auvent métallique. Deux minutes encore et il réapparut, vide.

Sans un mot, Gosseyn délia la jeune fille et lui retira le bâillon. Il éprouvait un vague mécontentement, un inexplicable sentiment de frustration.

22

Quisnam igitur sanus ?
(Et qui donc est sain d'esprit ?)

HORACE, *Satires*, II. (Vers 25 av. J.-C.)

Patricia Hardie s'assit sur son lit et se frotta les bras pour y rétablir la circulation. Elle ne dit rien, mais resta là à se masser ; elle regardait Gosseyn, un léger sourire aux lèvres. Ce sourire troublait Gosseyn. Il la regarda avec acuité et vit que ce sourire était cynique, comme de connivence.

— Ainsi, vous n'avez pas réussi ! dit-elle.

Gosseyn parut surpris. Elle continua :

— Vous espériez être tué en venant aujourd'hui au palais, non ?

Il allait répondre : « Ne dites pas d'idioties ! » Mais il se tut. Il se représentait son arrivée au palais, l'estomac noué, sa réussite et son désappointement. Sans doute, sans doute, les hommes pouvaient s'abuser eux-mêmes. La voix de la jeune fille retentit plus acérée :

— C'est la seule raison pour laquelle vous êtes

venu chercher le Distorseur. Vous savez que vous devez mourir pour laisser apparaître Gosseyn III. Et vous espériez que votre initiative vous mènerait à la mort.

Il le voyait clairement maintenant. Un homme sain d'esprit ne pouvait se suicider ni se laisser tuer sans résister. Ainsi, son subconscient avait cherché une solution. « Est-ce que je crois, se demanda-t-il, à ce Gosseyn III ? Oui. » Il restait stupéfait. Parce qu'il s'était dit et redit que ce serait impossible. « Puis-je me tuer ? Pas maintenant. Mais il y a un moyen. *Il y a un moyen.* »

Il se retourna et sans un mot alla vers la porte.

— Je rentre à l'hôtel. Vous pouvez me joindre n'importe quand.

Il s'arrêta. Il avait presque oublié qu'elle aussi avait un problème.

— Vous ferez bien de demander quelques maçons pour remettre ce mur en place. Pour le reste, je suppose que vous connaissez mieux que moi votre situation, aussi je m'en rapporte à vous. Au revoir et bonne chance.

Il sortit et regagna le boulevard. Une fois en ville, il entra dans une pharmacie et demanda une bouteille de solution hypnotique.

— Vous vous y prenez d'avance pour l'entraînement aux prochains jeux, hein ? dit le pharmacien.

— N'est-ce pas ? dit Gosseyn brièvement.

Il se rendit ensuite dans un magasin d'enregistreurs.

— Je voudrais louer un appareil pendant une semaine, dit-il. Un appareil à répétition.

— Désirez-vous que l'appareil puisse vous enregistrer vous-même ?

— Oui.

— Quatre dollars cinquante, s'il vous plaît.

A l'hôtel, Gosseyn prit la clef de son coffre, retira le reste de son argent et revint au bureau.

— Le premier jour des jeux, dit-il, on m'a expulsé de cet hôtel pour un doute sur mon identité. Voulez-vous me louer une chambre pour une semaine ?

L'employé n'hésita pas. L'hôtel devait être pratiquement vide, après le grand exode de ceux qui n'étaient pas sortis vainqueurs des jeux. En deux minutes, un groom conduisit Gosseyn à une vaste chambre. Gosseyn s'y enferma, réalisa son enregistrement et le mit sur l'appareil pour une répétition ininterrompue. Puis il avala sa drogue et s'étendit sur le lit. « En vingt-quatre heures, se dit-il, ça m'aura sapé le moral et alors... »

Il posa sur la table de chevet le petit automatique brillant qu'il avait pris à Patricia Hardie.

Ce n'était pas le sommeil. Une torpeur, une lourde fatigue au travers de laquelle des impressions, des bruits se frayaient un passage. Un bruit, un son pleurard, régulier, le son de la voix dans l'enregistrement qu'il avait fait :

Je ne suis personne. Je ne vaux rien. Tout le monde me hait. A quoi bon vivre ? Jamais je n'arriverai à rien. Pas une fille ne voudra m'épouser. Je suis ruiné. Pas d'espoir... Pas d'argent... Me suicider. Tout le monde me hait... me hait... me hait...

Des millions de gens non intégrés pensaient et repensaient des choses de ce genre sans jamais arriver au suicide. C'était une question d'intensité permanente et de cet affreux déséquilibre qui guette les hommes tombés des hauteurs de l'intégration dans les profondeurs du désespoir.

... A quoi bon vivre... A quoi bon... pas d'espoir... me suicider...

Pendant la première heure, il eut plusieurs réactions propres : « C'est idiot. Mon cerveau est trop solide pour être jamais influencé par ces... « *Pas d'espoir... Tout le monde me hait... Je ne vaux...* »

Vers la fin de la seconde heure, un bruit de tonnerre se fit entendre très loin. Il persista, atteignant fréquemment un crescendo tel que la voix gémissante à son chevet se trouvait couverte. A la fin, cette violence durable provoqua un vague semblant de surprise de la part de Gosseyn.

« Des armes ! L'artillerie ! Ont-ils attaqué la Terre ? »

Il eut conscience de quelque chose d'horrible. Sans avoir le souvenir de s'être décidé à se lever, il se trouva debout. « Quelle fatigue !... *Je ne vaux... ruiné... pas d'espoir... me suicider...* »

Très las, il se traîna jusqu'à la fenêtre et jeta un coup d'œil dehors. Mais le tonnerre des armes croissait en intensité. Et cela venait de la Machine. Un moment de crainte terrible dissipa la brume de sa conscience. On attaquait la Machine.

... Je ne suis personne... me suicider... Tout le monde me hait... à quoi bon vivre ?

La Machine, avec le Distorseur en son pouvoir et sans contrôle, devait avoir commencé à diffuser des informations concernant l'attaque de Vénus. Et le gang tentait de la détruire.

Diffuser ! La radio de l'hôtel. Il rampa jusque-là. Quelle fatigue ! *Me tuer... pas d'espoir...* Il atteignit la radio, enfin... mit le contact.

— Torpillée... meurtriers... incroyable... criminels...

Malgré sa torpeur, les mots firent sursauter Gosseyn. Et il comprit, glacé : la guerre de la propagande faisait rage comme l'autre. Partout où il tournait l'aiguille, des voix hurlaient des menaces et des accusations.

— La Machine ! L'ignoble Machine !... Monstruosité mécanique, malhonnête, inhumaine... Les conspirateurs vénusiens qui avaient infecté les hommes de son poison étranger... Camisole de force... assassinat... massacre.

Et tout ce temps, en fond sonore à ces voix menteuses, résonnait le tonnerre des canons, le tonnerre sourd, croissant des armes. Gosseyn s'assoupissait ! « Je serai mieux au lit. Fatigué. Si fatigué. »

— Gosseyn !...

Toutes les autres voix se turent. La radio lui parlait directement.

— Gosseyn, ici la Machine. Ne vous suicidez pas !

— *Me suicider. Je ne suis personne. Tout le monde me hait. A quoi bon vivre ?*

— Gosseyn, ne vous suicidez pas. Votre troisième corps a été détruit par le gang. Gosseyn, je n'en ai plus pour longtemps. Pendant la première demi-heure, j'ai été atteinte par des obus ordinaires. Mais maintenant je reçois régulièrement des torpilles atomiques.

« J'ai une cuirasse extérieure de trente mètres d'acier, Gosseyn, elle a été perforée cinq fois par des torpilles atomiques venant de la direction de Vénus.

« Gosseyn, ne vous tuez pas. Votre troisième corps est détruit. Vous devez apprendre à utiliser votre cerveau second. Je ne puis vous donner aucun conseil à ce sujet, car...

Crash !

Il y eut un arrêt, puis :

— Mes chers auditeurs, la Machine des jeux vient d'être détruite par un coup direct. Son attaque perfide et sauvage contre le palais a été...

Clic !

Il voulait fermer la radio depuis quelques minutes... Embêtante... Lui racontait des trucs à propos... de quelque chose... Quoi ?...

Etendu sur son lit, il se le demanda. Quelque chose à propos de quoi ?... de quoi ?... Quelle fatigue !... *Me suicider. Tout le monde me hait. Je suis ruiné. A quoi bon vivre ? Me suicider...*

23

Le premier effort conscient de Gosseyn fut pour remuer les mains. Impossible. Il paraissait couché dessus.

« Drôle de position », pensa-t-il. Un vague ennui le tenait, et le sentiment de la nécessité de sortir de son état hypnotique pour se libérer.

Il allait faire l'effort nécessaire lorsque le souvenir lui revint des raisons de sa présence à l'hôtel. Les yeux clos, il attendit que la volonté de mourir se fasse jour en lui. La meilleure méthode, se dit-il, l'esprit tendu, était d'empoigner le revolver sur la table et de se tirer dans le crâne du même geste. Mais l'impulsion de suicide ne se produisit pas. Au contraire, du fond de sa conscience naissait une certitude joyeuse, le sentiment d'une victoire assurée, la conviction que rien ne pourrait l'arrêter. Il essaya d'ouvrir les yeux et ne le put. « C'est le liquide hypnotique, pensa-t-il à bout de nerfs. Comme de la drogue. » Il resta étendu un moment, troublé de se sentir si bon moral bien qu'il fût encore sous l'influence de la solution. Puis resurgirent des souvenirs malaisés, celui d'une interruption et de bruits violents. Le lien était mystérieux, mais il croyait bien s'être levé de son lit. Avait-il arrêté l'enregistreur à ce moment-là ?

— Je suis persuadée, dit une voix de femme à sa gauche, que vous pouvez y arriver maintenant. Cette drogue n'est pas toute-puissante.

Les mots, inattendus, firent l'effet voulu. Gosseyn ouvrit les yeux. Deux constatations immédiates et presque simultanées. Il était bien couché sur ses bras, mais ce n'était pas la raison de leur mise hors service. On les avait attachés avec des menottes. Et, assise dans un fauteuil à côté du lit, fumant une cigarette et le regardant, pensive, il y avait Patricia Hardie. Lentement, Gosseyn, qui venait de se redresser à demi, retomba sur l'oreiller. La jeune fille avala un long trait de fumée et prit le temps de la laisser s'échapper en un ruban paresseux avant de reprendre la parole. Elle dit :

— Je vous ai attaché, parce que vous êtes un individu plutôt dominateur doué d'une très forte curiosité.

Elle rit. Un rire doux, détendu, merveilleusement musical. Cela troubla Gosseyn. Il remarqua d'un coup qu'elle était différente. L'expression superficielle attribuée par lui à une névrose avait disparu. Tous les traits charmants de son joli visage demeuraient intacts, mais modifiés de façon subtile. Sa beauté, molle malgré son éclat, se révélait maintenant dans sa force. Vive comme le feu, sa personnalité étincelait. Elle avait toujours paru froide et sûre d'elle. Développées par sa maturité neuve, ces qualités paraissaient dans leur splendeur. D'une manière indéfinissable, la jolie fille à la tête solide était au cours de la nuit devenue une femme splendide, étincelante de vitalité, qui lui dit :

— Je ferais mieux de venir au fait. J'ai pris le risque de venir parce que votre histoire d'envoyer le Distorseur à la Machine s'est retournée dans le mauvais sens ; et il faut arranger ça cette nuit.

Pour Gosseyn, le silence qui suivit fut le bienvenu. Il pensait encore à ce qu'elle avait dit : « Vous êtes... doué d'une très forte curiosité. » Sans doute ; mais que venait-elle faire dans cette histoire ? Il se rendit compte qu'il ne comprenait pas le sens de sa présence ici. Patricia Hardie lui avait dit des tas de choses, mais jamais il n'avait eu l'impression qu'elle-même jouât un rôle vital dans ce drame du Ā contre l'Univers. Elle le regarda au moment où il se décidait à parler, elle soupira et dit :

— Je ne vous dirai rien. Plus vous en savez, plus vous êtes dangereux pour nous tous. Et on n'a pas le temps.

— Sans blague ? dit Gosseyn, furieux. J'ai bien peur qu'il ne faille le prendre quand même. Voyons, continua-t-il, il y a le problème de votre parenté avec Hardie. Commençons par là.

La jeune femme ferma les yeux. Sans les ouvrir, elle commença :

— Je vais être très patiente avec vous, dit-elle. Je vais vous dire que le Distorseur se trouve toujours dans la Machine des jeux à l'endroit où vous l'avez envoyé. Et que nous en avons besoin. C'est un des seuls instruments galactiques dont nous puissions nous emparer. Nous en avons besoin comme preuve.

— Mon opinion, dit Gosseyn, concernant un groupement qui laisse envahir deux planètes sans même diffuser un avertissement général, est si médiocre que j'aurais du mal à l'exprimer. (Il s'arrêta.) Comme preuve ? demanda-t-il.

Elle parut ne pas entendre.

— Ne soyez pas trop dur, dit-elle à voix basse. Nous ne pouvions arrêter l'attaque. Un avertissement n'aurait fait que la précipiter. Et avertir qui ? Vénus n'a pas de gouvernement. Son système de détectives, de magistrats et de communications est sous le contrôle du gang. Il aurait fallu un avertissement général, et Eldred et moi nous sommes cassé la tête là-dessus. La seule solution, c'est qu'on devra construire une Machine améliorée quand tout ça sera fini. C'est possible, vous savez. A l'Institut de sémantique, on a construit des tubes combinés à *des* détecteurs de mensonges perfectionnés qui permettent l'examen du corps et de l'esprit d'un homme en un instant et formulent le degré d'éducation non-A qu'il a reçue. Et il a d'autres perfectionnements qui protégeraient la Machine contre le genre d'interférences auquel elle a été sujette.

Elle s'interrompit, puis reprit :

— Plus tard, quand vous aurez récupéré le Distorseur, je vous en dirai plus. Mais pour l'instant, écoutez ! Il y a un jeune homme ici, à l'hôtel, qui va nous aider. Ce n'est pas un de mes agents, mais vous saurez qui c'est quand vous aurez lu cette note après mon départ. C'est lui, ce n'est pas moi, qui vous a sauvé des effets de l'hypnotisme. Naturellement, j'étais là à temps pour vous épargner le pire, mais il a fait quelque chose que je n'aurais pu faire moi-même. Grâce à lui, personne ne sait que vous êtes dans cet hôtel. Et surtout, Gilbert Gosseyn... (Elle se pencha vers lui, ses yeux étaient d'un bleu très doux :) ne soyez pas impatient. Je reconnais que vous avez subi un traitement assez sévère. Mais c'est parce que vous êtes en terrain découvert. Nous avons défini votre situation de la façon suivante : vous êtes apparu quand la crise était proche. Thorson a été surpris, mais je ne crois pas qu'il ait eu l'intention de vous tuer. Ce fut un accident. Puis vous êtes réapparu dans un second corps, d'abord à l'hôpital de Prescott, ensuite dans la maison de Crang à l'intérieur de l'arbre ; deux emplacements clefs en ce qui concerne l'Empire galactique.

« Vous ne vous rendez pas compte du choc que ça a produit. Thorson est devenu extraordinairement prudent. En découvrant le caractère brut de votre cerveau second, il a été amené à se laisser convaincre de vous relâcher. C'est grâce à Eldred, mais nous ignorions que Thorson n'a agi de la sorte que parce que ses hommes étaient en réalité sur le point de découvrir votre troisième corps. Nous ne savons toujours pas où. L'important, c'est que maintenant que votre troisième corps est détruit, vous redevenez un homme traqué.

— Maintenant que mon troisième corps a été quoi ? dit Gosseyn.

Pour la première fois depuis qu'il s'était réveillé, elle parut surprise.

— Vous voulez dire que vous ne *savez pas ?* soupira-t-elle. Vous n'avez pas idée de ce qui s'est passé ? (Elle changea de ton :) Je n'ai pas le temps de vous le dire. Lisez les journaux.

Elle se leva :

— Souvenez-vous, emmenez le Distorseur chez le jeune d'en bas. Je vous y retrouverai demain dans la journée.

Elle fouilla dans son sac, trouva une clef, la jeta sur le lit :

— Pour les menottes, expliqua-t-elle. Au revoir et bonne chance.

La porte se ferma derrière elle. Gosseyn enleva les menottes, puis il s'assit sur le bord du lit et pensa : « De quoi parlait-elle ? » Il se rappela qu'elle avait parlé d'une note. Son regard troublé parcourut la pièce, se posa sur le bureau près du lit derrière lui. Il y avait un journal et une feuille de papier blanc. Gosseyn sauta de l'autre côté du lit et les prit. Il lut, étonné :

Cher Monsieur Gosseyn,

Lorsque j'ai appris les nouvelles, je me suis dit qu'on allait vous rechercher. Aussi j'ai immédiatement détruit votre fiche et j'en ai mis une pour votre chambre, le 974, au premier nom qui m'est venu en tête, John Wentworth.

Ensuite, après mon service, je suis monté chez vous avec un passe-partout et je vous ai trouvé avec votre enregistreur en marche. J'ai enlevé l'enregistrement, j'en ai fait un autre de mon cru dans l'intention de contrebalancer les effets déprimants du premier.

Je l'ai arrêté quand je suis remonté voir ce que vous deveniez parce qu'on peut rendre quelqu'un trop inconsidéré en lui donnant une dose trop forte d'optimisme. J'espère que j'ai atteint un équilibre parce que vous avez besoin de tout votre bon sens dans le combat qui vous attend. Ceci est écrit par quelqu'un qui voulait tenter les jeux l'an prochain, qui se met entièrement à votre disposition et qui se permet de signer,

avec ses meilleurs souhaits,
DAN LYTTLE.

P.S. *Je monterai sitôt après mon service, à minuit. Pendant ce temps-là, lisez les journaux du matin. Vous verrez de quoi je parle.*

D. L.

Gosseyn saisit le journal et le déplia sur le lit. Le titre de dix centimètres de haut flamba devant lui :

LA MACHINE DES JEUX DETRUITE

Tremblant d'excitation, il lut, couvrant d'un bond visuel un paragraphe entier à la fois :

... Tiré sur le palais et... Diffusé simultanément des informations concernant une attaque mystérieuse contre Vénus (aucune attaque... n'a eu lieu — voir le rapport du service radio page 3). Le gouvernement a déclaré... complètement insensé... suivant d'aussi près l'assassinat du président Hardie... de toute évidence une relation avec la machine... détruite en conséquence. Pendant une

heure... émission de la Machine... message incompréhensible à l'adresse de Gilbert Gosseyn dont la photo est reproduite par ailleurs... Cette page... Précédemment déchargé de tout soupçon... doit être retrouvé pour interrogatoire complémentaire... L'arrêter à vue...

En lisant, Gosseyn se rappelait, seconde par seconde, ce que la Machine des jeux avait dit à la radio. Maintenant, déglutissant avec peine, il regardait la reproduction photographique. C'était une photo de face, et c'était bien lui. Mais il y avait quelque chose qui clochait. Quelques secondes se passèrent avant qu'il ait trouvé quoi. C'était une photo du cadavre de Gilbert Gosseyn Iᵉʳ.

Son rire fut amer. Il laissa tomber le journal et tituba jusqu'à une chaise. Il était malade de rage et de ressentiment. Il avait failli se suicider. De si près qu'on pouvait considérer la chose faite ; et maintenant la résurrection. Que voulait dire la Machine qui lui ordonnait de se suicider et décommandait aussitôt parce que « Votre troisième corps a été détruit » ? Parmi toute la matière organique de l'univers, le corps de Gosseyn III méritait spécialement d'être protégé contre une éventuelle découverte.

Sa fureur mourut peu à peu. Avec calme il analysa la situation. « Premier pas, pensa-t-il, récupérer le Distorseur. Ensuite, apprendre à me servir de mon cerveau second. »

Ceci serait-il possible ? Pourrait-il jamais y arriver tout seul — lui qui y pensait et y repensait sans jamais que cela produisît l'effet le plus mince sur cette portion particulière de son cerveau ? Il eut un sourire ironique. « Je ne vais pas, trancha-t-il, me perdre maintenant dans ce genre de cogitations. »

Il y avait pas mal de choses à faire tout de suite. Il débrancha l'écran de vidéo du téléphone — un autre employé pouvait être de service — et appela le bureau. Une voix agréable répondit.

— Ici John Wentworth, dit Gosseyn.

Un silence à l'autre bout, puis :

— Oui, monsieur, comment ça va ? Ici Dan Lyttle. Je monte tout de suite, monsieur.

Gosseyn attendit fiévreusement. Il se rappelait l'employé qui l'avait inscrit. Un grand garçon mince avec une figure agréable et des cheveux noirs. Lyttle en chair et en os était un peu plus mince que dans le souvenir de Gosseyn, plutôt frêle d'apparence pour le boulot que Patricia Hardie lui avait assigné. Cependant, il présentait de nombreux signes de culture non-A, spécialement par ses mâchoires fermes et sa façon de se tenir.

— Je dois me dépêcher, dit-il.

Gosseyn se rembrunit.

— J'ai peur, dit-il, que le moment ne soit venu de prendre certains risques. J'ai idée qu'un effort va être fait pour démanteler la Machine des jeux le plus vite possible. Si je me trouvais en face d'une tâche de ce genre et si je voulais que ça soit vite fait, je publierais un communiqué aux termes duquel tout individu pourrait prendre ce qu'il veut à condition de l'emporter sur-le-champ.

Il vit Dan Lyttle ouvrir de grands yeux. Le jeune homme dit, suffoqué :

— Mais... c'est exactement ce qui s'est passé. On branche des projecteurs en quantité. Il paraît que le huitième de la Machine est déjà parti, et que... Qu'y a-t-il ?

Gosseyn éprouvait une angoisse mentale. La Machine s'en allait, et tout ce qu'elle représentait avec elle. Comme les temples et les cathédrales des anciens jours, elle était le produit d'une impulsion créatrice, un désir de perfection qui, quoique vivant encore, ne se reproduirait jamais plus de la même façon. D'un coup, des siècles de souvenirs irremplaçables s'effaçaient. Il lui fallut un effort pour bannir l'idée et l'émotion de sa conscience.

— Pas de temps à perdre, dit-il rapidement. Si le Distorseur est encore dans la Machine, il faut aller le chercher. Immédiatement.

— Il m'est impossible de quitter avant minuit, protesta Lyttle. Nous avons tous reçu l'ordre de rester à nos postes, et chaque hôtel est surveillé.

— Et votre robomobile ? Si vous en avez un ?

— Parqué sur le toit, mais je vous demande — il parlait sérieusement — de ne pas monter le prendre. Je suis sûr que vous serez immédiatement arrêté.

Gosseyn hésita. Il admit qu'il ne se laissait guère manœuvrer ces derniers temps. A la fin, à regret, il accepta sa défaite.

— Vous feriez mieux de retourner à votre travail, dit-il doucement. Nous avons cinq heures à tuer.

Aussi silencieusement qu'il était venu, Lyttle se glissa dehors et disparut.

24

Abandonné à lui-même, Gosseyn commanda un repas. Au moment où il arriva, il organisait sa soirée. Il chercha un numéro de téléphone :

— Donnez-moi la liaison visuelle, dit-il dans le parleur, avec la phono-bibliothèque la plus proche. Le numéro est...

Au robot de service à la bibliothèque, il expliqua ce qu'il cherchait. Dans la minute qui suivit, une image se forma sur l'écran qu'il avait rebranché. Gosseyn s'assit ; il mangeait, regardait, écoutait. Il savait ce qu'il désirait : des idées sur la façon de commencer à exercer son cerveau second. La matière choisie par le bibliothécaire avait-elle ou non un rapport avec ce désir de principe ? Ce n'était pas clair.

Il se contraignait à la patience. Lorsque la voix débuta par un exposé sur les excitations nerveuses positives ou négatives éprouvées par les formes les plus simples de la vie dans les mers, il prêta attentivement l'oreille. Il avait une soirée à passer.

Les phrases lui parvenaient, prenaient leur sens

à mesure qu'il les examinait, puis disparaissaient de sa conscience lorsqu'il les rejetait. Tandis que la voix retraçait le développement du système nerveux sur la Terre, les images de l'écran changeaient, montrant des interconnexions nerveuses de plus en plus complexes pour aboutir aux formes relativement supérieures de l'existence, aux créatures compliquées qui pouvaient tirer une leçon de l'expérience. Un ver se heurtait deux cents fois à un contact électrique avant de s'en écarter ; puis, replacé devant le même test, s'en écartait cette fois au bout de soixante rencontres. Un brochet séparé d'un vairon par un écran à peine visible se tuait presque dans ses efforts pour le franchir et finalement convaincu de l'impossibilité, il n'essayait même plus une fois l'écran retiré ; il continuait à ignorer l'inaccessible vairon. Un cochon devenait fou lorsqu'on le forçait à parvenir à sa nourriture selon un chemin compliqué.

Toutes les expériences étaient montrées. D'abord le ver, puis le brochet se jetant sur l'écran, le cochon gémissant, affolé ; et ensuite, un chat, un chien, un coyote et un singe au cours de diverses expériences.

Toujours rien que Gosseyn puisse utiliser. Pas de suggestion, pas de comparaison qui eût quelque rapport avec ce qu'il voulait faire.

— Maintenant, dit la voix, avant de passer au cerveau humain, il vaut la peine de remarquer que chez tous ces animaux, on peut relever une faiblesse qui se répète en chaque cas. Sans exception, ils établissent une analogie selon une base insuffisante. Le brochet, une fois l'écran enlevé, continue à juger son milieu selon la douleur éprouvée lorsque l'écran est en place. Le coyote est incapable de distinguer l'homme armé d'un fusil de l'homme muni d'un appareil photographique.

« Dans chacun de ces cas, une similitude qui n'existe pas est sous-entendue. L'histoire des âges obscurs de l'esprit humain est celle de sa vague conscience d'être plus qu'un animal, mais c'est une histoire qui se déroule devant une toile de fond d'actions animales, et qui prend ses racines dans un ensemble d'identifications étroites et animales. L'histoire du non-A, au contraire, est celle de la lutte de l'homme pour entraîner son esprit à distinguer entre des objets apparemment semblables mais qui diffèrent dans l'espace-temps. Chose bizarre, les expériences scientifiques de cette période éclairée montrent une tendance progressive à préciser la similitude à la fois dans les méthodes, la mesure des temps et la nature du matériel employé. On a pu naturellement dire que la science tentait de préciser l'approximation des similitudes parce que de cette façon seulement...

Gosseyn, qui écoutait avec impatience, attendant que commençât l'exposé sur le cerveau humain, s'arrêta brusquement.

Qu'est-ce que c'était ? *Qu'est-ce que c'était que ça ?* pensa-t-il.

Il dut se retenir à son fauteuil, se détendre et se souvenir. Et là, il se leva et se mit à arpenter le plancher avec l'excitation brûlante d'une grande découverte. Pousser l'approximation des similitudes. Que cela pouvait-il être d'autre ? Et la méthode pour y parvenir devait obligatoirement passer par l'intermédiaire de la mémoire.

Au sens le plus strict, la mémoire doit reproduire un événement tel qu'il a été enregistré initialement. Or, l'esprit peut seulement répéter ce qu'il a perçu et donc il ne pourra similariser ce qu'il n'a pu retenir du processus naturel. Le principe d'abstraction de la Sémantique générale s'applique ici : l'abstraction des perceptions.

Au départ, il faut donc une plus grande appréhension de ce qui compose l'identité de l'individu, c'est-à-dire en fait la mémoire stockée dans son cerveau, voire ailleurs dans son corps. Plus une personne fait des efforts pour rendre sa mémoire parfaite, plus elle devient individualisée et originale.

... *Que cela pouvait-il être d'autre ?* Rien n'offrait une continuité de développement aussi logique du principe du non-A. Mais à quoi cela servirait-il une fois accompli ?

25

Des centaines de voitures arrêtées, des silhouettes qui s'agitaient, des jets de lumière, un lointain flamboiement, la confusion. Ayant parqué leur voiture à près d'un kilomètre et demi du foyer lumineux, Gosseyn et Lyttle suivirent pendant huit cents mètres un mince ruban de piétons. Ils parvinrent enfin où étaient les autres, debout, aux aguets. C'est là que commençait la difficulté réelle. Même pour un non-A, il était difficile de concevoir une épaisseur de cinq cents mètres de gens comme formée d'individus dont chacun avait une personnalité et une volonté propres.

La foule était tantôt immobile, tantôt traversée de remous. Elle était pleine de velléités dont chacune prenait naissance comme une boule de neige descendant la montagne pour finir par déclencher une avalanche. Il y avait des râles, là où des gens se faisaient aplatir par la pression. Il y avait les cris des infortunés qui perdaient pied et tombaient. La foule était une femme sans âme ; dressée sur ses orteils elle contemplait, l'esprit vide, ceux qui festoyaient sur le symbole détruit de l'unité du monde.

Une multitude de roboplanes ronflaient en l'air, chargés de butin. C'était le moindre mal. Si on n'avait utilisé que ce moyen de transport, le danger se fût trouvé réduit. Mais on employait aussi des camions, des files de camions, feux allumés, menés à toute vitesse, droit sur les rangées de gens qui menaçaient à chaque instant d'envahir la route. Surprise, terrorisée, la foule rentrait le derrière.

Lentement, Gosseyn et Lyttle se frayèrent un chemin sur la route dangereuse de la Machine. Il leur fallait ouvrir l'œil pour surprendre les solutions de continuité dans la file des camions ; ils devaient rester aux aguets pour voir les trous dans la foule et s'y ruer dans l'espoir désespéré de ne pas y arriver trop tard. Malgré le risque, Gosseyn ne fut pas surpris de constater qu'ils progressaient. Selon une curieuse loi psychologique, ceux qui avaient un but se trouvaient protégés de ceux qui n'en avaient pas. La chose importante était de ne pas soulever de réactions d'opposition. Pendant un moment où ils étaient stoppés par une file apparemment ininterrompue de camions déchaînés, Gosseyn hurla :

— Nous sommes ici côté ville. Il ne doit y avoir presque personne sur les pentes de la montagne de l'autre côté. Quand nous partirons, nous irons par-là et nous ferons le tour jusqu'à la voiture.

Ils parvinrent à une barrière d'acier que d'entreprenantes équipes de démolisseurs avaient dressée contre la foule. Dans l'ensemble, c'était une barrière qui atteignait son but, et les individus isolés qui l'escaladaient reculaient en général devant les armes menaçantes des gardiens debout en petits groupes de l'autre côté, tels les soldats défendant légalement des vandales une propriété privée.

Une fois encore, il fallut courir un risque direct.

— Restez contre la route ! hurla Gosseyn. Ils hésiteront à tirer sur les camions.

Au moment où ils s'élancèrent en terrain libre, deux gardiens coururent à eux, criant quelque chose qui se perdit dans le vacarme. Leurs figures grimaçantes accrochaient bizarrement la lumière capricieuse. Leurs armes s'agitaient menaçantes. Ils tombèrent comme des pantins sans vie lorsque Gosseyn les abattit. Il courut derrière Lyttle, surpris. Lui qui avait si souvent refusé de tuer — sans pitié, maintenant. Les gardiens, pensait-il avec une sombre détermination, étaient des symboles de destruction. Ayant assumé un caractère inhumain ils n'étaient que barbares entêtés, qu'il fallait détruire comme des bêtes agressives et oublier ensuite. Il les oublia. Devant lui se dressait ce qui restait de la Machine des jeux.

Pendant des heures, Gosseyn avait basé ses espoirs sur une loi de logique. Loi selon laquelle une machine qu'il avait fallu des années pour construire, ne pouvait être détruite en vingt-quatre heures. La Machine était visiblement plus petite, mais c'était l'œuvre des torpilles. La rangée extérieure des salles d'examen paraissait creusée à même, comme si des pressions fantastiques les avaient fait exploser. Et de toutes parts, des trous de dix, de vingt, de trente mètres de diamètre bâillaient au milieu des murs luisants et déchiquetés. Des trous noirs, dentelés, qui laissaient entrevoir, sous les faisceaux de lumière palpitante, des masses confuses de câbles et d'instruments brillants, la partie extérieure du système nerveux de la Machine morte.

Pour la première fois, Gosseyn, debout devant elle, se représenta la Machine comme un organisme supérieur qui avait vécu et n'était plus. Qu'est-ce que la vie intelligente sinon la sensibilité aux aguets d'un système nerveux doué d'une mémoire ? Dans toute l'histoire humaine du monde jamais n'avait existé un organisme capable d'une mémoire plus grande, possesseur d'une plus vaste expérience et d'une connaissance plus complète de la nature et de l'être humain que la Machine des jeux. Très loin, aux marges de son esprit, Gosseyn entendit Dan Lyttle appeler :

— Venez ! Il ne faut pas perdre de temps !

Gosseyn le reconnut et se remit en marche, mais son corps seul suivait Lyttle vers la réalisation de leur dessein. Son esprit, son regard s'attachaient à la Machine. De près, l'étendue du travail des casseurs était plus apparente. Des sections entières avaient été jetées bas, étaient jetées bas, allaient l'être. Des hommes portant des machines, des plaques de métal et des instruments jaillissaient des couloirs obscurs : leur vue choqua Gosseyn. Encore une fois, il s'arrêta, se rendant compte qu'il assistait à la fin d'un âge.

Lyttle le tira par le bras. Cela galvanisa Gosseyn plus que des mots. Il se rua en avant suivant l'éclat incandescent des phares de camions et d'avions, le flamboiement des projecteurs qui déversaient leur lumière du haut de chaque arête métallique suffisamment forte pour soutenir un appareil d'éclairage atomique.

— Faisons le tour vers l'arrière, cria Gosseyn.

Il montra la voie jusqu'à l'auvent de métal sous lequel avait disparu le camion qui contenait la caisse du Distorseur. Tandis qu'ils avançaient, courant presque, le bruit diminua un peu, et aussi le nombre des avions et des camions.

Sans doute y avait-il encore une activité considérable. Le sifflement des chalumeaux, le bruit sonore du métal qui tombait, le mouvement confus — mais tout cela sur une échelle réduite. Pour cent hommes et cent camions devant il y en avait vingt ici, qui travaillaient aussi dur, avec la même frénésie, visiblement persuadés qu'avant peu, des masses irrésistibles leur disputeraient ces faciles acquisitions. Le bruit diminuait toujours. Gosseyn et Lyttle parvinrent à l'auvent derrière lequel avait disparu le Distorseur et ils virent à peine une douzaine de camions rangés contre une plate-forme de charge. On avait taillé des portes dans la cloison d'une énorme pièce comme un hangar, et des hommes sortaient de l'obscurité vague en portant des valises, des machines, des morceaux de métal, des instruments.

Le hangar était presque vide et la caisse du Distorseur, dressée dans un coin, semblait les attendre. On avait imprimé dessus en lettres noires de quinze centimètres :

INSTITUT DE SEMANTIQUE
SERVICE DES RECHERCHES
KORZYBSKI SQUARE
EN VILLE

Cette adresse déclencha une chaîne de réflexions dans l'esprit de Gosseyn. La Machine était sous le contrôle légal de l'Institut. Comme elle savait pas mal de choses, peut-être que les gens de là-bas en savaient encore plus. Hypothèse à vérifier le plus tôt possible.

Ils se dirigèrent vers l'extérieur, dans le noir. Le bruit s'éteignait derrière eux. Le halo lumineux disparut derrière le sommet d'une haute colline. Ils arrivèrent à la voiture et ils se retrouvaient maintenant dans la cour de la petite maison proprette de Dan Lyttle. Gosseyn avait admis plus ou moins vaguement que Patricia Hardie les attendrait là. Mais elle n'y était pas.

Il éprouva une certaine excitation à déballer le Distorseur, et cette excitation lui fit oublier ce sentiment de vide. Ils posèrent le Distorseur face en l'air, sur le plancher, s'assirent et le regardèrent. Métal étrange, clair, comme de l'acier — destructeur du monde. A cause de cela, des agents d'un conquérant galactique avaient accédé aux plus hauts postes du globe terrestre, longtemps — bien trop longtemps insoupçonnés. La prise du Distorseur apparaissait comme une des étapes finales de la crise de $\bar{A}$.

Libérée, la Machine avait clamé la vérité et

conduit sur Terre la guerre de Vénus. Pour le meilleur et pour le pire, les forces des envahisseurs et les forces de Ā se trouvaient engagées maintenant, ou près de l'être. Assis, Gosseyn ressentait un noir découragement. Logiquement, vu sous tous les angles, le combat était déjà perdu. Il remarqua la fatigue de Lyttle. La tête du jeune homme tombait. Il sentit sur lui le regard de Gosseyn et eut un pâle sourire.

— J'ai été dans un tel état de tension toute la journée d'hier, dit-il, que je n'ai pas fermé l'œil. Je voulais acheter quelques pilules antisoporifiques, mais j'ai oublié.

— Etendez-vous sur le divan et dormez si vous pouvez, dit Gosseyn.

— Et manquer ce que vous allez faire ? Pour rien au monde.

Gosseyn sourit. Il expliqua qu'il avait l'intention de procéder à l'examen du Distorseur dans l'ordre.

— D'abord, je désire localiser la source d'énergie utilisée par les tubes, pour pouvoir ou non la couper. Je vais avoir besoin d'un matériel simple, mais l'examen lui-même va prendre du temps. Dites-moi où vous avez mis les instruments dont vous vous serviez pour vos cours de physique non-A et allez dormir.

Trois minutes après, il était livré à lui-même. Pas pressé. Depuis le début, il s'était démené avec une vitesse affolante sans arriver à grand-chose. Le monde de non-A, qu'il avait pensé un moment pouvoir sauver, s'écroulait, s'était écroulé autour de lui.

Mais qu'attendait-il au juste de cet examen ? Une piste, une clef qui lui permettait de s'en servir. Patricia avait dit que c'était interdit — sans doute par cette faible organisation, la Ligue galactique — mais elle avait ajouté que l'on autorisait l'emploi pour le transport. Ça voulait dire quoi ? Il prit le contrôleur d'énergie de Lyttle et commença à régler les sensibilités, regardant de temps en temps par l'oculaire. Soudain, il vit l'intérieur du Distorseur.

Ce qui rendit simple cette observation initiale, c'est qu'il ne pouvait examiner l'intérieur des tubes. Leurs subtilités éliminées, le problème consistant à rendre organisée la complication intérieure revenait à suivre le câblage. Gosseyn chercha la source d'énergie. Il n'eut pas besoin d'aller loin, car *le contact était mis.* Il avait admis naturellement que la Machine arrêterait l'engin. Il lui fallut dix minutes pour se convaincre de l'apparente absence de tout moyen d'interrompre le contact. Ça marchait et ça paraissait vouloir continuer. La Machine des jeux, sans doute, disposait de sondeurs d'énergie capables de court-circuiter le câblage à travers le métal même et Gilbert Gosseyn, démuni de ces instruments, se trouvait coincé ; ayant virtuellement promis à Dan Lyttle de ne rien faire sans lui, il décida de dormir. Possible que Patricia Hardie soit là quand il se réveillerait.

Mais non. Personne. Il était quatre heures et demie et sauf le Distorseur, il se trouvait seul à la maison. Un billet de Dan Lyttle sur la table de la cuisine l'informa qu'il était parti à son travail et qu'il laissait la voiture à la disposition de Gosseyn. Le billet concluait :

« ... ce que la radio appelle « des éléments meurtriers » commence à saboter la « production pacifique » et ils sont « sans merci », traqués par les « forces de l'ordre ».

« Vous trouverez à manger dans le coin. Je reviens à minuit trente. »

Après avoir mangé, Gosseyn se rendit dans le living-room et contempla le Distorseur, mécontent de l'ensemble des choses. « Me voilà, pensa-t-il, dans une maison où je puis être pincé en cinq minutes. Il y a au moins deux personnes dans la ville qui savent que je suis ici. »

Non qu'il ne se fiât point à Patricia et à Lyttle. D'après ce qui s'était passé, d'après des faits réels, il pouvait conclure qu'ils étaient de son côté. Mais on perdait sa tranquillité à dépendre de nouveau, en quoi que ce soit, des actes de tierces personnes. Aucun rapport avec un manque de confiance; mais supposons que quelque chose cloche. Qu'à la minute même on extirpe de Patricia des renseignements sur lui, sur le Distorseur ?

Impossible de sortir avant la nuit. Il ne restait que le Distorseur. Indécis, il s'agenouilla devant et, sans hésitation, toucha le tube du coin le plus proche. A quoi s'attendait-il exactement ? Il ne savait pas. Mais il était préparé à une surprise. Le tube semblait vaguement tiède sous ses doigts. Gosseyn le caressa un moment, triste, irrité de sa propre prudence. « Si je décide de filer en vitesse, pensa-t-il, j'attrape une demi-douzaine de tubes et je pars avec. »

Il se leva. « Je donne à Patricia jusqu'à ce soir. » Il hésita, se rembrunit. Mieux valait essayer tout de suite de prendre les tubes. Peut-être ne viendraient-ils pas tout seuls.

Assis, il examinait de nouveau le Distorseur au moyen du contrôleur, lorsque le téléphone sonna. C'était Lyttle, sa voix tremblait d'excitation.

— Je vous appelle d'une cabine. Je viens de voir les journaux du soir. On dit que Patricia Hardie a été arrêtée voici une heure et demie pour — écoutez ça, c'est monstrueux — l'assassinat de son père. Monsieur Wentworth (la question de Lyttle était bizarrement timide :), combien faut-il de temps pour faire avouer un non-A ?

— Il n'y a rien de fixe, dit Gosseyn.

Il était glacé ; son esprit, comme une tige d'acier frappée durement, vibrait maintenant en retour. Thorson jouait un jeu implacable. Il retrouva sa voix.

— Ecoutez, dit-il, je suis forcé de vous laisser décider vous-même si vous restez ou non à votre boulot jusqu'à minuit. Si vous connaissez un endroit où vous planquer, allez-y tout de suite. Si vous croyez que vous devez revenir ici, faites-le prudemment. Je ne sais pas si je laisse le Distorseur. Je vais enlever quelques tubes et m'en aller — ne vous inquiétez pas de ça. Surveillez les annonces de L'Hôte et de Sans-Souci dans les journaux. Et merci pour tout, Dan.

Il attendit, mais n'entendant pas de réponse, il raccrocha. Il alla tout droit au Distorseur. Le tube d'angle, comme les autres, saillait environ de trois centimètres. Il le saisit et le tira avec une force grandissante. Ça ne voulait pas venir.

Il inversa son effort et poussa au lieu de tirer. Sans doute y avait-il un verrouillage à libérer. Le tube fit clic ! Un voile aigu soudain lui troubla la vue. Sa stupéfaction restait consciente, et la réponse, la perception de ce qui se passait, se trouvait également claire ; la pièce oscilla, vibra, trembla dans chacune de ses molécules, s'agita comme l'image réfléchie sur l'étang dans lequel on jette une pierre brutale.

Sa tête commençait à lui faire mal. Il tâtonna du bout des doigts, cherchant le tube, mais il y voyait mal. Il ferma les yeux un instant, sans résultat. Le tube brûlait sous ses doigts tandis qu'il tentait de le remettre en place. C'était sans doute un étourdissement, car il chancela et tomba en avant, heurtant le Distorseur. Il éprouvait une étrange sensation de légèreté.

Etonné, il rouvrit les yeux. Il reposait sur le côté dans l'obscurité la plus profonde et ses narines se pénétraient de l'odeur riche du bois en pleine croissance. Un parfum lourd, familier, mais il fallut à Gosseyn un long moment pour faire l'énorme saut mental nécessaire à l'appréciation de la réalité. L'odeur était la même qui l'avait accueilli à son voyage inutile dans le tunnel de l'arbre sous la maison vénusienne de Crang.

Gosseyn se remit sur pattes, faillit choir en trébuchant sur quelque chose de métallique, et se rattrapa à un mur concave, puis à l'autre. Pas de doute. Il était dans un tunnel, au milieu des racines d'un des arbres géants de Vénus.

26

> Néanmoins, l'avidité qui consume l'esprit non critique à l'égard de ce qu'il s'imagine certitude ou finalité le pousse à se délecter d'ombres.
>
> E. T. B.

La montée d'énergie qui, le galvanisant, avait permis à Gosseyn de reconnaître sa situation, décrut. Il s'assit pesamment. A peine était-ce volontaire. Ses mains tremblaient, ses genoux s'affaissaient sous lui.

Il s'était déjà rendu compte qu'il faisait noir. Il en prit conscience avec une intensité accrue. L'obscurité ! Sans ombres, sans merci. Elle pesait sur ses yeux, sur son cerveau. Il sentait ses vêtements contre sa peau, et le contact du sol ligneux. Mais dans une nuit pareille, ç'auraient pu être de vagabondes titillations perçues par une entité désincarnée. Dans cette noirceur totale, la substance, humaine ou non, n'était plus qu'un mot presque dénué de sens. « Je peux, se dit Gosseyn, tenir deux semaines sans manger, trois jours sans eau. »

Il admit qu'il ne se sentait pas désespéré à ce

point, malgré le souvenir des kilomètres de tunnels obscurs. Parce qu'on n'avait certainement pas réglé un tube du Distorseur sur n'importe quel endroit de ce tunnel dans l'arbre vénusien. Il devait être tout près d'un endroit bien défini auquel il accéderait sans peine.

Il allait se mettre debout lorsqu'il se rendit compte pour la première fois de l'immensité de ce qui lui arrivait. Quelques minutes plus tôt il était sur Terre, et maintenant il se retrouvait sur Vénus.

Qu'avait donc dit Prescott ? « Si deux énergies peuvent être accordées à une approximation de similitude poussée jusqu'à la vingtième décimale, la plus grande franchira l'intervalle qui les sépare exactement comme s'il n'y avait pas d'intervalle bien que la jonction s'effectue à des vitesses finies. »

Les vitesses finies en question devaient être pratiquement infinies pour toutes les distances sidérales. Gosseyn commença à se sentir mieux ; le Distorseur avait accordé le système énergétique complexe de son corps à cette petite portion du tunnel de l'arbre, et le « plus grand » avait franchi l'intervalle spatial qui le séparait du « plus petit ».

Gosseyn se leva, et pensa : « En somme, je suis sur Vénus, où je voulais être. » Son moral remonta. Malgré toutes ses erreurs, il était encore vivant, il progressait. Il savait beaucoup de choses et même ce qu'il ne savait pas lui paraissait soudain accessible. Il lui restait à montrer un peu plus de profondeur, à s'abstraire un peu plus de la réalité, à préciser d'une décimale ses observations, et le voile se soulèverait, le mystère serait percé par ses sens.

Les conséquences de cette réflexion étaient assez vastes pour donner lieu à la « pause » d'intégration de son système nerveux. Son calme s'accrut.

Il se rappela le métal sur lequel il avait buté à sa première tentative pour se mettre debout. Malgré l'obscurité, il trouva l'objet en quelques secondes. Le Distorseur, comme il s'y attendait à moitié. Prudemment, ses doigts palpèrent chacun des tubes d'angle l'un après l'autre. Le quatrième était enfoncé, *encore* enfoncé. Gosseyn hésita. Le Distorseur avait été réglé par des gens dotés de buts et de propos définis. Quelques-uns des tubes devaient « interférer » avec la Machine des jeux, mais certains autres pourraient sans doute le transporter en divers points du système solaire, peut-être à des centres clefs d'activité pour la bande, quartiers généraux militaires, base galactique secrète, arsenaux de torpilles atomiques.

Ces possibilités l'émurent. Pas maintenant. Pas le moment de prendre des risques ou de faire des essais. Plus tôt il s'en irait d'ici, mieux cela vaudrait.

Vivement, il ramassa le Distorseur et commença à marcher dans l'ombre.

— Je fais mille pas dans un sens, dit-il, et puis je reviens et j'en fais mille dans l'autre.

Ceci devait l'amener au milieu du gang près de son point d'atterrissage. Ils n'avaient pu le régler pour plus loin.

Comme il contournait un coude abrupt du tunnel, au bout de trois cents pas environ, il aperçut une vague lueur. Il fit encore trois virages. Malgré quoi la lueur, vive maintenant et droit devant lui, ne montrait pas son origine. Mais Gosseyn vit une rambarde se découper contre. Il posa le Distorseur.

Prudemment, il avança. Au dernier moment, il tomba à quatre pattes. Quelques secondes après, il regardait à travers les barreaux de la rampe. Une fosse métallique s'étendait au-dessous de lui. Le métal luisait d'un éclat terne à la lueur de lampes atomiques qui flambaient de place en place le long des énormes murs courbés. La fosse avait trois kilomètres de long, un kilomètre et demi de large et huit cents mètres de profondeur. Et, occupant la moitié du fond, il y avait un transport de l'espace. Un transport comme les Terrestres auraient pu en rêver dans leur délire le plus sauvage. Des ingénieurs, enthousiasmés par leurs semaines de labeur sur les plans de trente mètres de long des transports solaires normaux, de retour à la maison, pouvaient s'amuser à dire à leurs épouses :

— Et maintenant, je vais prendre cinq cents ans de congé et mettre un million de dessinateurs au boulot sur le plan d'un transport interstellaire de trois kilomètres de long.

Celui de la fosse avait tout juste un peu moins. Son arrière en arête se dressait comme un aileron de requin jusqu'à trente mètres du plafond. Il y avait place pour un autre transport de la même taille dans la fosse, auquel cas les quinze cents mètres de large de la fosse devaient être entièrement utilisés.

La distance affaiblissait les détails, mais malgré cela Gosseyn aperçut des silhouettes minuscules qui fourmillaient sur le métal, sous le ventre énorme du vaisseau. Elles paraissaient provenir d'un point situé en dessous du pont, car toutes les deux minutes, des groupes importants de petites silhouettes jaillissaient d'une longue rangée d'édicules qui s'élevaient sur le pont, comme s'il aboutissait là des ascenseurs dégorgeant leur chargement en provenance de niveaux inférieurs. Tels il les voyait, obliquement, ils devaient être au moins à un kilomètre : des petites choses noires qui rampaient sur le métal.

Gosseyn sursauta en constatant que le vaisseau se préparait à partir. Les silhouettes minuscules, au-dessous de lui, pénétraient dans le transport par les escaliers. Il y en avait encore une centaine... une dizaine... puis plus rien. Le bruit vague, le murmure de leurs gestes et de leurs conversations qu'il avait perçu jusqu'alors, se tut ; le silence s'établit sur l'immensité ardente de la fosse. Gosseyn attendit.

Il devait faire complètement nuit au-dehors. Il fallait la nuit pour déplacer de tels engins. Bientôt, le plafond allait s'ouvrir. Au-dessus, ce devait être une prairie, servant à camoufler ce hangar. Elle s'effacerait d'une façon ou de l'autre.

Tandis qu'il regardait, toutes les lumières s'éteignirent. C'était bien ça. Il ne fallait pas qu'une lumière risquât de les trahir. Des détecteurs sensibles devaient sonder le ciel pour s'assurer que ni roboplane ni autre appareil solaire ne passait à ce moment. Mais c'est le transport et non le plafond qui prit vie.

Le vaisseau se mit à luire. Une radiation faible et générale qui dessinait chaque pouce de sa structure ; une vague lumière verte, si faible que le clair de lune terrestre aurait paru le grand jour en comparaison. Cela se mit à clignoter. D'un coup, ça lui fit mal aux yeux.

Gosseyn se rappela que le Distorseur lui avait fait le même effet. Il pensa : « Le transport ! Il est accordé sur une base planétaire ou sur une étoile quelconque ; pas de plafond ouvrant. » Aussi vite qu'elle avait commencé, la tension mentale et visuelle prit fin. Le halo vert, en bas, clignota et s'éteignit.

Le grand transport était parti.

En bas, dans la fosse, quatre des lumières se rallumèrent. Elles luisaient comme des soleils en miniature, mais leurs feux luttaient en vain contre l'obscurité normale de la fosse. Près d'elles, tout était brillamment éclairé. Mais leur éclat jaillissait à mesure que la lumière pénétrait dans l'immensité du hangar. Des centaines de mètres carrés, au milieu, et entre les lumières elles-mêmes, restaient perdus dans l'ombre.

Gosseyn ramassa le Distorseur et se mit à longer le garde-fou qui bordait la fosse. Il ne savait pas au juste ce qu'il cherchait. Sans nul doute, il n'avait aucun désir de descendre là-dedans. Il allait bien trouver quelque part un moyen de sortir de ces racines. Un escalier, un ascenseur, *quelque chose.*

Ce fut un ascenseur. Ou plutôt, une batterie de cages dont deux contenaient la cabine. Gosseyn essaya le loquet de la première. La porte glissa sans bruit. Il entra hardiment et examina les appareils de contrôle. Plus compliqué qu'il ne pensait. Une rangée de tubes, mais pas de levier de contrôle. Gosseyn sentit le sang quitter son visage en comprenant ce que c'était. Un ascenseur-distorseur. Ça ne devait pas se borner à monter et descendre. Ça devait mener à n'importe laquelle des — il les compta — douze destinations.

Il grommela intérieurement et se pencha pour examiner les tubes avec soin, cherchant des repères. A ce moment-là, il constata, soulagé, que chaque tube était disposé de façon à indiquer une direction différente. L'un d'eux était braqué droit en l'air. Gosseyn n'hésita pas. Il allait peut-être retomber immédiatement en captivité, mais c'était un danger à courir. Ses doigts palpèrent le tube et l'enfoncèrent.

Cette fois, il essaya de préciser sa sensation. Mais l'anesthésie qui brouillait ses sens agissait sur son cerveau. Lorsque la vision s'éclaircit, il constata que la scène, au-delà de l'ascenseur, avait changé.

Il était, sans le moindre doute, à l'intérieur d'un arbre, il y avait une « chambre » naturelle non polie. De la lumière giclait d'une ouverture un peu plus haut. C'était très rugueux et très inégal, et plein de coins sombres.

C'est dans un de ces coins que Gosseyn cacha le Distorseur. Puis, prudemment, il grimpa vers l'ouverture. Le couloir montait raide et se rétrécissait régulièrement. A mi-chemin, il se rendit compte qu'il ne pourrait y faire passer le Distorseur. C'était désagréable, mais il décida que ça ne devait pas l'arrêter. Il fallait contacter les Vénusiens. Plus tard, avec leur aide, il pourrait revenir chercher le Distorseur.

Pendant le dernier tiers de son escalade, il dut se servir de ses mains et se cramponner à des rebords de bois sec et mort pour s'aider à grimper. Il émergea sur la basse branche d'un arbre vénusien gigantesque, par un trou à peine deux fois plus grand que lui. C'était un trou irrégulier, d'aspect naturel. Sans doute un des mille trous identiques de cet arbre ; il devrait donc le repérer très soigneusement.

Il avait déjà remarqué que d'un côté s'étendait une vaste prairie — peut-être au-dessus de la fosse. A l'opposé s'étendait la dense forêt vénusienne. Gosseyn choisit des repères, et s'engagea le long de la large branche sur laquelle il avait émergé. A soixante-quinze mètres environ de l'ouverture, elle rejoignait la branche également énorme d'un autre arbre. Il frissonna de plaisir en la voyant. On éprouvait une joie thalamique à grimper aux arbres. Les Vénusiens devaient s'adonner fréquemment à ce sport pour le pur contentement animal que cela donnait. Il resterait en l'air pendant huit kilomètres — à moins que la forêt ne s'arrête avant, et alors...

Il avait fait vingt-cinq mètres à peine le long de la branche quand l'écorce céda sous lui. Il chut sur un plancher. Immédiatement, la longue trappe au-dessus de lui se releva et il se trouva dans l'ombre. Gosseyn prit à peine garde à l'absence de lumière. Parce que, au moment où il tomba sur le sol lisse, ce dernier s'inclina vers le bas, s'inclina fortement, 70, 60, 50 degrés. Gosseyn fit un bond désespéré. Ses doigts raclèrent du bois poli et il retomba dans le vide. Il glissa le long de la pente raide. Pas pendant longtemps, pas plus de dix mètres. Mais les sous-entendus de cette chute étaient sans fond. Pris.

Il n'avait pas l'intention d'abandonner. Au moment même où il glissait, Gosseyn lutta pour se remettre sur ses pieds, lutta pour revenir, pour remonter avant que le plancher ne pût reprendre sa place, hors d'atteinte. Il ne réussit pas. A l'instant même où il se contorsionnait, il entendit le claquement du plancher qui regagnait son état initial au-dessus de lui. Et malgré cela, il continua. Il sauta aussi haut que sa force le lui permettait et ses doigts tendus dans l'ombre ne rencontrèrent que le vide. Cette fois, il se prépara à la chute et se reçut sur ses pieds, en équilibre, sachant que s'il y avait un moyen d'en sortir, il fallait le trouver dans les minutes qui venaient. Malgré cela, un instant, il se contraignit à rester immobile pour faire la pause corthico-thalamique du non-A, pour penser.

Jusqu'ici tout paraissait automatique. La portion de branche s'était affaissée parce qu'il avait mis le pied dessus. Le plancher avait pivoté pour la même raison. Le fait qu'il existât de tels pièges était déprimant. Des avertisseurs devaient sonner. Il fallait sortir avant qu'on ne vienne, ou jamais.

Il s'agenouilla, et fit un examen rapide du plancher. A droite, il sentit un tapis. Il rampa jusque-là et en quelques secondes eut reconnu une commode, une table, un fauteuil de repos et un lit. Une chambre à coucher. Il trouverait bien un commutateur, peut-être une lampe de chevet ou une veilleuse. Sa réflexion s'interrompit là et fit place à l'action. L'interrupteur manuel cliqueta sous les doigts. Ainsi, trois minutes environ après sa première chute, il pouvait examiner sa prison.

Pas mal. Des lits jumeaux, dans une grande alcôve rose corail qui s'ouvrait sur un vaste living-room au moins aussi grand et aussi luxueux que celui de l'appartement de Crang. L'ameublement avait la qualité de brillant du bois précieux superbement patiné. Des toiles au mur ; mais Gosseyn ne prit pas le temps de les regarder, car ses yeux mobiles venaient de repérer une porte fermée. Un son en provint, celui d'une clef dans la serrure.

Gosseyn recula, tira ses armes. Tandis que la porte s'ouvrait, il vit un robot-mitrailleur qui suivait ses mouvements. La voix de Jim Thorson retentit :

— Ça va bien, Gosseyn, laissez tomber votre arsenal qu'on vous fouille.

Rien d'autre à faire. Un moment après, une fois que les soldats furent entrés et l'eurent débarrassé de ses armes, le robot recula. Et Jim Thorson entra.

27

L'ambassadeur de la Ligue atterrit au sommet d'une muraille de métal, sur la planète des fauves. Lentement, il alla jusqu'au parapet du vaste bâtiment, et, mal à l'aise, regarda la jungle, dix kilomètres plus bas.

« Je suppose, pensa-t-il, que je suis censé me joindre à la partie de chasse des... », il s'arrêta, chercha le mot, puis, sarcastique, « des extrovertis qui construisent des rendez-vous de chasse de cette taille. »

Une voix murmura derrière lui :

— Par ici, Votre Excellence. La partie de chasse débutera dans une heure et Enro le Rouge conférera avec vous pendant le trajet.

— Dites à Son Excellence, le ministre des Affaires étrangères du Plus Grand Empire, commença l'ambassadeur très ferme, que je viens d'arriver et que...

Il s'arrêta, sans formuler son refus. Plus qu'à tout autre, il était impossible aux agents de la Ligue de décliner les invitations du seigneur en exercice d'un empire de soixante mille systèmes stellaires, particulièrement quand il s'agissait d'une mission nécessitant un tact considérable. L'ambassadeur conclut donc doucement :

— ... Et que je serai prêt à l'heure dite.

C'était une partie assez sanguinaire. Il y avait des armes adaptées à chaque genre d'animal, portées par des machines silencieuses, une machine par chasseur. Les robots étaient toujours prêts et vous tendaient exactement l'arme qu'il fallait sans jamais se montrer gênants. Les animaux les plus dangereux étaient écartés au moyen d'écrans d'énergie pendant que les chasseurs manœuvraient pour prendre leur position de tir.

Il y eut un animal puissant, long, mince, avec des sabots gris, qui se rendit compte de sa capture après une tentative désespérée. Il s'assit et se mit à pleurer. Enro le Rouge lui-même lui tira une balle dans l'œil. La bête cabriola et retomba, sanglotante, agitée de sursauts ; une minute après, elle était morte. Un peu plus tard, sur le chemin du retour vers cette gigantesque combinaison de rendez-vous de chasse et de ministère des Affaires étrangères de secours, le géant s'approcha de l'ambassadeur de la Ligue.

— Fameux sport, hein ? grogna-t-il. Mais j'ai remarqué que vous ne tiriez guère ?

— C'est ma première chasse, s'excusa l'autre. J'étais fasciné.

Parfaitement exact, en un sens. Fasciné, horrifié, dégoûté, écœuré. Il remarqua que le grand type le regardait d'un air sardonique.

— Vous êtes tous pareils, les gens de la Ligue, dit Enro. Une bande de frouss... (Il s'arrêta et chercha quelque chose de moins dur.) Pacifistes ! dit-il.

— Rappelez-vous, dit froidement l'ambassadeur, que la Ligue a été organisée par les dix-neuf empires galactiques à une époque où ils se détruisaient les uns les autres en des guerres futiles et indécises. La paix, c'est notre marchandise ; et comme toutes les institutions, ça a abouti à créer des hommes qui *pensent* réellement la paix.

— Quelquefois, dit orgueilleusement Enro, je crois que je préfère la guerre, malgré ses destructions.

L'officier de la Ligue ne dit rien. Enro cessa de mâchonner sa lèvre inférieure et dit brièvement :

— Alors, qu'est-ce que vous voulez ?

Diplomatique, l'ambassadeur s'expliqua :

— Nous avons récemment découvert que votre ministère des Transports a fait un peu trop de zèle.

— En quel sens ?

— Le cas auquel je fais allusion est celui d'un système solaire dénommé Sol par ses habitants.

— Ça ne me rappelle rien, dit Enro froidement.

L'ambassadeur s'inclina.

— Il y a sans nul doute un dossier le concernant dans votre ministère, et le problème est très simple. Une base de transit a été établie là-bas par votre ministère des Transports il y a environ cinq cents ans et ceci sans l'autorisation de la Ligue. Sol est un des systèmes découverts postérieurement à la signature des conventions qui règlent l'exploration et l'exploitation des étoiles nouvellement repérées.

— Hum !

Le regard du Rouge se fit encore plus sardonique et l'ambassadeur pensa qu'Enro *savait* de quoi il parlait. Enro dit :

— Et comptez-vous nous donner l'autorisation de conserver une base là-bas ?

— Elle doit être désorganisée et supprimée, dit fermement l'homme de la Ligue, comme le prescrivent les articles de la Charte.

— Ça m'a l'air d'une affaire bien anodine, dit Enro, pensif. Laissez une note à mon secrétaire aux Transports et je verrai à ce qu'on s'en occupe.

— Mais la base sera désorganisée ? dit l'ambassadeur d'un ton décidé.

Enro était glacial :

— Pas nécessairement. Après tout, il y a très longtemps qu'elle y est, et cela peut causer un désordre considérable dans l'organisation des transports si on est obligé de la supprimer. S'il en est ainsi, nous discuterons le problème avec la Ligue et demanderons une confirmation de notre installation là-bas. Des incidents de ce genre se produisent nécessairement dans de vastes organisations stellaires. On doit les régler de façon souple et progressiste.

Ce fut au tour du plus petit d'être sarcastique.

— Je suis sûr que Votre Excellence serait la première à protester si un autre empire que le sien ajoutait par hasard un système stellaire à son domaine. L'attitude de la Ligue est parfaitement définie : c'est à l'auteur de l'erreur de la rectifier.

Enro fronçait le sourcil :

— Nous traiterons l'affaire devant la prochaine assemblée de la Ligue.

— Mais c'est dans un an.

Enro parut ne pas entendre.

— J'ai l'impression que je me souviens maintenant de ce système. Des habitants extrêmement sanguinaires, si ma mémoire ne me fait pas défaut. En ce moment même, je crois que le désordre y règne, ou une guerre quelconque.

Il sourit méchamment :

— Nous demanderons l'autorisation de rétablir l'ordre. Je suis persuadé que les délégués de la Ligue ne s'y opposeront pas.

28

Sombre, Gosseyn regarda son ennemi entrer dans la chambre. Ce devait donc être Thorson, et non Crang. Même Prescott aurait mieux valu, mais c'était Thorson. Ce géant dominateur aux yeux gris vert, à la figure lourde et puissante, au nez en bec d'aigle conquérant ; ses lèvres souriaient à peine, ses narines se dilataient et se contractaient de façon visible au rythme de sa respiration. Sa tête s'inclina légèrement sur la droite pour indiquer un fauteuil à Gosseyn. Lui-même ne s'assit pas. Il dit d'un air d'intérêt :

— Pas blessé par la chute ?

Gosseyn élimina la question d'un haussement d'épaules :

— Non.

— Parfait.

Puis le silence. Gosseyn eut le temps de se ressaisir. L'amertume de se sentir pris commença à se dissiper. On n'y pouvait rien. Un homme en terrain ennemi était à son désavantage, et en danger permanent. Même en sachant avec certitude qu'il y aurait des pièges, il ne pouvait qu'avancer comme il l'avait fait.

Il envisagea la situation et repensa à ses rapports avec Thorson ; pas aussi violents qu'ils auraient pu l'être. L'homme s'était montré plusieurs fois plutôt favorable. Il avait évité de le tuer et s'était même laissé persuader de le mettre en liberté ; *ceci* ne risquait sans doute guère de se renouveler, mais le danger venant de Thorson, aussi longtemps qu'il aurait une langue pour parler, ne serait jamais précis ni invariable. Il attendit.

Thorson se gratta le menton.

— Gosseyn, dit-il, l'attaque de Vénus est entrée dans une phase curieuse. Dans des conditions normales, on pourrait même dire qu'elle a échoué... Ah ! je savais que ça vous intéresserait. Mais cet échec sera-t-il réel ou non, ceci dépend entièrement de votre réceptivité à l'égard d'une petite idée à moi.

— Echoué ! dit Gosseyn en écho.

A ce moment-là, il s'était arrêté d'écouter. Il pensa : « J'ai mal entendu. » Et lentement, la signification des mots s'imposa à son esprit ; malgré tout, il ne parvenait pas à le croire. Cent fois il avait tenté de se représenter l'invasion de Vénus. La planète aux arbres colossaux, au climat perpétuellement merveilleux, attaquée partout à la fois. Des hommes tombant des nuages en nombre tel que le ciel brumeux des grandes villes qu'il n'avait jamais vues lui-même devait s'obscurcir pendant leur chute. Des millions d'hommes désarmés surpris par des soldats aguerris équipés de toutes les armes imaginables en quantités illimitées. Il paraissait impossible de croire qu'un tel assaut ait pu déjà échouer.

Thorson dit lentement :

— Nul autre que moi ne se rend compte de l'échec pour l'instant, sauf peut-être... (Il hésita :) Crang.

Il fronça le sourcil un instant comme s'il avait une idée secrète.

— Gosseyn, si vous aviez préparé la défense de Vénus, quelles précautions auriez-vous prises contre une force assaillante disposant théoriquement de plus d'armes que vous d'hommes ?

Gosseyn hésita. Il lui était venu quelques idées sur la défense de Vénus, mais il n'avait pas l'intention de les dire à Thorson.

— Je n'en ai pas la moindre idée, dit-il.

— Qu'auriez-vous fait si vous aviez été dans le secteur de l'attaque ?

— Eh bien... je me serais dirigé vers la forêt la plus proche.

— Et si vous étiez marié ? Qu'auriez-vous fait de votre femme et de vos enfants ?

— Ils seraient venus avec moi, naturellement.

Il commençait à entrevoir la vérité, et cette vision était surprenante.

Thorson jura. Il abattit son poing droit sur sa paume gauche.

— Mais à quoi ça rime ? dit-il furieux. Personne ne mêle les femmes et les enfants à ces choses-là. Nos hommes avaient ordre de traiter la population avec respect et considération sauf en cas de résistance.

Gosseyn hocha la tête mais il ne pouvait pas

parler. Il avait des larmes dans les yeux, des larmes d'excitation et aussi la conscience soudaine des lourdes pertes déjà subies sans doute. Il dit, mal à l'aise :

— Le problème pour eux, ce sont les armes. Comment ont-ils fait ?

Thorson gémit en arpentant le plancher.

— C'est fantastique, dit-il.

Il haussa les épaules, alla jusqu'à un appareil mural, manœuvra un cadran et revint.

— Autant que vous voyiez ça en détail avant que nous allions plus loin.

Il se tut et la chambre s'obscurcit. Un rectangle de lumière éclaira le mur. La lumière se modifia, prit des reliefs ; l'image formée avait une réalité croissante. Gosseyn eut l'impression de regarder par une fenêtre une scène bruyante et confuse, en plein jour. La fenêtre, avec eux, s'avança, tourna et montra d'un côté des arbres élevés et sur le sol, plus bas, des hommes endormis. Des milliers d'hommes. Ils portaient des uniformes verts de tissu très léger. C'était bizarre, tous ces hommes qui dormaient en plein jour. Ils remuaient, grouillaient dans leur sommeil et à chaque moment, il y en avait qui s'asseyaient, se frottaient les yeux, et retombaient pour se rendormir.

Des sentinelles marchaient le long des rangs innombrables d'hommes endormis. Des machines flottaient dans l'air au-dessus d'elles, tournant et pivotant, pointant leurs armes tantôt ici, tantôt là, l'air aussi mal à l'aise que les hommes.

Deux des sentinelles s'approchèrent et disparurent dans la « fenêtre » à travers laquelle regardaient Gosseyn et Thorson. L'un adressa la parole à l'autre dans un langage que Gosseyn n'avait jamais entendu jusqu'ici. Il s'était rendu compte qu'il s'agissait de soldats galactiques, mais le son de cette langue inconnue le meurtrit, le glaça. La voix de Thorson s'éleva doucement près de son oreille.

— Ils sont d'Altaïr. Nous n'avons pas pris la peine de leur apprendre le langage local.

Langage local ! Gosseyn encaissa en silence. Les images qui se formaient dans son esprit chaque fois qu'il se représentait un empire galactique et ses myriades d'habitants se déroulaient sur un plan non verbal.

Il commençait à se demander pourquoi Thorson lui montrait ces scènes étranges lorsqu'il prit conscience du mouvement d'un, puis d'un autre des arbres gigantesques. De minuscules silhouettes humaines — minuscules par rapport à ce décor — sortaient en masse des tunnels et des trous, des crevasses et des entailles énormes de l'écorce. Gosseyn regardait intensément ; elles atteignirent le sol et s'élancèrent en criant. C'était un spectacle étrange ; ils sautaient des basses branches comme des singes ; ils étaient munis de courtes matraques. Ils formèrent d'abord un mince filet, puis un ruisseau, puis un fleuve, une marée enfin, et il y en avait partout des hommes en légers shorts bruns et en sandales marron, armés de matraques. La forêt grouillait comme une fourmilière ; mais c'étaient des fourmis humaines qui criaient comme des enragés.

Les machines s'éveillèrent les premières. De longues rangées de soufflants flottant dans l'air crachèrent leur feu grésillant sur les attaquants. Des armes à pointage automatique ajoutèrent leur tonnerre au vacarme régnant. Il y avait des hurlements, des hommes tombaient par centaines. Maintenant, le camp s'éveillait. Des soldats juraient, sautaient sur leurs pieds et saisissaient leurs armes manuelles. Des hommes les assaillaient en balançant leurs matraques ; les minutes passaient et de plus en plus il y avait de ces hommes. Au-dessus de la mêlée, les armes-automates hésitaient, plus très sûres de leurs cibles. Comme le grésillement des soufflants et le tonnerre des explosions diminuaient, le vacarme des jurons, des grognements, des halètements, devint plus discernable.

C'est la maladresse du combat, cette maladresse tâtonnante qui éclaira soudain Gosseyn.

— Bon Dieu, dit-il, est-ce que tout ça se passe dans le noir ?

Question de pure forme, il percevait maintenant la différence entre cette lumière-là et la vraie lumière du jour. C'était une scène nocturne prise par des cameradars. Derrière lui, Thorson dit d'une voix épaisse :

— Voilà où échouent toutes les armes. Dans le noir chaque homme a un appareil pour voir la nuit mais il faut de l'énergie pour tout cela, et il faut le diriger au bon endroit.

Il gémit avec rage.

— C'est à vous rendre fou, de voir ces crétins

stupides se comporter comme tous les soldats stupides du monde.

Il protesta encore un moment et s'arrêta. Le silence se fit derrière Gosseyn. Puis Thorson reprit d'une voix beaucoup plus calme :

— Je ne sais pas pourquoi je m'énerve, dit-il. Cette attaque a eu lieu la première nuit, et elle s'est produite dans chaque camp organisé par nos soldats. Ce fut dévastateur, car personne ne s'attendait à voir des hordes sans armes attaquer une des armées les mieux équipées de la Galaxie.

Gosseyn entendit à peine. Il suivait le combat totalement fasciné. Les assaillants étaient maintenant des milliers. Leurs morts s'entassaient parfois sur trois rangs d'épaisseur sous chaque arbre. Mais ils n'étaient pas seuls. Çà et là, dans le camp écrasé, des soldats galactiques luttaient encore. Des soufflants, jaillissait parfois un éclair meurtrier ; mais maintenant, les trois quarts du temps, ils étaient maniés par des Vénusiens $\bar{A}$.

Dix minutes après, le résultat ne faisait aucun doute. Une armée d'hommes décidés, munis de matraques, avait pris un camp militaire moderne avec tout son matériel.

29

Tandis que les Vénusiens victorieux commençaient à creuser des tombes pour les morts, Thorson alla débrancher le vidéo. La lumière revint dans l'appartement. Il regarda posément sa montre.

— J'ai moins d'une heure avant le retour de Crang, dit-il.

Il resta debout un moment, puis désigna d'un geste le mur blanc où la scène télévisée se déroulait avec tant d'intensité peu auparavant.

— Naturellement, dit-il, nous nous sommes hâtés de nous renforcer et ils n'ont pas essayé d'attaquer les villes. Mais ce n'était pas là leur but. Ils voulaient des armes, et ils les ont. Nous sommes au quatrième jour de l'invasion. A la date de ce matin, plus de douze cents de nos transports ont été pris, mille autres détruits, des armes sans nombre sont entre leurs mains et se retournent contre nous, et nous avons perdu quelque deux millions d'hommes. Pour arriver à cela, les Vénusiens ont perdu dix millions d'hommes : cinq millions de morts et cinq millions de blessés.

Mais, à mon avis, leur plus mauvais moment est passé... (Il était lugubre) et le nôtre commence seulement.

Il s'arrêta au milieu de la pièce. Ses yeux étaient solennels. Il mordait sauvagement sa lèvre inférieure. Il dit enfin, très sombre :

— Gosseyn, c'est inouï. Jamais chose pareille n'est arrivée dans l'histoire de la Galaxie. Les peuples ou les nations conquis, même lorsqu'il s'agit de groupes entiers de planètes, restent chez eux et la masse se soumet toujours. Ils détesteront peut-être les envahisseurs pendant quelques générations, mais si la propagande est bien menée, ils sont vite très fiers d'appartenir à un grand empire.

Il haussa les épaules et murmura, à moitié pour soi :

— C'est de la simple routine.

Gosseyn réfléchissait. Dix millions de pertes en quatre jours pour les Vénusiens. Le chiffre était si énorme qu'il ferma les yeux. Puis, lentement, durement, il les rouvrit. Il se sentait très triste, et très fier. La philosophie de $\bar{A}$ se trouvait justifiée, prouvée, honorée par les morts. Comme un seul homme, Vénus avait compris la situation, et sans discussion, sans préparation, sans avertissement, avait fait le nécessaire. C'était une victoire spirituelle qui laisserait son empreinte sur chaque homme sensé dans l'univers. Là-bas, sur les planètes d'autres étoiles, il devait exister beaucoup d'hommes de bonne volonté.

Gosseyn fit une estimation machinale du nombre d'hommes honnêtes que cela faisait.

Les chiffres le troublèrent, altérèrent le cours de sa pensée. Il regarda Thorson, les yeux étrécis.

— Un instant, dit-il lentement. Qu'est-ce que vous essayez de me raconter ? Comment un empire galactique qui a plus de soldats que le système solaire ne comporte d'habitants peut-il être vaincu en quatre jours ? Qu'est-ce qui les empêche d'acheminer ici des armées en nombre pratiquement illimité et au besoin d'exterminer jusqu'au dernier non-A de Vénus ?

L'expression de Thorson était railleuse.

— C'est ça dont je parlais voici un instant, dit-il.

Sans quitter des yeux Gosseyn, le grand type approcha une chaise et s'y assit à califourchon, appuyant ses coudes sur le dossier. Il parlait avec une intensité qui ne laissait pas de doute sur l'importance de ce qu'il allait dire.

— Mon cher, voyez un peu de quoi il s'agit. Le Plus Grand Empire — ceci, en passant, est une traduction littérale du terme original — est membre de la Ligue galactique. Les autres membres réunis sont trois fois plus nombreux que nous, mais nous représentons la plus grande puissance unitaire qui ait jamais existé dans le temps et dans l'espace. N'importe, en raison de nos obligations à l'égard de la Ligue, nous ne pouvons agir que sous certaines limites. Nous avons signé des conventions qui *interdisent* l'emploi d'un Distorseur comme nous l'avons employé contre la Machine. Les conventions interdisent l'emploi de l'énergie atomique, sauf comme source motrice et dans quelques applications définies. Nous avons détruit la Machine avec des torpilles atomiques. Des petites c'est vrai, mais atomiques quand même. Dans le langage de la Ligue, le plus grand crime de tous est le génocide ; si vous tuez cinq pour cent de la population, c'est une guerre. Si vous en tuez dix pour cent, c'est un massacre, et vous êtes passible de dommages-intérêts si on peut le prouver devant la Ligue. Si vous en tuez vingt pour cent, ou vingt millions en tout, qui est le nombre maximum possible, *c'est* le génocide. Si on peut le prouver le gouvernement ou la puissance compromise est déclaré hors la loi et tous les responsables doivent être jugés et exécutés si la preuve est faite. L'état de guerre existe automatiquement jusqu'à ce que les conditions aient été remplies.

Thorson s'interrompit, il souriait sans gaieté. Nerveux, il se releva et se mit à arpenter le plancher. Il s'arrêta enfin.

— Peut-être commencez-vous à vous rendre compte du problème que les Vénusiens ont créé pour nous ici. Encore une semaine comme cela et si nous continuons à nous battre nous serons passibles de pénalisations très graves avec la seule échappatoire de porter la guerre à l'échelle de l'univers.

Son sourire se fit plus dur.

— Naturellement, dit-il, nous continuerons cette guerre jusqu'à ce que *je* voie clair dans cette situation. Et c'est là, mon cher, que vous entrez en scène.

Le problème de Gosseyn réapparut à la surface avec cette rapidité.

Gosseyn se cala profondément dans son fauteuil. Il était troublé, mais affecté par une émotion qui l'empêchait de penser. Son corps souffrait de haine et de colère à l'endroit de l'Empire galactique qui jouait le jeu de la politique avec des vies humaines. Il se sentait consumé par le besoin de se dévouer, de partager le grand sacrifice d'offrir sa vie aussi librement que les autres avaient offert la leur. Le désir de ne faire qu'un avec le peuple de Vénus éclipsait presque tout le reste.

Presque consciemment, corticalement, il s'écarta de cette tentation de mort. Ce qui était juste pour eux ne l'était pas nécessairement pour lui. C'était l'essence même du A que deux situations ne soient jamais les mêmes. Il était Gilbert Gosseyn, possesseur du seul cerveau second de l'univers. Son but devait être de rester vivant et d'entraîner son cerveau spécial.

Et c'est là ce qui le troublait. Théoriquement aucune chance pour un prisonnier d'accomplir le moindre de ses desseins personnels. Mais la franchise même de Thorson paraissait lui laisser un espoir.

Quel que fût celui-ci, il fallait l'accepter et tâcher de le tourner à son avantage.

Il vit que Thorson le regardait toujours, une expression sombre sur le visage. Le géant dit lentement :

— Ce que je ne comprends pas, Gosseyn, c'est de quelle façon *vous* vous insérez là-dedans.

Il paraissait troublé.

— On vous a presque littéralement poussé en

scène à la veille de l'attaque. Ostensiblement, votre apparition était destinée à stopper l'invasion. Je reconnais que vous nous avez retardés, mais pas très longtemps. En fin de compte, vous paraissez n'avoir servi aucun propos défini. L'attaque a été repoussée non pas grâce à ce que vous avez fait, mais à cause de la philosophie de la race.

Il s'arrêta. Sa tête s'inclina fortement sur la droite, hésitation inconsciente mais expressive. Il semblait absorbé par un problème immédiat. Lorsqu'il reprit la parole, ce fut d'une voix rauque.

— Et pourtant et pourtant, il doit y avoir un rapport. Gosseyn, comment expliquez-vous la coexistence de cet unique non-A et de cet unique vous-même dans un univers ordinaire par ailleurs ? Attendez ! ne dites rien. Laissez-moi vous exposer mon idée de la chose. D'abord, nous vous tuons, non que nous le désirions spécialement, mais parce que ça paraissait plus commode de vous tuer au moment de votre fuite que de nous encombrer de vous. C'était idiot. Le fait même de raisonner de cette façon prouvait l'étroitesse de notre base de raisonnement.

« Lorsque Prescott a rendu compte de votre réapparition sur Vénus, j'ai d'abord refusé de le croire. J'ai donné à Crang l'ordre de vous retrouver, et après, comme je désirais votre coopération, j'ai fait jouer à Prescott le petit jeu du complice dans votre évasion. Cela a fourni une occasion de se débarrasser de Lavoisseur et de Hardie, et grâce au Dr Kair, nous avons trouvé quelque chose en ce qui concerne votre cerveau. Vous nous pardonnerez nos méthodes mais nous étions un peu troublés de vous voir réapparaître dans un second corps.

« L'immortalité ! » Il se penchait en avant, les yeux légèrement écarquillés, comme s'il revivait une émotion qui avait ébranlé les fondements de son être. Il paraissait ne pas se rendre compte qu'il avait dévoilé le nom réel de X, Lavoisseur. Gosseyn se souvint avoir entendu ce nom quelque part, mais la connexion restait vague. Thorson continua.

— Quelqu'un a découvert le secret de l'immortalité de l'homme. Une immortalité à l'épreuve des accidents. C'est-à-dire... (Il s'interrompait avec mépris :) sauf de ces accidents qui peuvent arriver aux corps sur Terre, où des tiers armés ont accès partout.

Thorson s'arrêta et regarda Gosseyn avec acuité.

— Vous serez intéressé d'apprendre où nous avons trouvé le corps de Gosseyn III. Franchement, j'ai toujours un peu soupçonné Lavoisseur. Cet accident dont il avait souffert ne me paraissait pas suffisant pour le voir abandonner son travail de toujours et se liguer aux ennemis du non-A. Aussi, j'ai fait une visite à l'Institut de sémantique sur Korzybski Square, et...

Il s'arrêta de nouveau, laissant cette fois Gosseyn haletant. Et ce dernier dit :

— Il était *là ?*

Il n'attendit pas la réponse. Son esprit, au-delà des mots, avait bondi vers une compréhension nouvelle.

— Lavoisseur ! dit-il. Je n'avais pas saisi le nom. Vous dites que X était Lavoisseur, le directeur de l'Institut de sémantique ?

— On a parlé de son accident lorsqu'il est arrivé voici deux ans, dit Thorson. Très peu de gens en savaient la gravité. Mais ça n'a plus d'importance. Ce qui compte c'est votre troisième corps. Les savants responsables ont juré qu'il avait été amené seulement une semaine plus tôt et qu'ils étaient censés le tenir à la disposition de la Machine des jeux. Ils ont dit qu'ils avaient appelé la Machine pour vérification régulière. Et qu'elle avait confirmé que dans la semaine elle enverrait un camion le prendre. Mais quand je l'ai trouvé, il était encore dans sa caisse. Je n'avais pas l'intention de détruire le corps, mais quand mes hommes ont essayé de le sortir de... de son container, cette saloperie de machin a sauté.

Il attira de nouveau la chaise vers lui et s'assit lourdement. Il paraissait agir sans s'en rendre compte, car son regard ne quitta pas le visage de Gosseyn. Il dit d'une voix sonore :

— Voilà le tableau, mon cher. Je vous garantis qu'il y *avait* un Gosseyn III. Je l'ai vu de mes propres yeux et il était identique à vous-même et à Gosseyn Ier. C'est de voir ce troisième corps qui m'a décidé à courir le plus grand risque personnel de ma carrière.

L'affirmation parut le soulager, comme si traduire en mots sa décision la rendait définitive. Thorson se souleva sur son fauteuil et se pencha de plus près, confidentiel.

— Gosseyn, je ne sais pas exactement à quel

point vous êtes renseigné. J'ai admis que vous en saviez long.

Il ajouta ironiquement :

— Je ne suis pas resté aveugle devant la facilité avec laquelle chacun vous donnait des renseignements pour ses raisons personnelles. Cependant, ils ne comptent pas.

Il agita la main d'un geste qui éliminait les autres définitivement.

— Gosseyn, ce que je vous ai dit, voici un moment, des règles de la Ligue est vrai. Mais comme vous l'avez sans doute deviné, ça ne compte pas.

Il s'arrêta pourtant de l'air d'un homme qui va dévoiler un secret.

— *Ces traités ont été délibérément rompus.*

Il se campa solidement sur le sol et dit, sinistre :

— Enro en a assez des rêveries de la Ligue. Il veut la guerre à l'échelle de l'univers, et il m'a spécifiquement donné l'ordre d'exterminer le peuple non-A de Vénus à titre de provocation délibérée.

Il conclut tranquillement :

— A cause de vous, j'ai décidé de ne pas exécuter ces ordres.

Gosseyn sentait cela venir. Dès ses premiers mots, le géant s'était attaché au mystère de Gilbert Gosseyn. Son propre problème, ses devoirs propres avaient été exposés en passant et en manière d'éclaircissements et d'explications. Et la chose suffocante, la chose incroyable, c'est qu'inconsciemment Thorson avait enfin donné la raison de l'apparition d'un tel nombre de Gosseyn au milieu de cet immense réseau d'événements. Le chef d'une machine de guerre irrésistible, en route pour une destruction sans limites, avait été détourné de son propos. Avec les yeux de l'esprit, il voyait au-delà des réalités normales de la vie, et cette vision d'immortalité l'aveuglait sur tous les autres points. Il restait des fils à démêler, des zones troubles dans le tableau — mais c'est pour détourner cet homme de son but que Gosseyn avait été ramené à la vie. Pas de doute non plus sur le point où le raisonnement de Thorson allait entraîner son auteur.

— Gosseyn, il nous faut découvrir ce joueur d'échecs cosmique. Oui, j'ai dit « nous » ; que vous vous en rendiez compte ou non, vous êtes dans le coup. Les motifs sont de poids, tant personnels que généraux. Il ne peut vous avoir échappé que vous n'êtes qu'un pion, une version incomplète de l'original. Peu importe le développement que vous atteindrez, vous ne saurez jamais qui vous êtes et quel est le but réel de celui qui est derrière vous. Et vous devez aussi, Gosseyn, vous rendre compte qu'il n'a été que temporairement démonté. Où qu'il se procure ces corps de rechange, vous pouvez être certain qu'il n'a besoin de vous que pendant un laps de temps assez bref, le temps de mettre les autres en fabrication. Ça paraît inhumain, je sais, mais ne vous faites pas d'illusions. Quoi que vous fassiez maintenant, quels que soient vos succès, dans très peu de temps vous serez bon pour la poubelle. Et étant donné l'accident survenu à Gosseyn III, il est possible que les souvenirs de I et de II soient perdus.

La figure du géant était un modèle de calcul, dans l'attente contractée d'une action prête à être entreprise. Il dit d'une voix sèche :

— Naturellement, je paierai votre assistance à son prix. Je ne détruirai pas le non-A. Je n'emploierai pas l'énergie atomique. Je romprai avec Enro, ou, au moins, le tiendrai dans l'ignorance aussi longtemps que possible. Je mènerai ici une guerre d'entretien et réduirai le massacre. Je suis préparé à donner tout ça en échange de votre collaboration volontaire. Si nous sommes obligés de forcer votre concours, je ne suis plus lié. La seule question qui subsiste, en somme... (Les yeux gris vert étaient des plaques brûlantes :) c'est la suivante : nous aiderez-vous volontairement ou non ? De toute façon, vous nous aiderez !

Parce qu'il s'était rendu compte de ce qui se préparait, Gosseyn avait eu le temps de se décider, de penser à quelques-unes des conséquences. Il dit sans hésitation :

— Volontairement, bien sûr, mais j'espère que vous saisissez que la première étape *doit* être d'entraîner mon cerveau second. Etes-vous préparé à pousser votre raisonnement jusqu'à cette limite ?

Thorson était debout. Il alla à Gosseyn et lui tapota l'épaule :

— Je vous devance toujours, dit-il d'une voix sonore. Ecoutez, nous avons installé un système de transports entre la Terre et cet endroit. Crang doit arriver d'un instant à l'autre avec le Dr Kair.

Prescott ne sera pas ici avant demain, parce qu'il doit être nommé responsable en ce qui concerne Vénus ; aussi pour le bien de nos supporters terrestres, il a été forcé de prendre le transport. Mais...

On frappa à la porte. Elle s'ouvrit : le Dr Kair entra, suivi de Crang. Thorson leur fit un signe et Gosseyn, debout, serra silencieusement les mains du psychiatre. Il entendait Thorson et Crang parler à voix basse. Puis le géant se dirigea vers la porte.

— Je vous laisse tous les trois régler les détails à votre idée. Crang m'informe qu'une révolution d'importance vient de se développer sur la Terre et je dois regagner le palais pour diriger la bataille.

La porte se referma derrière lui.

30

> Aux jours primitifs de l'art on donnait un soin jaloux aux détails qu'on ne peut voir, car les dieux ont l'œil partout.
>
> W. W. L.

— Cela sera, dit le Dr Kair, une bataille d'intelligences. Et je mise sur le cerveau second.

Cela faisait plus d'une heure qu'ils discutaient. Crang se bornait à formuler des remarques occasionnelles. Gosseyn, du coin de l'œil, troublé et incertain, guettait l'homme aux yeux noisette. Selon Kair, c'est Crang qui l'avait trouvé et arrêté. L'homme, naturellement, devait jouer le rôle d'un agent de Thorson, mais il le jouait de la façon la plus dure. Gosseyn décida de ne rien lui demander de Patricia Hardie. Pas encore, tout au moins. Il vit Kair se lever.

— Pas la peine de perdre du temps, dit le psychiatre. Il paraît que les techniciens galactiques ont préparé pour vous une salle spéciale. L'entraînement ne sera pas difficile avec tout le matériel qu'ils ont ici.

Il secoua la tête, s'étonnant.

— Ça me paraît encore incroyable d'admettre qu'ils ont plusieurs kilomètres carrés de constructions souterraines ici avec la seule maison de Crang pour couverture. Mais pour revenir à ce que je disais...

Il se rembrunit, pensif.

— Le point essentiel, si nous ne nous trompons pas, c'est que votre cerveau est un Distorseur *organique*, avec tout ce que cela implique. Avec l'aide du Distorseur mécanique, vous devez être capable de similariser deux petits morceaux de bois en trois ou quatre jours ; ça sera la première chose.

Mais il ne fallut que deux jours.

Plus tard, seul dans la pièce obscure où le test s'était déroulé, Gosseyn, assis, contempla les morceaux de bois. Ils avaient été distants de trois centimètres. Sans qu'il constate un mouvement, maintenant, ils se touchaient. Le rayon unique de lumière qui les éclairait repérait sans erreur possible leur changement de position. D'une manière quelconque, bien qu'il n'ait rien senti, des ondes cérébrales émanées de son cerveau second avaient déplacé la matière.

La domination de l'esprit sur la matière — rêve éternel de l'homme. Non qu'il l'ait fait sans aide, il avait exercé tous ses efforts pour identifier les deux blocs de bois. Et ils devaient avoir à peine, à peine changé. La chaleur de son corps dans la pièce fermée avait agi ; le rayon lumineux et l'atmosphère obscure, malgré les tubes à absorption qui garnissaient les murs, en dépit des thermostats électriques les plus délicats, devaient également exercer une influence distincte sur chacun des blocs. Sans doute, en l'absence du Distorseur, il n'aurait pas réussi ce premier essai. L'appareil avait accordé les deux morceaux de bois à une approximation de similitude de dix-neuf décimales : il apaisait le mouvement moléculaire de l'air, similarisait partiellement la table qui supportait les blocs, le fauteuil de Gosseyn, Gosseyn lui-même. Mais l'impulsion finale était venue de lui. *C'était* le commencement.

Gosseyn sortit de la pièce d'entraînement et Thorson revint de la Terre pour contrôler les tests avec Kair. Les photographies montraient des milliers de petites lignes d'influx qui se dirigeaient vers le cerveau second.

On poursuivit les expériences, et c'est un Gosseyn épuisé qui regagna finalement son appartement. Comme il se dirigeait vers l'ascenseur, il remarqua qu'en outre de ses habituels gardiens, une petite sphère de métal hérissée de tubes électroniques flottait en l'air derrière lui. Prescott, qui commandait les gardiens, saisit son regard.

— Elle contient un vibrateur, expliqua-t-il froidement. Crang a rapporté l'affirmation de Kair selon laquelle ce serait une bataille d'intelligences, et nous ne voulons pas prendre de risques. Cela a pour effet de produire des changements infimes dans la structure atomique des murs, des plafonds, des planchers, du sol — de tous les endroits où vous aurez été. Elle vous suivra jusqu'à la porte de votre appartement.

La voix se fit plus forte.

— C'est une précaution pour le moment où

vous serez capable de vous transporter de votre appartement à n'importe quel endroit dont vous aurez préalablement « mémorisé » la structure.

Gosseyn ne répondit pas. Jamais il n'avait tenté de dissimuler son antipathie pour Prescott et il se borna à le regarder fixement. L'homme haussa les épaules, mais il y avait une note significative dans sa voix tandis qu'il regardait sa montre et disait avec un sourire de travers :

— Il est dans nos intentions, Gosseyn, de vous lier par tous les moyens dont nous disposons. A cet effet, nous vous avons préparé une petite surprise.

Quelques minutes plus tard, Gosseyn se demandait toujours de quelle surprise il s'agissait en allumant dans le living-room. Il mit son pyjama et se dirigea vers l'alcôve sombre où reposaient les lits. Un mouvement sur un des oreillers l'arrêta. Deux yeux endormis le regardèrent. Malgré le clair-obscur, Gosseyn reconnut immédiatement ce visage. La jeune fille s'assit avec une grâce indolente, et bâilla.

— On se balade pas mal, tous les deux, hein ? dit Patricia Hardie.

31

Gosseyn se laissa tomber brusquement sur l'autre lit. Son soulagement était considérable, mais lorsque son excitation tomba, il se rappela ce que Prescott avait dit. Il dit lentement :

— Je suppose que si j'essaie de m'échapper, on vous tuera.

Elle approuva, plus sérieusement.

— Quelque chose comme ça.

Elle ajouta :

— C'est une idée de M. Crang.

Gosseyn s'étendit sur son lit et regarda silencieusement le plafond. Encore Crang. Ses soupçons à l'égard de l'homme commencèrent à se dissiper. Il se demanda si Thorson avait voulu tuer Patricia et si ceci correspondait à un compromis suggéré par Crang pour sauver la vie de la jeune fille sans se découvrir lui-même. Il voyait presque la scène : Crang expliquant à Thorson que Gilbert Gosseyn s'était, un temps, cru marié à Patricia Hardie ; quelque résidu émotionnel pouvait subsister en lui. Ce serait un lien de plus pour l'obliger à se tenir aux conventions. Ainsi avait dû discuter Crang.

« Brillant, Eldred Crang, pensa Gosseyn. Le seul dans toute l'histoire qui n'ait, jusqu'ici, pas fait une seule erreur personnelle. » Du coin de l'œil, il regarda Patricia. Elle bâillait et s'étirait comme un chaton satisfait. Elle tourna la tête et rencontra son regard.

— Vous n'avez rien à me demander ? dit-elle.

Il soupesa la chose. Il ne pouvait, naturellement, la questionner sur Crang. Et il ne savait pas ce qu'elle avait pu dire à Thorson. Ça ne servirait à rien de parler de choses dont Thorson ne savait rien. Gosseyn dit prudemment :

— Je pense connaître assez bien l'ensemble de la situation. Sur Terre et sur Vénus, nous avons vu un empire interstellaire avide tenter de conquérir un système planétaire malgré la désapprobation d'une ligue purement aristotélicienne. Tout cela est très enfantin et très meurtrier, exemple extrême du degré de névrose que peut atteindre une civilisation, lorsqu'elle n'arrive pas à découvrir une méthode d'intégration de l'élément humain de l'esprit de l'homme à son élément animal. Tous leurs milliers d'années de développement scientifique supérieur ont été gâchés dans leur effort pour conquérir la grandeur et la puissance alors qu'il leur suffisait d'apprendre à coopérer. Oui, j'ai une assez claire idée de tout ça. La position de certaines personnes particulières, cependant, me déroute encore. Vous.

— Je suis votre femme, dit-elle.

Et Gosseyn fut irrité qu'elle plaisantât à ce moment même.

— Ne croyez-vous pas, lui reprocha-t-il, qu'il

soit peu sage de dire des choses dangereuses ? On pourrait écouter, quoi.

Elle rit doucement, puis dit, très sérieuse :

— Mon ami, Thorson est conduit en laisse par le cerveau le plus habile que j'aie jamais rencontré, Eldred Crang. Je vous garantis que Eldred a veillé à ce que nous puissions parler en toute liberté.

Gosseyn laissa passer. Aucun doute sur l'admiration qu'elle avait pour son amant. Elle continua lentement.

— Je ne sais pas au juste combien de temps Eldred pourra continuer et nous protéger. Thorson le tuera quand ça lui sera utile, aussi simplement et brutalement qu'il a tué mon père et X. Si la personne qui est derrière vous vous lâche à ce moment-là, nous sommes pour ainsi dire déjà morts.

Sa conviction troubla Gosseyn pour une raison bizarre. Visiblement, elle n'avait aucune confiance en lui. Etait-il possible qu'ils dépendissent tous d'un individu non encore une fois sorti de l'ombre ? Crang n'avait-il pas de solution pour le jour où le cerveau second serait complètement entraîné ? Il posa la question.

— Eldred n'a pas de plan, dit Patricia Hardie. A partir de ce moment, vous vous débrouillez seul.

Gosseyn éteignit la lumière.

— Patricia, dit-il dans l'ombre, pensez-vous que j'aie commis une erreur en acceptant la proposition de Thorson ?

— Je ne sais pas.

— Nous trouverons ce mystérieux inconnu, j'en suis sûr.

Elle hésita, puis :

— Eldred le croit également.

Eldred encore. Au diable, Eldred.

— Pourquoi Crang n'a-t-il pas averti votre père ?

— Il ne savait pas ce qui se préparait.

— Vous voulez dire que Thorson le soupçonne ?

— Non, mais X était un homme à Crang. Thorson, visiblement, pensait que Crang s'opposerait à son élimination, aussi il a manigancé l'assassinat par le moyen de Prescott.

Gosseyn dit doucement :

— X était un homme à Crang ?

— Oui.

Difficile à imaginer. Beaucoup plus facile de croire que le monstre avait abouti à cet égocentrisme à la suite de ses blessures. Et pourtant, Thorson avait soupçonné X.

— J'ai l'impression, dit Gosseyn, amer, que la structure entière de l'opposition à Enro repose sur les machinations de Eldred Crang.

Il s'arrêta. Traduite en paroles, cette idée donnait à l'homme une importance plus grande que la vie même. L'esprit de Gosseyn fit un bond considérable.

— Est-ce *lui* le joueur d'échecs cosmique ?

La réponse de Patricia jaillit aussitôt :

— Certainement pas.

— Qu'est-ce qui vous fait croire ça ?

— Il a des photos de lui tout petit.

— On peut truquer des photos.

Il avait répondu très vite. Elle ne répliqua rien

et, un instant après, Gosseyn abandonna le sujet de Crang.

— Et votre père ?

— Mon père, dit-elle avec calme, croyait que la Machine lui avait à tort refusé son avancement malgré ses titres. Lorsque j'étais enfant j'ai partagé sa rancune. Je n'ai rien voulu savoir du non-A, mais il a été trop loin pour moi. Quand j'ai commencé à me rendre compte que derrière sa personnalité remarquable — et vous admettrez qu'elle l'était — se cachait un homme insoucieux des conséquences de ses actes, je me suis secrètement rebellée. Lorsque Eldred est entré en scène il y a un an et demi, après une montée en grade météorique dans les services diplomatiques du Plus Grand Empire, j'ai pris contact pour la première fois avec la Ligue galactique.

— C'est un agent galactique ?

— Non.

Il y avait une note de fierté dans sa voix.

— Eldred Crang est Eldred Crang, personnage unique. Il m'a mise en rapport avec la Ligue.

— Et vous êtes devenue un agent de la Ligue ?

— A ma façon.

Le ton dont elle le dit fit demander très vite à Gosseyn :

— Qu'entendez-vous par-là ?

— La Ligue, dit Patricia, souffre de bien des déficiences. Elle n'a d'énergie que pour autant que ses membres en ont. C'est si facile, si terriblement facile de sacrifier un système stellaire pour le bien de tous. J'ai toujours gardé ça en tête, et en conséquence j'ai travaillé *pour* la Terre *par* la Ligue. Le personnel permanent de la Ligue, ajouta-t-elle, est au courant depuis longtemps du non-A mais n'a réussi à le répandre nulle part ailleurs dans la Galaxie. Les divers gouvernements assimilent le non-A au pacifisme, ce qu'il n'est pas. Ils ne peuvent concevoir un état tel que le peuple s'adapte instantanément aux nécessités de n'importe quelle situation, y compris un militarisme total.

Gosseyn acquiesça, se rappelant les paroles de Thorson. Il cessa de se demander pourquoi Enro avait choisi de déclarer la guerre à cet obscur système solaire. Une attaque de la seule planète désarmée de la Galaxie serait le moyen le plus impudent de braver les traités de la Ligue.

— C'est Eldred, dit Patricia, qui a découvert que les blessures reçues par le vieux Lavoisseur il y a quelques années dans l'explosion de l'Institut de sémantique avaient fait du grand savant ce maniaque assoiffé de sang que vous avez connu sous le nom de X. Il pensait que l'homme reviendrait à la raison et se rendrait utile, mais cela ne s'est pas produit.

Encore Eldred. Gosseyn soupira.

Le silence se prolongea entre eux. A chaque minute qui passait Gosseyn se sentait plus décidé, plus dur. Pas d'illusions. C'était le calme avant la tempête. Un Thorson rapace venait d'être éloigné du but pour lequel il avait envahi le système solaire. Ainsi, le monde du non-A trouvait une chance de s'armer et la Ligue gagnait quelques semaines pour se rendre compte que Enro voulait la guerre.

Thorson jouerait son jeu personnel aussi longtemps qu'il l'oserait, mais si jamais il se sentait menacé lui-même, il mènerait jusqu'au bout sa guerre d'extermination.

Gosseyn voyait ses espoirs se concentrer sur un être isolé qui travaillait, avec l'aide de quelques compagnons aussi déroutés que lui-même, contre la puissance colossale d'une civilisation galactique généralisée et démesurément malsaine.

— Ça ne suffit pas, dit-il dans une soudaine illumination intérieure. Je compte trop sur quelqu'un d'autre pour accomplir le miracle final.

A ce moment même, avec cette prise de conscience, naquit le premier germe d'une action désespérée.

32

Deux jours plus tard, il réussit à confondre deux rayons lumineux dans la chambre obscure, sans le secours du Distorseur. Il perçut l'action, il la reçut comme une sensation analogue — il tentait de la décrire, ultérieurement, aux autres — à celle que l'on éprouve « la première fois qu'on a le bras qui flotte dans l'hypnose ». Un accord net, sur lequel on ne pouvait se méprendre. Nouvelle réceptivité de son système nerveux — et nouvelle faculté.

Les jours passèrent et les excitations de son système nerveux s'affermissaient, se précisaient, se faisaient plus contrôlables. Il percevait des énergies, des mouvements, des choses et en arriva au point de pouvoir les identifier instantanément. La présence d'autres hommes éveillait un feu brûlant le long de ses nerfs. Il répondait aux influx les plus délicats et vers le sixième jour, il était capable de distinguer le Dr Kair de ses compagnons grâce à une « gentillesse », qui émanait de l'homme. On distinguait une dominante d'anxiété dans les sentiments du docteur, mais ceci ne faisait qu'accroître la gentillesse.

Gosseyn prit intérêt à distinguer les émotions qui à sa présence naissaient en Crang, Prescott et Thorson. C'est Prescott qui le détestait le plus vivement. « Il n'a jamais oublié, pensa Gosseyn, la frousse que je lui ai collée et la façon dont je l'ai joué une seconde fois quand j'ai été chercher le Distorseur au palais. » Thorson était un Machiavel : il n'aimait ni ne détestait son prisonnier. Il était prudent et résolu. Crang restait neutre. Curieuse sensation que celle qu'il recevait de cet homme. Neutre, absorbé, préoccupé, jouant un jeu si complexe qu'il n'en pouvait résulter aucune réaction nette.

Mais c'est Patricia qui fut le cas le plus surprenant. Rien. Encore et toujours, lorsqu'il en parvint au point d'identifier les émotions individuelles des hommes, Gosseyn s'efforça de prendre contact avec le système nerveux de Patricia. Il finit par conclure qu'un homme ne pouvait s'accorder sur une femme.

Pendant ces jours-là, son plan se fit plus net. Il vit avec une compréhension accrue que le tableau de sa situation lui était parvenu par le canal d'esprits aristotéliciens, presque littéralement. Même Crang — il ne devait pas l'oublier — ne constituait qu'un bon exemple du degré d'organisation que pouvait atteindre un homme sans avoir possédé la connaissance du système non-A depuis son enfance. C'était un converti au non-A et pas un Ā au sens propre.

Il y avait des trous dans son raisonnement, mais

cela rétablit la scène au niveau du système nerveux humain. Le joueur mystérieux, vu sous cet éclairage, ne paraissait plus si important. Il était une conception de l'esprit aristotélicien de Thorson. En réalité, on découvrirait sans doute que quelqu'un avait inventé un procédé d'immortalité et tentait, sans les ressources suffisantes, de s'opposer aux projets d'une irrésistible puissance militaire. Il avait déjà prouvé qu'il se souciait fort peu de ce qui pouvait arriver à n'importe lequel des corps de Gilbert Gosseyn, et il paraissait clair que si Gosseyn II était tué, le joueur accepterait l'échec de cette phase de ses projets pour s'orienter vers d'autres aspects de la situation.

Qu'il aille au diable !

L'après-midi de l'essai sur le morceau de bois, Gosseyn fit une tentative pour contrer le vibrateur. Sa complexité le surprit. C'était un engin comportant un grand nombre d'énergies subtilement différentes. Des pulsations en émanaient sur une infinité de longueurs d'ondes. Il réussit à le contrôler parce que c'était une petite machine dont les divers éléments se trouvaient très voisins dans l'espace-temps. Les variations temporelles entre ses innombrables fonctions n'étaient pas un facteur déterminant.

Et ceci parce que le contrôle de l'objet ne signifiait rien en ce qui concernait sa fuite. Le facteur temps devenait important quand, fixant le vibrateur, il tentait simultanément de mémoriser la structure d'une portion du sol. A ce moment-là, il ne pouvait dominer les deux. Cet état de choses persista. Il pouvait contrôler le vibrateur *ou* le sol, jamais les deux à la fois. Ces gens connaissaient leurs lois de similarisation ; ça devenait clair au bout du compte.

Le dix-neuvième jour, on lui donna une tige métallique avec un réflecteur d'acier électron, le métal employé pour l'énergie atomique. Allègrement, Gosseyn projeta son esprit au-devant de la faible source d'énergie électrique que l'on avait apportée dans la pièce. La force étincelante jaillit dans le réflecteur et cracha avec une violence irradiante contre les murs, le plancher, l'écran transparent derrière lequel attendaient les observateurs. Effaré, Gosseyn rompit la similitude de vingt décimales entre la tige de métal et la source électrique. Il rendit l'arme à un soldat que l'on envoya lui retirer. C'est seulement à ce moment qu'entra Thorson. Le géant semblait ravi.

— Eh bien, monsieur Gosseyn, dit-il presque avec respect, il serait peu prudent de notre part de pousser votre entraînement plus loin. Ce n'est pas que je manque de confiance en vous... (Il dit :) j'en ai. Mais je crois que vous avez ce qu'il faut pour trouver notre homme.

Il se tut.

— Je fais porter chez vous quelques vêtements supplémentaires. Emportez ce que vous voulez ; soyez prêt dans une heure.

Gosseyn acquiesça, l'air absent. Quelques instants plus tard, il attendait que les trois gardiens eussent fait passer le vibrateur dans la cabine de l'ascenseur ; à ce moment Prescott lui fit signe d'entrer. Les hommes se tassèrent derrière lui. Prescott alla au tableau de contrôle, et Gosseyn, d'un seul geste convulsif, le saisit et lui fracassa la tête contre la paroi de métal de l'appareil. A l'instant même où il prit le soufflant dans l'étui que l'homme portait sur la hanche, il lâcha le corps, atteignit le tube le plus proche et le pressa.

Tout se troubla, puis cela s'arrêta. Déjà, le soufflant crachait son feu éclatant et quatre hommes contorsionnés agonisaient sur le sol.

Le premier acte de désespoir, terrible, était un succès total.

33

Gosseyn manœuvra la fermeture Eclair et se dépouilla de ses vêtements. Il craignait que des appareils électroniques ne soient dissimulés dans le tissu, et un au moins de ces dispositifs permettait de paralyser son porteur à distance. Déshabillé, il se sentait déjà mieux, mais ce n'est pas avant d'avoir revêtu hâtivement le costume de Prescott qu'il se considéra prêt à l'action suivante.

Il ouvrit la porte de l'ascenseur et jeta un coup d'œil dans le couloir inconnu sur lequel elle donnait. Il se demanda un instant où sa pression au hasard sur le tube l'avait amené. Peu importait en vérité. Ce premier acte n'avait qu'un but : se débarrasser du vibrateur.

Sans cérémonie, il poussa celui-ci dehors et balança sans pitié à sa suite les quatre corps. Quelques mètres plus loin dans le couloir, il y avait une porte, mais pas le temps de se perdre en explorations. Il devait éviter de revenir à cet étage ; car là, le vibrateur pouvait annuler toutes ses espérances, pas assez de temps non plus pour l'examiner et stopper ses pulsations gênantes. De nouveau dans l'ascenseur il pressa un tube qui le conduisit à un autre couloir inconnu. Comme le premier, celui-ci était vide. Gosseyn « mémorisa » le schéma de structure du sol, près des cages de l'ascenseur et donna à ce schéma un numéro clef, le un. A toute vitesse, il fit cent mètres dans le couloir et s'arrêta au premier virage. Juste après le virage, il mémorisa de nouveau un schéma partiel du plancher et lui fit correspondre la lettre clef A.

Là, debout, il pensa :

« Un. »

Immédiatement, il se trouva devant l'ascenseur. La sensation de triomphe qui bondit en lui ne ressemblait à rien qu'il eût jamais éprouvé. Il fonça dans la cage, pressa un troisième bouton. Les mots clefs correspondant furent respectivement deux et B.

Comme il sortait de l'ascenseur dans le quatrième couloir, un homme en fit autant de la cage de droite. Sans remords, Gosseyn ouvrit le feu sur lui de tout son arsenal. Il repoussa la chose grésillante et tordue dans la cabine d'où elle avait émergé un instant auparavant.

Ce fut le seul incident qui marqua sa rapide progression. Pourtant, malgré sa vitesse et bien qu'il ne se fût pas arrêté le temps même de jeter un coup d'œil derrière une porte, il calcula qu'une demi-heure avait dû s'écouler au moment où il atteignit le but qu'il s'était assigné : neuf nombres clefs et la lettre I. Et chaque prise de courant rencontrée sur son chemin se trouvait mémorisée selon un système de symboles mathématiques.

Il retourna à l'ascenseur et appuya sur le tube qui le conduisit au couloir de l'appartement partagé avec Patricia. Là non plus, aucun indice que sa fuite soit déjà découverte. Gosseyn s'arrêta devant la porte close et fit un nouveau et bref examen de sa situation. Pas absolument parfait ; mais enfin, il avait dix-huit lieux de retraite et quarante et une sources d'énergie auxquelles son cerveau second pouvait puiser. Il constata que ses mains tremblaient très légèrement et sentit qu'il avait dû transpirer. « Tension normale », conclut-il. Il était survolté. Dans moins de trente minutes, il se lancerait dans la plus grande campagne militaire jamais tentée par un homme seul, au moins à sa connaissance. Dans une heure, il serait victorieux ou mort à tout jamais.

Son résumé mental terminé, il tourna le bouton et ouvrit la porte. Patricia Hardie bondit de son fauteuil et courut à lui sur le tapis.

— Au nom du Ciel, haleta-t-elle, où étiez-vous ?

Elle reprit :

— Mais ça n'a pas d'importance. Eldred est venu.

Rien dans sa voix n'indiquait qu'elle sût ce qui était arrivé. Et pourtant, ses paroles secouèrent Gosseyn. Il eut la première intuition de ce qu'elle allait dire.

— Crang !

Il prononça le nom comme s'il manipulait une bombe.

— Il a laissé des instructions définitives.

— Mon Dieu ! dit Gosseyn.

Il se sentit faible. Il avait attendu, attendu qu'on parle. Il avait délibérément attendu jusqu'à la dernière minute avant d'agir. Et ça, maintenant. La femme paraissait inconsciente de sa réaction.

— Il a dit (Sa voix s'abaissa jusqu'à n'être qu'un murmure :) que vous deviez faire comme si vous vous sentiez attiré vers l'Institut de sémantique, et là, que vous deviez collaborer avec... avec...

Elle tituba, comme prête à s'évanouir. Gosseyn l'empoigna, la redressa.

— Oui. Oui. Avec qui ?

— Un homme barbu.

Ce fut un soupir. Elle se redressa lentement, mais elle tremblait.

— C'est difficile d'imaginer que Crang a su pour lui... tout ce temps.

— Mais *qui* est-ce ?

— Eldred ne l'a pas dit.

La colère qui saisit Gosseyn fut d'autant plus violente que ce qu'elle disait ne signifiait rien après les actes irrévocables qu'il avait accomplis. Mais de toute sa force, de toute sa volonté, il maîtrisa sa fureur. Patricia ne devait pas encore soupçonner ce qui s'était passé ; pas avant de lui avoir dit tout ce qu'elle savait.

— Quel est son plan ? dit-il.

C'est lui, cette fois, qui murmurait :

— La mort pour Thorson.

Evident.

— Oui, oui, insista Gosseyn.

— Alors, Eldred contrôlera l'armée que Thorson a amenée avec lui. C'était là la difficulté.

Elle parlait très vite.

— Thorson commande cent millions d'hommes dans ce secteur de la Galaxie. Si on peut lui prendre ces hommes, il lui faudra un an ou plus pour réorganiser une attaque de Vénus.

Gosseyn lâcha la fille et s'effondra sur le fauteuil le plus proche. Cette logique était décourageante. Son propre plan consistait simplement à tenter de tuer Thorson, mais en cas d'échec — et il s'attendait à un échec — il comptait essayer de détruire la base. Bon plan d'arrêt, mais faible espoir comparé à la vaste conception de Crang. Pas étonnant que l'homme ait été jusqu'au meurtre, s'il tendait à cette fin. Patricia reprit la parole :

— Eldred assure que Thorson ne peut être tué ici, il y a trop d'appareils de protection. Il faut l'emmener à un endroit où il soit plus à découvert.

Gosseyn approuva, lassé. En soi-même, cela paraissait aussi dangereux que ce qu'il avait fait. Et aussi vague. Il fallait collaborer avec un homme barbu. Il leva les yeux.

— C'est tout ce que Crang a dit ? Collaborer ?

— C'est tout.

« Qu'est-ce qu'ils croient... » se dit Gosseyn amèrement. Encore une fois, il était censé suivre aveuglément les avis de quelqu'un d'autre. S'il se rendait maintenant, ou s'il faisait semblant de se laisser prendre — il voyait très bien comment ça pouvait se faire avec un peu d'habileté — cela correspondait à abandonner tout ce qu'il avait gagné, à se soumettre à un contrôle encore plus serré, et à accepter l'espoir de voir un plan inconnu de cet homme barbu réussir. Si seulement il connaissait l'identité d'un seul de ces hommes dont il suivait les instructions. Cette pensée l'arrêta :

— Patricia, qui est Crang ?

Elle le regarda.

— Vous ne le savez pas ? Vous n'avez pas deviné ?

— Deux fois, dit Gosseyn, j'ai eu un soupçon, mais je ne comprends pas comment il aurait pu y arriver. Il me paraît clair que si la civilisation galactique peut produire un homme comme lui, nous ferons aussi bien d'abandonner le non-A et d'adopter leur système d'éducation.

— C'est vraiment très simple, dit doucement Patricia. Voici cinq ans, pendant sa période d'exercice sur Vénus, il a eu des soupçons concernant les prétentions non-A d'un homme qui travaillait avec lui sur une affaire. Comme vous pouvez le supposer, cet homme était un agent de Prescott. Ce fut son premier pressentiment de la conspiration galactique. Même à ce moment-là un avertissement général n'aurait fait que forcer Enro à prendre une décision rapide ; et évidemment, Eldred ne se doutait pas de ce dont il s'agissait. Il admit que les autres découvriraient qu'il était au courant et se borna à tenter de dissimuler sa propre piste. Il passa les années suivantes dans la Galaxie, tentant de monter en grade au service du Plus Grand Empire. Naturellement, il se pliait à toutes les nécessités de la situation. Il m'a dit qu'il avait dû tuer cent trente-sept personnes pour parvenir au sommet. Il considère ce qu'il a fait comme son devoir normal, et comme tout à fait moyen.

— Moyen !

Gosseyn explosa, puis se calma. Il tenait sa réponse.

Eldred Crang, un détective Ā vénusien *moyen*, avait suggéré un plan d'action. Sa méthode n'était pas obligatoirement la meilleure, mais elle reposait sans nul doute sur un plus grand nombre de renseignements que n'en possédait Gilbert Gosseyn. Une partie du but poursuivi — forcer le joueur mystérieux à se découvrir — compenserait dans une certaine mesure la triste fin d'une action entreprise avec tant d'audace.

Il ferait semblant de combattre, mais se laisserait prendre rapidement. Il y aurait sans doute de mauvais moments, surtout si on le passait au détecteur de mensonges. Mais c'était un risque à courir. Heureusement, les détecteurs ne fournissaient jamais d'eux-mêmes des renseignements. Cependant, si on lui posait les questions qu'il ne fallait pas, Crang devrait agir rapidement.

Pendant le combat qui suivit, Gosseyn battit en retraite successivement jusqu'aux neuf schémas numérotés, gardant en réserve les lettres clefs pour le cas où on lui poserait les questions dangereuses. Il termina par le couloir du schéma 7. Là, laissant croire qu'il était au bout de ses ressources, il brûla un mur en court-circuitant le courant électrique et se laissa prendre.

Il dut contrôler chacun des muscles de son corps pour dissimuler son soulagement lorsqu'il vit que l'interrogateur devant lequel on le conduisait n'était autre que Crang. L'interview qui suivit parut complète. Mais les questions furent posées avec tant d'adresse que pas une fois le détecteur ne laissa découvrir un renseignement d'importance vitale. Quand ce fut terminé, Crang se tourna vers un récepteur mural et dit :

— Je crois, monsieur Thorson, que vous pouvez l'emmener sur la Terre en toute sécurité. Nous prendrons soin de tout en votre absence.

Gosseyn s'était demandé où se trouvait Thorson. De toute évidence, il ne prenait pas de risques inutiles ; et pourtant, Thorson était forcé d'aller lui-même sur la Terre. Voilà la beauté de la chose. La recherche du secret de l'immortalité ne pouvait se voir confiée à des séides que leur avidité personnelle à l'égard de la vie risquait de détourner, eux aussi, de leurs devoirs.

Le géant attendait debout devant la batterie d'ascenseurs lorsqu'on amena Gosseyn. Il se montra condescendant.

— C'est bien ce que je pensais, dit-il. Votre cerveau second a ses limites. Après tout, s'il avait eu le pouvoir de s'opposer à lui seul à une invasion de cette importance, on aurait sorti le troisième Gosseyn sans tous ces préliminaires. La vérité, c'est qu'un homme est toujours vulnérable. Même avec une immortalité réduite et quelques corps pour jouer avec, il ne peut guère en faire plus qu'un quelconque type décidé. Les ennemis n'ont qu'à découvrir son origine et une bombe atomique suffit pour effacer tout ce qui le concerne sans même lui laisser le temps de penser.

Il agita une main.

— Nous oublierons Prescott. En fait, je suis plutôt content que ce soit arrivé. Ça remet les choses à leur place exacte. Le fait que vous ayez essayé ça, pourtant, prouve que vous vous êtes complètement mépris sur mes raisons d'agir.

Il haussa les épaules.

— Nous n'allons pas tuer ce joueur, Gosseyn. Nous voulons uniquement participer à son jeu.

Gosseyn ne dit rien, mais il en pensait long. C'était dans la nature de l'esprit aristotélicien que de ne pas partager bénévolement. Tout au long de l'histoire, la lutte pour le pouvoir, le meurtre des rivaux et l'exploitation des innocents avaient été le monde réel de l'homme non intégré. Jules César et Pompée refusaient de partager l'Empire romain ; Napoléon, tout d'abord défenseur honnête de son pays, devenu un conquérant sans merci, de tels hommes constituaient les prédécesseurs spirituels de Enro qui voulait la Galaxie entière. Même en ce moment où Thorson niait ses ambitions, son esprit devait brasser les rêves et les visions d'une destinée colossale. Gosseyn fut heureux d'entendre le géant lui dire :

— Et maintenant, partons. Nous avons perdu assez de temps.

Ça faisait quelque chose de se lever et d'aller droit vers le dénouement.

34

> Une chose n'est pas ce que vous dites qu'elle est... Elle est bien plus. C'est un ensemble au sens le plus large. Une chaise n'est pas une chaise. C'est une structure d'une complexité inconcevable, atomiquement, électroniquement, etc. Par suite, la penser comme une simple chaise constitue ce que Korzybski appelle une identification. C'est la totalité de ces identifications qui produit le névrosé, le non-sain et l'insensé.
>
> Anonyme.

La ville de la Machine avait changé. On s'était battu, et partout on voyait des bâtiments en ruine. Lorsqu'ils arrivèrent au palais, Gosseyn ne s'étonna plus que Thorson ait passé les derniers jours sur Vénus.

Le palais était une boîte vide et cassée. Gosseyn, en compagnie des autres, parcourut les couloirs nus et les salles démolies avec le sentiment nostalgique qu'une civilisation sombrait de plus en plus bas. Les coups de feu, dans les rues éloignées, formaient un fond sonore à ses gestes, un murmure continu, déplaisant, polytonal. Thorson répondit sèchement à sa question :

— Ils sont aussi moches ici que sur Vénus. Ils se battent comme des insensés.

— C'est un plan d'abstraction au sens non-A, dit Gosseyn avec naturel. Adaptation totale aux nécessités de la situation.

Thorson dit : « Aaaa ! » d'un ton ennuyé, puis changea de sujet.

— Vous percevez quelque chose ?

Gosseyn secoua la tête et dit, sincère :

— Rien.

Ils parvinrent à la chambre de Patricia.

Le mur où s'était trouvé le Distorseur bâillait devant eux. Les vitres des fenêtres gisaient en morceaux sur le sol. Gosseyn regarda à travers les montants vides vers l'endroit où la Machine des jeux s'était dressée comme un joyau sur la couronne de la verte Terre. A sa place des milliers et des milliers de tas de terre avaient été déchargés, sans doute pour effacer toutes traces du symbole de la lutte d'un monde vers la santé morale. Pas de niveleurs à l'œuvre. La terre seule, couverte de bosses, oubliée.

Ils ne trouvèrent aucune piste au palais et la masse d'hommes et de machines se dirigea alors vers la maison de Dan Lyttle. Elle était intacte. Les automates l'avaient tenue parfaitement propre : les chambres étaient aussi fraîches et nettes qu'au moment de son départ. La caisse qui avait contenu le Distorseur se dressait dans un coin du living-room. L'adresse, Institut de sémantique, à laquelle la Machine des jeux avait eu l'intention de l'envoyer, apparaissait énorme sur le panneau tourné vers la pièce. Gosseyn fit un geste, comme frappé par une pensée soudaine.

« Pourquoi pas là ? »

Une armée blindée se mit en route dans les rues de ce qui avait été la ville de la Machine. Des escadrilles de roboplanes patrouillaient le ciel. Au-dessus d'eux, des transports attendaient, prêts à tout. Des robotanks et des voitures rapides surveillaient toutes les rues latérales. Elles filaient en procession silencieuse vers le célèbre square ; là, les hommes et les machines pénétrèrent dans les bâtiments par toutes les portes. Devant l'entrée multiple richement décorée, Thorson désigna les lettres gravées dans le marbre. Sombre, Gosseyn s'arrêta et lut l'antique inscription :

LE JUGEMENT NEGATIF
EST LE SOMMET DE LA CONSCIENCE

Comme un soupir venu du fond du siècle, un peu de la réalité des significations, dans leur effet sur le système nerveux humain, se cachait dans cette phrase. Des milliards et des milliards d'hommes avaient vécu, étaient morts, sans jamais se douter que leurs certitudes positives avaient contribué à créer les cerveaux dérangés par l'intermédiaire desquels ils se trouvaient en face des réalités de leur monde.

Des hommes en uniforme émergèrent de l'entrée la plus proche. L'un d'eux parla à Thorson dans une langue chargée de consonnes. Le géant se tourna vers Gosseyn :

— C'est abandonné, dit-il.

Gosseyn ne répondit pas. Abandonné. Le mot résonna le long des galeries de sa conscience. L'Institut de sémantique abandonné. Naturellement, il aurait pu s'en douter. Les hommes responsables n'étaient que des hommes et on ne pouvait s'attendre à les voir rester dans le *no man's land* qui séparait deux forces combattantes. Pourtant, il n'avait pas prévu cela.

Il s'aperçut que Thorson parlait aux hommes qui manœuvraient le vibrateur. Ses pulsations, stoppées un instant, rampèrent de nouveau autour de lui. Thorson se tourna de son côté.

— Nous arrêterons le vibrateur quand nous serons à l'intérieur. Je ne prends pas de risques avec vous.

Gosseyn se redressa.

— Nous entrons ?

— Nous allons flanquer tout ça en l'air, dit Thorson. Il y a peut-être des pièces cachées.

Il commença à crier des ordres. Il y eut une phase de confusion. Des hommes sortaient sans cesse du bâtiment et faisaient leur rapport. Ils parlaient dans la même langue incompréhensible et ce n'est que lorsque Thorson se retourna vers lui avec un sourire sauvage qu'il eut un soupçon de ce qui se passait.

— Ils ont trouvé un vieux bonhomme en train de travailler dans un des laboratoires. Ils ne comprennent pas comment ils l'ont loupé jusqu'ici mais (Il agita un bras impatient :) ça n'a pas d'importance. Je leur ai dit de le laisser le temps que je pense à cela.

Gosseyn ne mit pas en doute la traduction. Thorson était pâle. Pendant plus d'une minute le géant resta sur place, la figure sombre et contractée. Enfin :

— C'est un risque que je ne prends pas, dit-il. Nous entrons mais...

Ils montèrent les marches d'or à quatorze carats, franchirent les portes de pierres précieuses serties de platine et l'immense antichambre, avec ses milliers de diamants incrustés dans chaque pouce carré des hauts murs et du plafond en coupole. L'effet était si saisissant que Gosseyn fut frappé par la pensée que les constructeurs de l'Institut avaient dépassé leur but. La construction datait d'une époque où on menait une vaste campagne pour convaincre les gens que les prétendus bijoux et les métaux précieux, si longtemps considérés comme l'essence de la richesse, n'avaient en réalité pas plus de valeur que les autres matériaux rares. Malgré des centaines d'années écoulées depuis, cette propagande n'était pas convaincante.

Ils longèrent un corridor de rubis tous identiques et montèrent un escalier d'émeraude aux vertes irisations. Le hall, en haut des marches, était d'argent massif et, plus loin, s'amorçait un couloir fait du célèbre et lumineux plastique *opalescent*. Le passage grouillait d'hommes et Gosseyn eut une sensation de plongée. Thorson s'arrêta et montra une porte trente mètres plus loin.

— Il est là-bas.

Gosseyn s'arrêta dans une brume mentale. Ses

lèvres s'ouvrirent pour demander une description du vieil homme que l'on avait découvert. « A-t-il une barbe ? » voulait-il demander. Mais il ne put proférer un son.

Torturé, il se dit :

— Que dois-je faire ?

Thorson fit un signe à Gosseyn.

— J'ai mis autour de lui une compagnie d'hommes munis de soufflants. Ils y sont, ils le surveillent. Maintenant à vous, allez-y, dites-lui que le bâtiment est cerné, que nos instruments ne détectent aucune source d'énergie radioactive et que par conséquent il ne peut rien contre nous.

Il se redressa de toute sa haute taille, et domina son prisonnier d'une demi-tête.

— Gosseyn, rugit-il, je vous avertis, pas de blagues. Je détruis la Terre et Vénus si quoi que ce soit va de travers.

La sauvagerie de la menace fit naître chez Gosseyn une brûlante réaction. Ils se regardèrent comme deux bêtes de proie. C'est Thorson qui, avec un rire, rompit la tension.

— Ça va, ça va, dit-il, on est tous les deux à bout. N'y pensons plus. Mais rappelez-vous, c'est la vie ou la mort.

Ses dents se serrèrent avec un claquement.

— Marchez, dit-il.

Gosseyn avait froid, le froid des nerfs. Lentement, il se raidit. Il se mit en marche.

Gosseyn, quand vous arriverez à la niche près de la porte, entrez-y. Vous serez en sécurité.

Il sursauta comme si on l'avait frappé. Personne n'avait rien dit et la pensée lui était parvenue aussi claire que si ç'avait été la sienne.

Gosseyn, les plaques de métal de chaque corridor et de chaque pièce comportent un réflecteur d'énergie prévu pour des milliers de volts.

Pas de doute maintenant. Malgré ce qu'avait dit Prescott concernant la nécessité d'établir une similitude à vingt décimales entre deux cerveaux avant que la télépathie puisse se produire, il recevait les pensées d'un autre.

Le point culminant était survenu si brusquement et de façon si différente de ce qu'il attendait, qu'il se figea à sa place. Il se rappela et pensa : « Il faut que j'avance ! que j'avance... »

Gosseyn, entrez dans la niche et annulez le vibrateur.

Déjà il allait vers la porte, et la pensée revint. Il vit la niche à trois mètres, puis à un ; ensuite il y eut le rugissement de Thorson :

— Sortez de cette niche ! Qu'est-ce que vous essayez de faire !...

Annulez le vibrateur.

Il s'y efforçait. Son corps palpitait d'énergie silencieuse en s'accordant au vibrateur. Sa vue se troubla, puis se précisa tandis qu'un éclair de foudre artificielle sifflait devant la niche, droit vers Thorson. Le géant tomba, la tête carbonisée et le feu immense explosa derrière lui le long du couloir. Des hommes hurlèrent en agonisant. Une boule de feu descendit doucement du plafond et absorba le vibrateur. Elle explosa dans un nuage de flammes, lacérant les hommes qui l'avaient manœuvré et le surveillaient.

Immédiatement le poids des vibrations cessa d'agir sur les nerfs de Gosseyn.

Gosseyn dépêchez-vous. Ne les laissez pas se ressaisir. Ne leur donnez pas une chance de prévenir les bombardiers. Je ne peux plus agir. J'ai été brûlé par un soufflant. Nettoyez le bâtiment et revenez ici. Vite ! je suis gravement blessé.

Blessé ! Dans une angoisse mortelle, Gosseyn se représenta l'homme mourant avant qu'il n'ait pu se renseigner auprès de lui. Il chercha une source d'énergie ; en dix secondes, il avait ravagé l'immeuble et le square. Les couloirs ruisselaient du feu meurtrier qu'il déversait tout au long. Les murs engouffraient des hommes hurlants. Des tanks en fusion brûlaient avec rage.

« Personne », sa pensée elle-même était de feu, « pas un seul homme de cette garde ne doit échapper. »

Pas un n'échappa. Il était entré un régiment d'hommes et de machines. Il n'en resta que des corps noircis en pièces et du métal torturé. Gosseyn alla jusqu'à l'une des portes, regarda le ciel. Les appareils planaient à trois cents mètres. Sans ordre de Thorson, ils hésitaient à lâcher les bombes. Crang les avait peut-être déjà pris en main.

Il ne put attendre d'en être sûr. Il revint dans l'immeuble et courut le long d'un couloir à demi fondu. En entrant dans le laboratoire, il s'arrêta net. Les corps des gardes de Thorson étaient épars dans toutes les directions. Enfoncé dans un fauteuil, derrière un bureau, il y avait un vieil homme barbu. Il leva des yeux vitreux vers Gosseyn, parvint à sourire et dit :

— Eh bien, on y est arrivé !

Sa voix était grave, puissante et familière. Gosseyn le regarda, se rappela où il l'avait entendue pour la première fois. Le choc du souvenir contracta sa réaction en un seul mot :

— X, dit-il tout haut.

35

Je suis l'air de famille
La chair meurt et je vis
Laissant marquée ma trace
A travers l'avenir
Sautant de place en place
Au-dessus de l'oubli.

H. T.

Le vieil homme toussa. C'était un bruit pénible, car il se contracta, torturé. Son geste releva un pan de tissu déchiré et révéla sa chair carbonisée. Il avait un trou gros comme un poing dans le côté droit, assez haut. D'épais caillots de sang pendaient.

— Ça va, marmotta-t-il. Je réussis à peu près à tenir la douleur à l'écart, sauf quand je tousse. Autohypnose, vous comprenez.

Il se raidit.

— X, dit-il. Eh bien, oui, je suppose que c'est moi, si vous voulez voir ça comme ça. J'ai sorti X pour me servir d'espion privé dans les sphères supérieures. Naturellement, il ne s'en doutait pas. C'est la beauté du système d'immortalité que j'ai mis au point. *Toutes* les pensées du corps actif sont reçues télépathiquement par d'autres corps de même... euh... culture. Naturellement, j'ai dû disparaître le temps qu'il était sur scène. Il ne pouvait pas y avoir deux Lavoisseur, vous comprenez.

Il s'adossa, fatigué, à son fauteuil, puis il dit dans un soupir :

— Dans le cas de X, je désirais quelqu'un dont les pensées puissent me parvenir pendant que j'étais conscient, aussi je l'ai mutilé et j'ai accéléré ses processus vitaux. C'était cruel, mais j'ai fait de lui le « plus grand » et de moi-même « le moins grand » ; de cette façon, je recevais ses pensées. Sauf en cela, il restait indépendant. C'était bien en réalité le fauve qu'il croyait être.

Sa tête retomba, ses yeux se fermèrent, et Gosseyn crut qu'il était dans le coma. Il connut le désespoir, car il ne pouvait rien faire ici. Le joueur mourait, et Gosseyn ne savait toujours rien de lui-même. Il pensa, angoissé : « Il faudra que je le fasse parler de force. » Il se pencha et secoua l'homme.

— Réveillez-vous, cria-t-il.

Le corps remua. Les yeux fatigués s'ouvrirent et le regardèrent, pensivement.

— J'essayais, dit la voix grave, d'actionner un réflecteur d'énergie pour tuer mon corps. Ne peux pas... vous comprenez, ça a toujours été mon intention de mourir en même temps que Thorson. Je m'attendais à être tué aussitôt que j'ai annulé mes défenses. Les soldats ont mal travaillé.

Il secoua la tête.

— C'est logique, bien sûr. C'est le corps qui s'affaiblit le premier, puis le cortex, puis... (Ses yeux s'élargirent :) Voulez-vous me donner l'arme d'un de ces soldats ? Ça commence à être dur de lutter contre la douleur.

Gosseyn saisit un soufflant, mais son cerveau travaillait furieusement. « Vais-je forcer un homme grièvement blessé à rester vivant et à souffrir pendant que je l'interroge ? » Le conflit mental l'ébranla, mais à la fin, sauvage, il sut que oui. Il secoua la tête lorsque Lavoisseur tendit la main. Le vieillard lui jeta un regard aigu.

— Voulez des renseignements, hein ? marmotta-t-il.

Il rit, un rire bizarre, amusé.

— Bon, que voulez-vous savoir ?

— Mes corps. Comment.

Il fut interrompu.

— Le secret de l'immortalité, dit le vieil homme, comporte l'isolement d'un individu à l'écart des doubles potentiels hérités de ses parents. Comme des jumeaux, ou des frères qui se ressemblent. Théoriquement, la similitude pourrait être atteinte par naissance normale. Mais en fait c'est seulement au laboratoire, en maintenant les corps inconscients par des solutions hypnotiques automatiques dans un incubateur électronique que l'on peut maintenir le milieu convenable. Là, sans pensée propre, massés par des machines, nourris de liquides, les corps se modifient un peu à partir de l'original mais les esprits ne changent qu'en fonction des pensées qu'ils reçoivent de leur *alter ego*, qui se promène par le monde. En pratique, il faut un Distorseur et un appareil du genre détecteur de mensonges est réglé pour supprimer certaines pensées sans intérêt. Dans votre cas, presque toutes avaient été effacées de façon que vous n'en sachiez pas trop long. Mais en raison de cette similitude de pensée, alors même que la mort frappe réellement les corps l'un après l'autre, la personnalité perdure.

La tête léonine s'affaissa.

— C'est ça. C'est pratiquement tout. Crang vous a donné la plupart des raisons, directement ou indirectement. Nous devions détourner cette attaque.

— Le cerveau second ? dit Gosseyn.

Le vieil homme soupira, mais ne releva pas la tête.

— Il existe à l'état embryonnaire dans tout cerveau humain normal, mais il ne peut se développer sous la tension de la vie consciente. Comme le cortex de Georges, l'enfant-animal, ne pouvait se développer dans les conditions anormales de son existence en compagnie d'un chien, de même la seule tension de l'existence active est trop forte pour le cerveau second au début de son développement. Il peut devenir extrêmement puissant, bien entendu.

Il se tut, et Gosseyn lui donna un instant de répit tandis que son esprit revoyait en un éclair ce qu'on venait de lui dire. Des troubles potentiels. C'était obligatoirement une culture de ces spermatozoïdes mâles ; la science correspondante avait des siècles derrière elle. Le développement de la vie dans des incubateurs était encore plus ancien, le reste, du détail. La chose importante était de trouver où on les conservait.

Il posa la question, tendu, et n'obtenant pas de réponse saisit l'épaule du vieil homme. A son contact, le corps s'affaissa doucement en avant. Surpris, il l'étendit avec précaution sur le plancher ; d'un mouvement vif, Gosseyn s'agenouilla et prêta l'oreille au cœur silencieux. Lentement il se releva. Et il pensait et ses lèvres formaient les mots :

Mais vous ne m'en avez pas dit assez. Je suis dans le noir pour tout l'essentiel.

Cette pensée s'effaça à regret. Il se rendit compte que c'est la vie même qu'il vivait, la vie dans laquelle rien n'est jamais expliqué en fin de compte. Il était libre, et victorieux.

Il s'agenouilla et commença à fouiller les poches du vieil homme. Vides. Il allait se relever, mais :

Seigneur... donnez-moi cette arme, mon ami...

Gosseyn se figea et, suffoqué, se rendit compte qu'il n'avait rien entendu et qu'il recevait la pensée d'un mort. Indécis d'abord, puis avec une résolution plus ferme il se mit à secouer doucement le corps. Les cellules du cerveau humain étaient extrêmement fragiles, mais elles ne mouraient pas immédiatement après l'arrêt du cœur. S'il avait reçu une idée, il devait y en avoir d'autres. Les minutes passaient. « C'est le processus complexe de la mort, pensa Gosseyn, dont résulte le retard. » Ce processus avait déjà partiellement détruit la similitude établie entre eux par Lavoisseur.

Ferez aussi bien de rester vivant un bout de temps, Gosseyn. La prochaine série de corps a dans les dix-huit ans. Attendez qu'ils en aient trente, c'est-à-dire trente...

Ce fut tout, mais Gosseyn vibrait d'excitation. Il devait avoir rencontré une masse réduite de cellules. Des minutes passèrent encore, et puis :

La mémoire est assurément une chose remarquable... Mais entre votre groupe et le mien la continuité a été brisée. Mon propre accident était trop grave pour l'ensemble du processus. Dommage, mais puisque vous avez fait l'expérience de la survie individuelle apparente, vous savez à quel point est complet...

Cette fois il y eut une pose presque perceptible puis une nouvelle pensée se fit jour.

Je me demandais s'il y avait quelqu'un d'autre. Je me considérais comme une reine dans le jeu, dans un jeu où vous auriez été un pion sur la septième rangée, tout prêt à devenir reine. Mais là, j'arrivais au vide, car une reine malgré sa puissance n'est qu'une pièce. Qui donc est le joueur ? Où tout a-t-il commencé ?... Encore une fois (La pensée devint incohérente)... *le cercle se referme et nous ne sommes pas plus avancés.*

Frénétiquement, Gosseyn luttait pour conserver le contact, mais cela se brouilla, puis plus rien. Tandis qu'il se tendait pour recueillir d'autres pensées, il prit conscience de la chose fantastique qu'il était en train de faire. Il se vit lui-même dans ce bâtiment démantelé, tapissé de pierres précieuses, tentant de lire la pensée d'un mort. Sans doute dans l'univers, c'était une situation unique. Sa pensée personnelle s'évanouit ; une fois de plus... contact.

Gosseyn, voici plus de cinq cents ans... j'ai élevé des non-A, quelqu'un d'autre avait commencé. Je cherchais un endroit pour m'installer ; par ailleurs, j'essayais de découvrir un système qui soit plus qu'une simple continuité ; il m'a semblé que l'homme non aristotélicien pouvait être cela... le secret de l'immortalité ne pouvait, naturellement, être confié à des non-intégrés qui, comme Thorson, l'auraient regardé comme un moyen d'accéder au pouvoir suprême...

Le trouble revint, et dans les minutes qui suivirent il devint évident que les cellules perdaient leur unité de conception. Des groupes troublés subsistaient, des masses de neurones, qui gardaient chacune leur image de la mort imminente. Enfin, il saisit une dernière pensée cohérente :

J'ai découvert la base galactique, et visité l'Univers. Je suis revenu superviser la construction de la Machine des jeux — seul un ordinateur, au début, pouvait contrôler les hordes indisciplinées qui vivaient sur Terre. C'est également moi qui ai choisi Vénus, planète où les non-A pourraient être libres. Et alors, malgré ma perte de mémoire et mes blessures, je réussis à mettre en train une nouvelle série de corps autres que ceux de ma propre généra... généra...

Ce fut tout. Les minutes passaient et il n'y avait plus qu'un vague éclair de temps à autre. Enfin, Gosseyn se remit debout. Il éprouvait l'excitation brûlante d'un homme qui a triomphé de la mort elle-même. Il regrettait seulement que des informations vitales à propos de la duplication des corps ne lui soient pas parvenues. Il était cependant satisfait, sauf pour une implication qu'il avait laissé lui échapper, il s'en rendait maintenant compte. Cela revint soudainement au premier plan avec ses conséquences : « ... entre votre groupe et le mien la continuité a été brisée ! »

Il était étrange de constater que la vérité ne se soit pas faite jour plus tôt. L'idée d'une connexion entre lui et Lavoisseur était si éloignée de son esprit et, précédemment, son regret de « X » avait été si complet... ! Cependant, la continuité ne pouvait être, ne pouvait s'appliquer qu'à... la mémoire. D'ailleurs, qui d'autre pouvait-il être ?

Fiévreusement, il chercha de la pâte à raser. Il en trouva un pot dans le lavabo du hall. Les doigts tremblants, il en passa un peu sur la figure inerte du mort. La barbe disparut aisément au contact d'une serviette. Gosseyn, à genoux, vit une figure plus vieille qu'il ne s'y attendait, soixante-quinze, peut-être quatre-vingts ans. Parfaitement reconnaissable et qui portait en elle-même la réponse à bien des questions. Au-delà de toute discussion, il y trouvait la fin tangible de sa quête.

C'était son propre visage.

POSTFACE

Vous venez d'achever un des romans de science-fiction qui suscita le plus d'enthousiasme et provoqua les plus violentes critiques.

Malgré son succès jamais démenti, j'ai décidé de tenir compte des reproches qui lui furent adressés à sa parution et de présenter au public une nouvelle édition revue et définitive.

Enfin, dans cette postface, je vais donner les explications qui m'avaient été demandées et que j'avais jusqu'alors cru superflues.

Avant de passer la parole au ministère public, voici quelques éléments pour la défense de mon livre. Il remporta un prix littéraire et, lors de sa parution en librairie en 1948, il fut classé parmi les cent meilleurs romans de l'année par la Bibliothèque de New York.

Par ailleurs, voici le jugement que porta sur lui le célèbre anthologiste américain Groff Conklin : « *Le monde des Ā* est assurément un des romans de science-fiction les plus passionnants qui aient été écrits, à la fois par sa richesse et sa complexité. »

Si j'en crois le critique français Jacques Sadoul, la parution de cet ouvrage en France fut le point de départ de l'intérêt pour la science-fiction dans ce pays. Toujours d'après Sadoul, je serais encore, en 1969, le plus populaire des écrivains du genre en France, du moins du point de vue du succès de librairie.

D'autre part, la publication de ce livre stimula l'intérêt pour la Sémantique générale, et les étudiants se précipitèrent à l'institut de Lakewood où le comte Alfred Korzybski se laissa photographier en train de lire *Le monde des Ā*. Aujourd'hui, la Sémantique générale est enseignée dans des centaines d'universités.

Enfin, cet ouvrage a été traduit en neuf langues.

Cela dit, voyons ce qu'on lui reproche.

Mon roman fut ainsi décrit par le célèbre critique Sam Moskowitz : « Un homme égaré, Gilbert Gosseyn, mutant doté d'un double cerveau, ignore qui il est et passe tout le roman à le rechercher. » Ce livre fut d'abord publié en feuilleton par le magazine *Astounding science-fiction* et, d'après Moskowitz, aurait provoqué « un déluge de lettres de protestations de lecteurs qui n'avaient rien compris ». Or, ce « déluge » se comptait finalement sur les doigts d'une main et demie. Mais Sam Moskowitz pourrait prétendre que s'il n'y avait pas la quantité, il y avait tout au moins la qualité et, là, il a raison.

Peu après la parution de ce texte en magazine, un jeune écrivain amateur publia un article dévastateur sur *Le monde des Ā* en particulier et sur mes autres œuvres en général, ceci dans un « fanzine » (petite revue faite par et pour des amateurs). Cet article pouvait être résumé, si mes souvenirs sont exacts, par la formule : « En tant qu'écrivain, A.-E. Van Vogt est un pygmée qui se sert d'une machine à écrire géante. »

Le brillant de cette attaque me fit envoyer un article à ce fanzine dans lequel je prédisais une belle carrière littéraire au jeune homme qui avait su rédiger une charge aussi poétique. L'avenir devait me donner raison puisque Damon Knight devint l'un des meilleurs auteurs du genre un peu plus tard.

Quelles autres critiques *Le monde des $\bar{A}$* a-t-il suscitées ? En fait, aucune. Mais à lui seul, Knight, dans une diatribe rédigée à vingt-trois ans, me force aujourd'hui à présenter une version révisée de cet ouvrage.

Cette raison n'est cependant pas la seule. La Sémantique générale ne cesse de prendre aujourd'hui une importance de plus en plus considérable. Cette expression désigne les systèmes non aristotéliciens et non newtoniens, ainsi que l'a défini feu Alfred Korzybski dans son livre *Science and Sanity.* Ne vous laissez pas effrayer par ces mots : non-aristotélicien désigne simplement un esprit qui ne se conforme plus au mode de pensée, figé depuis bientôt 2 000 ans, des disciples d'Aristote. Non-newtonien s'applique au nouvel univers einsteinien tel qu'il est aujourd'hui défini par la science. L'abréviation de non-aristotélicien est $\bar{A}$ ou non-A ; ceci explique le titre de ce roman et celui de sa suite, *Les joueurs du $\bar{A}$* (1).

(1) A paraître prochainement aux *Editions J'ai Lu.*

La Sémantique générale traite du sens des significations. De ce fait, elle transcende et surpasse la linguistique. Son idée essentielle est qu'une signification ne peut être comprise que si l'on tient compte du système nerveux et du système de perception humains qui en ont été les vecteurs et les filtres. Ainsi, en raison des limitations de son système nerveux, l'homme ne peut appréhender qu'une partie de la vérité et jamais sa totalité. En décrivant cette limitation, Korzybski emploie le terme « niveau d'abstraction », expression qui chez lui ne comporte aucune nuance symbolique mais signifie seulement « abstraire de », c'est-à-dire prendre une partie du tout. Il prétend en effet qu'en observant un processus naturel, un homme peut seulement en abstraire — c'est-à-dire en percevoir — une partie.

Si je m'étais contenté d'exposer les idées de la Sémantique générale, nul n'aurait trouvé à y redire mais en vérité, en tant qu'auteur, j'ai voulu aller plus loin dans l'étude d'une situation paradoxale. Depuis la théorie de la relativité d'Einstein nous savons que, lors d'une expérience, il faut tenir compte de l'observateur. C'est une chose qui est parfaitement admise, par exemple en histoire, où l'on considère que les préjugés raciaux, ou religieux, des écrivains ont pu les influencer. En revanche, la plupart des gens estiment, dès l'instant où il s'agit d'une science dite exacte telle la chimie ou la physique, que la personnalité des observateurs importe peu puisque des opérateurs de nationalité ou de confession différentes arrivent tous aux mêmes résultats.

Ceci est faux. Tout expérimentateur scientifique est limité dans son aptitude à abstraire des informations de la nature par le système d'éducation qu'il a reçu chez ses parents puis à l'université. Ainsi que l'indique la Sémantique générale, chaque chercheur introduit son équation personnelle dans ses recherches, c'est pourquoi un physicien dont la personnalité a été modelée de façon moins rigide que d'autres pourra arriver à résoudre des problèmes que ses collègues ne pouvaient solutionner. En d'autres termes, l'observateur est toujours une personne bien déterminée.

Ainsi, lorsque *Le monde des Ā* commence, mon héros, Gilbert Gosseyn, apprend qu'il n'est pas ce qu'il pensait être ; sa conception de lui-même est entièrement fausse. Mais en réalité, n'en est-il pas de même pour nous tous ? Seulement, nous sommes tellement imprégnés de cette fausseté et nous acceptons si bien nos limitations, que nous ne remettons rien en question.

Pour en revenir à l'histoire du *Monde des Ā*, Gosseyn, ignorant toujours qui il est, se familiarise peu à peu avec son « identité ». Cela signifie simplement qu'il « abstrait » un certain savoir des événements et qu'il leur accorde un certain crédit.

Peu à peu, il en vient à croire que cette partie de son identité qu'il a ainsi définie en est en réalité le tout. Cela est particulièrement évident dans le second roman, *Les joueurs du Ā*, où Gilbert Gosseyn s'accepte tel qu'il est et reste ainsi un pion. En fait, son identité — donc lui-même — n'existe que parce que son esprit enregistre tous les impacts de l'environnement, c'est-à-dire lui constitue une mémoire.

Ainsi, l'autre idée de base de ce livre est que mémoire et identité sont une seule et même chose.

Mais je ne l'ai pas dit nettement, je l'ai mis en scène. Par exemple, au tiers de ce roman-ci, Gosseyn est assassiné. Il reparaît au début du chapitre suivant, toujours le même homme mais dans un nouveau corps, et c'est seulement parce qu'il possède la mémoire du corps précédent qu'il accepte son identification avec le Gosseyn mort.

Pour me résumer, la mémoire c'est le *soi.* Si vous relisez ce livre vous vous rendrez compte que cette idée y tient une place essentielle. *Le monde des Ā* fut peut-être le premier roman de science-fiction qui puisse être lu à deux niveaux. Un exemple récent d'une telle dualité d'implication peut être trouvé dans le roman de l'écrivain britannique Colin Wilson, *Les parasites de l'esprit.*

Ainsi donc *Le monde des Ā* présente l'homme non aristotélicien dont toutes les pensées sont nuancées (jamais de blanc ou de noir pur) et qui, cependant, ne verse pas dans le cynisme ou la rébellion. Si un tel mode de pensée pouvait pénétrer dans la bourse de Wall Street, dans notre Sud raciste ou dans les états-majors communistes, notre planète y gagnerait grandement.

Aujourd'hui, la Sémantique générale continue d'apporter un message essentiel au monde actuel. Ainsi vous avez peut-être lu dans les journaux comment le Pr Hayakawa a mis fin à la révolte des contestataires du collège d'Etat de San Francisco ? Il s'agissait là d'une des plus graves manifestations d'étudiants qu'on ait enregistrées dans ce pays. Le recteur démissionna et fut remplacé par Mr Hayakawa. Or, ce professeur est aujourd'hui « Monsieur non-A » lui-même, car il est le président de l'*Institut International de Sémantique Générale.* Il se rendit seul au cœur de l'émeute, persuadé que dans une telle situation le dialogue restait l'unique solution possible, mais un dialogue qui tienne compte des règles du jeu des adversaires.

Mr Hayakawa réussit. Les étudiants qui revendiquaient pour des motifs réels reçurent immédiatement satisfaction ; quant aux enragés, ils n'ont pas encore compris aujourd'hui ce qui les avait désarmé et pourquoi ils avaient perdu leur fureur initiale.

Il en est de même dans la fable de Gilbert GoSANE, c'est-à-dire Gilbert « celui qui va sain d'esprit » (1).

A.-E. Van Vogt.

(1) Les prononciations du nom propre Gosseyn et de l'expression *go sane* (qui va sain d'esprit) sont très proches en américain, d'où le sens caché du nom du héros (N. d. T.).

Science-fiction

Depuis 1970, cette collection est leader du genre en France. Elle a publié la plupart des grands classiques (Asimov, Van Vogt, Clarke, Dick, Vance, Simak), mais elle a aussi révélé de nombreux jeunes auteurs qui seront les écrivains de premier plan de demain (Tim Powers, Joan D. Vinge, Tanith Lee, Scott Baker, etc.). La S-F est reconnue aujourd'hui comme littérature à part entière, étudiée dans les écoles et les universités. Elle est véritablement la littérature de notre temps.

ASIMOV Isaac	**Les cavernes d'acier** 404 ***
	Les robots 453 ***
	Tyrann 484 ***
	Un défilé de robots 542 ***
	La voie martienne 870 ***
	Les robots de l'aube 1602 *** & 1603 ***
	Le voyage fantastique 1635 ***
	Les robots et l'empire 1996 **** & 1997 ****
	Espace vital 2055 ***
	Asimov parallèle 2277 ****
BAKER Scott	**Kyborash** 1532 ****
BEAR Greg	**La musique du sang** 2355 **** (avril 88)
BELFIORE Robert	**La huitième vie du chat** 2278 ***
BLISH James	**Semailles humaines** 752 **
BOGDANOFF Igor & Grishka	**La machine fantôme** 1921 ***
BRIN David	**Marée stellaire** 1981 *****
	Le facteur 2261 *****
BROOKS Mel & STINE J.B.	**La folle histoire de l'espace** 2294 ***
BRUNNER John	**Tous à Zanzibar** 1104 **** & 1105 ****
	Le troupeau aveugle 1233 *** & 1234 ***
CHERRYH C.J.	**L'épopée de Chanur** 2104 ***
	La vengeance de Chanur 2289 ****
	L'œuf du coucou 2307 ***
CLARKE Arthur C.	**2001 l'odyssée de l'espace** 349 **
	2010 : odyssée deux 1721 ***
	Avant l'Eden 830 ***
	Les fontaines du paradis 1304 ***
	Chants de la Terre lointaine 2262 ****
CURVAL Philippe	**Le ressac de l'espace** 595 ***
DEMUTH Michel	**Les galaxiales - La Terre en ruine** 996 ***

DICK Philip K.	Dr Bloodmoney 563***
	Simulacres 594***
	A rebrousse-temps 613***
	Ubik 633***
	Blade runner 1768***
DONALDSON Stephen R.	Les Chroniques de Thomas l'Incrédule 2232****
	Le réveil du titan (Les Chroniques - 2) 2306****
DUVIC Patrice	Terminus 2122**
FARMER Philip José	Des rapports étranges 712***
	Le Fleuve de l'éternité :
	- Le monde du Fleuve 1575***
	- Le bateau fabuleux 1589****
	- Le noir dessein 2074******
	- Le labyrinthe magique 2088******
FOSTER Alan Dean	Alien 1115***
FRÉMION Yves	Rêves de sable, châteaux de sang 2054***
GALOUYE Daniel F.	Simulacron 3 778**
GIBSON William	Neuromancien 2325**** (fév.88)
HAMILTON Edmond	Le retour aux étoiles 490***
HEINLEIN Robert A.	Etoiles, garde à vous ! 562***
	Double étoile 589**
	Vendredi 1782****
	Job : une comédie de justice 2135*****
	Le chat passe-muraille 2248******
HOWARD Robert E.	Conan l'usurpateur 2224***
JEURY Michel	La croix et la lionne 2035***
JONES Raymond F.	Renaissance 957****
KEYES Daniel	Des fleurs pour Algernon 427***
KLEIN Gérard	La saga d'Argyre :
	- Le rêve des forêts 2164***
	- Les voiliers du soleil 2247**
	- Le long voyage 2324** (fév.88)
LEE Tanith	La déesse voilée 1690****
	Tuer les morts 2194***
LEINSTER Murray	La planète oubliée 1184**
LÉOURIER Christian	L'homme qui tua l'hiver 1946**
	Mille fois mille fleuves... 2223**
LEVIN Ira	Un bébé pour Rosemary 342***
	Un bonheur insoutenable 434***

MERRITT Abraham	*Le gouffre de la Lune* 618 ****
	La nef d'Ishtar 574 ***
MOORE Catherine L.	*Shambleau* 415 ****
	Jirel de Joiry 533 ***
POHL Frederik	*Les pilotes de la Grande Porte* 1814 ****
	Casse-tête chinois 2151 ****
	L'ultime fléau 2340 *** (mars 88)
POWERS Tim	*Les voies d'Anubis* 2011 *****
RAYER Francis G.	*Le lendemain de la machine* 424 ***
ROBINSON Kim Stanley	*Le rivage oublié* 2075 *****
	La mémoire de la lumière 2134 ****
RODDENBERRY Gene	*Star Trek* 1071 **
SHECKLEY Robert	*Le robot qui me ressemblait* 2193 ***
SILVERBERG Robert	*Les monades urbaines* 997 ***
	Le château de Lord Valentin 1905 **** & 1906 ****
	Shadrak dans la fournaise 2119 ****
SIMAK Clifford D.	*Demain les chiens* 373 ***
	Mastodonia 956 ***
SPIELBERG Steven	*Rencontres du troisième type* 947 **
SPIELBERG & KOTZWINKLE	*E.T. l'extra-terrestre* 1378 ***
	E.T. La planète verte 1980 ***
STEINER Kurt	*Le disque rayé* 657 **
STURGEON Theodore	*Les plus qu'humains* 355 ***
	Cristal qui songe 369 ***
THOMPSON Joyce	*Les enfants de l'atome* 2180 ***
	Bigfoot et les Henderson 2292 ***
VANCE Jack	*Cugel l'astucieux* 707 **
	Cugel saga 1665 ****
	Cycle de Tchaï :
	- Le Chasch 721 ***
	- Le Wankh 722 ***
	- Le Dirdir 723 ***
	- Le Pnume 724 ***
VAN VOGT A.E.	*Le monde des Ā* 362 ***
	Les joueurs du Ā 397 ***
	La fin du Ā 1601 ***
	A la poursuite des Slans 381 **
	La faune de l'espace 392 ***
	L'empire de l'atome 418 ***
	Le sorcier de Linn 419 ***

	Créateur d'univers *529* ***
	L'homme multiplié *659* **
	Au-delà du Village enchanté *2150* ****
VINGE Joan D.	***La Reine des Neiges*** *1707* *****
	Finismonde *1863* ***
	Mad Max au-delà du dôme du tonnerre *1864* ***
WALTHER Daniel	***L'Epouvante*** *976* **
WILLIAMS Paul O.	***Jestak*** *1878* ***
	Le cercle inachevé *1920* ***
WILLIS Connie	***Les veilleurs du feu*** *2339* **** *(mars 88)*
WINTREBERT Joëlle	***Les maîtres-feu*** *1408* ***

Épouvante

Depuis Edgar Poe, il a toujours existé un genre littéraire qui cherche à susciter la peur, sinon la terreur, chez le lecteur. Il a été illustré au cinéma par des films tels que Shining, L'exorciste, Carrie, La malédiction. *Ce sont les livres qui ont inspiré ces films, et d'autres ouvrages du même genre, que vous présente cette collection.*

ANDREWS Virginia C.	*Fleurs captives :*
	- Fleurs captives 1165 ****
	- Pétales au vent 1237 ****
	- Bouquet d'épines 1350 ****
	- Les racines du passé 1818 ****
	Ma douce Audrina 1578 ****
BLATTY William Peter	**L'exorciste** 630 ****
CAMPBELL Ramsey	**La poupée qui dévora sa mère** 1998 ***
	Le Parasite 2058 ****
COYNE John	**L'enfant qui grognait** 2121 ***
FARADAY M.M.	**La possédée** 2059 ****
FARRIS John	**Écailles** 2225 ****
GRANT Charles L.	**La force hideuse** 2290 ****
HERBERT James	**Le Sombre** 2056 ****
JETER K.W.	**Les âmes dévorées** 2136 ****
	Le ténébreux 2356 **** (avril 88)
KAHN James	**Poltergeist I** 1394 ***
	Poltergeist II 2091 **
KAYE M. & GODWIN P.	**Lumière froide** 1964 ***
KING Stephen	**Carrie** 835 ***
	Shining 1197 ****
	Danse macabre 1355 ****
	Cujo 1590 ****
	Christine 1866 ****
	Charlie 2089 *****
	Simetierre 2266 ******
	Le Fléau 2326 ******
KOENIG Laird	**Le disciple** 1965 ***
KOONTZ Dean R.	**Spectres** 1963 ****
	Le rideau de ténèbres 2057 ***
	Le visage de la peur 2166 ***
LEVIN Ira	**Un bébé pour Rosemary** 342 ***
MATHESON Richard	**La maison des damnés** 612 ****

MONTELEONE Thomas	L'horreur du métro 2152 ****
NICHOLS Leigh	L'antre du tonnerre 1966 ***
	L'heure des chauves-souris 2263 *****
RUSSO John	Panthère noire 2233 ***
SAUL John	Corps étranger 2308 ****
SELTZER David	La malédiction 796 **
STRAUB Peter	Shadowland 2249 ******
STRIEBER Whitley	Cat Magic 2341 ****** (mars 88)
TONKIN Peter	Le Journal d'Edwin Underhill 2195 ***
TUTTLE Lisa	Le couteau sacrificiel 2181 ***

Aventure Mystérieuse

BELLINE	La troisième oreille 2015 **
BERLITZ Charles	Le Triangle des Bermudes 2018 ***
FLAMMARION Camille	Les maisons hantées 1985 ***
	La mort et son mystère 2204 ****
	Après la mort 2205 ***
JACQ Christian	Le message des constructeurs de cathédrales 2090 ***
LAFFOREST Roger de	Ces maisons qui tuent 1961 ***
	La magie des énergies 2279 **
MAHIEU Jacques de	Les Templiers en Amérique 2137 ***
MOODY Dr Raymond	La vie après la vie 1984 **
RAMPA T. Lobsang	Histoire de Rampa 1827 **
	La caverne des anciens 1828 **
	Le troisième oeil 1829 ***
	Les secrets de l'aura 1830 ***
	Les clés du nirvâna 1831 **
	Crépuscule 1851 **
	La robe de sagesse 1922 ***
	Je crois 1923 **
	C'était ainsi 1976 **
	Les trois vies 1982 **
	Lama médecin 2017 ***
SABATO Mario de	Les manipulateurs du destin 2060 ***
	Le destin parallèle 2357 *** (avril 88)
SAURAT Denis	L'Atlantide et le règne des géants 2107 **
SIÉMONS Jean-Louis	Revivre nos vies antérieures 2196 ****

J'ai lu BD

La bande dessinée est aujourd'hui admise partout. On l'enseigne même à la Sorbonne. La série J'ai lu BD est la première collection de poche consacrée à ce genre. Elle réédite les bandes dessinées françaises et étrangères les plus célèbres. Les dessins ne sont pas réduits mais remontés différemment ; ainsi un album de 48 pages donne 160 pages dans J'ai lu, et le papier est d'une qualité supérieure afin de permettre la reproduction des couleurs. J'ai lu BD est le panorama de la bande dessinée d'aujourd'hui.

ABULI, TOTH & BERNET	**Torpedo - 1** BD25 (2★)
AUTHEMAN	**Vic Valence - 1** BD41 (4★ couleur, Alfred 87)
BARBE	**Cinémas et autres choses** BD30 (2★)
BEAUNEZ	**Mes partouzes** BD24 (3★)
BINET	Les Bidochon :
	1 - Roman d'amour BD4 (3★)
	2 - Les Bidochon en vacances BD48 (3★)
	Kador - 1 BD27 (3★)
BOUCQ	**Les pionniers de l'aventure humaine** BD34 (6★ c.)
BRETÉCHER	**Les Gnangnan** BD5 (2★)
BRIDENNE	**Saison des amours** BD65 (4★ couleur, avril 88)
BROWNE	**Hägar Dünor le Viking - 1** BD66 (3★, avril 88)
BRUNEL	**Pastiches - 1** BD46 (5★ couleur)
COMÈS	**Silence** BD12 (5★)
DERMAUT & BARDET	**Les Chemins de Malefosse - 1** BD19 (5★ couleur)
DRUILLET	**Les 6 voyages de Lone Sloane** BD60 (5★ c., mars 88)
ÉDIKA	**Débiloff profondikoum** BD38 (3★)
FALK & DAVIS	**Mandrake le magicien** BD58 (4★ couleur, fév.88)
FOREST	**Barbarella** BD49 (5★ couleur)
FRANQUIN	**Idées noires** BD1 (3★)
	Gaston Lagaffe :
	1 - Gala de gaffes BD17 (3★ couleur)
	2 - Gaffes à gogo BD39 (3★ couleur)
GIARDINO	**Sam Pezzo - 1** BD15 (3★)
GOTLIB	**Pervers Pépère** BD8 (3★)
	Rhââ Lovely - 1 BD21 (3★)
	Rhââ Lovely - 2 BD55 (3★, fév.88)
	Gai-Luron - 1 BD43 (3★)
GOTLIB, LOB & ALEXIS	**Superdupont** BD33 (3★)

HERMANN & VERNAL	**Jugurtha - 1** BD53 (5★ couleur, fév.88)
LAUZIER	**Zizi et Peter Panpan** BD23 (5★ couleur)
LELONG	Carmen Cru :
	1 - Rencontre du 3e âge BD14 (3★)
	2 - La dame de fer BD64 (3★, avril 88)
LELOUP	**Yoko Tsuno/Le trio de l'étrange** BD37 (5★ c.)
LIBERATORE	**RanXerox à New York** BD3 (5★ couleur)
MACHEROT	**Chlorophylle contre les rats noirs** BD51 (4★ c. fév.88)
MAKYO & VICOMTE	**Balade au Bout du monde - 1** BD59 (5★ c., mars 88)
MALLET	**Les petits hommes verts** BD44 (4★ couleur)
MANARA	**HP et Giuseppe Bergman** BD20 (5★)
	Le déclic BD31 (4★)
MORCHOISNE, MULATIER, RICORD	**Ces Grandes Gueules...** BD16 (4★ c.)
MORDILLO	**Les meilleurs dessins d'Opus** BD10 (4★ couleur)
PÉTILLON	**Mr Palmer et Dr Supermarketstein** BD13 (5★ c.)
PICHARD & LOB	**Blanche Épiphanie** BD61 (4★, mars 88)
PRATT (Corto Maltese)	**La ballade de la mer salée** BD11 (6★)
	Sous le signe du Capricorne BD63 (6★, avril 88)
QUINO	**Mafalda** BD2 (4★ couleur)
	Encore Mafalda BD54 (4★ couleur, fév.88)
RAYMOND	**Flash Gordon** BD47 (5★ couleur)
ROSINSKI & VAN HAMME	**Thorgal - 1** BD29 (5★ couleur)
SCHETTER	**Cargo - 1** BD57 (5★ couleur, fév.88)
SEGRELLES	**Le mercenaire - 1** BD32 (4★ couleur)
SERRE	**Les meilleurs dessins** BD6 (5★ couleur)
	Humour noir BD35 (5★ couleur)
SERVAIS & DEWAMME	**Tendre Violette** BD42 (5★)
SOKAL	**Canardo - 1** BD26 (5★ couleur)
TABARY	**L'enfance d'Iznogoud** BD9 (5★ couleur)
TARDI	Les Aventures d'Adèle Blanc-Sec :
	- Adèle et la Bête BD18 (4★ couleur)
	- Le démon de la tour Eiffel BD56 (4★ c., fév.88)
	Brouillard au pont de Tolbiac BD36 (4★)
TARDI & FOREST	**Ici même** BD62 (6★, mars 88)
TILLIEUX	**Gil Jourdan/Libellule s'évade** BD28 (4★ couleur)
VAN DEN BOOGAARD	**Léon-la-Terreur** BD45 (5★ couleur)
VEYRON	**L'amour propre** BD7 (5★ couleur)
	Bernard Lermite BD50 (3★)
WALTHÉRY & GOS	**Natacha, hôtesse de l'air** BD22 (4★ couleur)
	Natacha et le Maharadjah BD52 (4★ c., fév.88)
WEYLAND	**Aria - 1 / La fugue d'Aria** BD40 (5★ couleur)

Romans policiers

On a trop longtemps cru en France qu'il n'existait que deux sortes de romans policiers : les énigmes classiques où l'on se réunit autour d'une tasse de thé pour désigner le coupable, ou les romans noirs où le sexe et le sang le disputent à la violence. Des auteurs tels que Boileau-Narcejac, Ellery Queen, Ross Macdonald, Demouzon démontrent qu'il existe une troisième voie, la plus féconde, où le roman policier est à la foie oeuvre littéraire et intrigue savamment menée.

ARNOLD Alan	***Le secret de la pyramide*** *1945* ***
BAYER William	***Une tête pour une autre*** *2085* ****
BOILEAU-NARCEJAC	***Les victimes*** *1429* **
DEMOUZON Alain	***Adieu, La Jolla*** *1207* ***
	La pêche au vif *1779* ***
FALK Franz-Rudolf	***On a tué pendant l'escale (Le paltoquet)*** *1647* ***
FRANCIS Dick	***Le banquier*** *2149* ****
FULLER Samuel	***La grande mêlée*** *2118* ***
GARDNER Erle Stanley	***La vierge vagabonde*** *1780* ***
	La prudente pin-up *2222* ***
	Le vison mité *2338* **
HUGUES Dorothy B.	***Chute libre*** *2275* ***
IMBROHORIS Jean-Pierre	***La trajectoire*** *1934* ****
	Toska *2245* ***
LEBRUN Michel	***Caveau de famille*** *2033* **
	Hollywood confidentiel *2305* ***
LOTTMAN Eileen	***Le lendemain du crime*** *2199* **
McBAIN Ed	***Blanche Neige et Rose Rouge*** *2072* ***
	Cendrillon *2353* **** *(avril 88)*
MCDONALD Gregory	***Fletch*** *1705* ***
	Fletch à Rio *2010* ***
	Fletch se défonce *2288* ***
MACDONALD Ross	***Le frisson*** *1573* ***
	La côte barbare *1823* ***
	A chacun sa mort *1959* ***
	La grimace d'ivoire *2034* ***
	Il est passé par ici *2246* ***
NAHA Ed	***Robocop*** *2310* ***

NORST Joel	**L'arme fatale** 2231 ****
PÉRISSET Maurice	**Périls en la demeure** 2221 **
QUEEN Ellery	**La ville maudite** 1445 ***
	Le roi est mort 1766 ***
	Le mystérieux Monsieur X 1918 ***
	L'arche de Noé 1978 ***
	Le mystère du théâtre romain 2103 ***
	Les dents du dragon 2148 ***
	Les quatre côtés du triangle 2276 ***
	Lettres sans réponse 2322 ***
QUENTIN Patrick	**Puzzle pour fous** 1994 ***
	Puzzle pour acteurs 2260 ***
SADOUL Jacques	**La chute de la maison Spencer** 1614 ***
	Trois morts au soleil 2323 ***
SAYERS Dorothy L.	**Le mort de la falaise** 1889 ****
	Noces de crime 1995 ****
SPILLANE Mickey	**En quatrième vitesse** 1798 ***

362

Impression Brodard et Taupin
à La Flèche (Sarthe) le 4 mars 1988
1854-5 Dépôt légal mars 1988
ISBN 2-277-13362-0
1er dépôt légal dans la collection : sept. 1976
Imprimé en France
Editions J'ai lu
27, rue Cassette, 75006 Paris
diffusion France et étranger : Flammarion